Las PALABRAS PRECISAS *en el* MOMENTO OPORTUNO

Otros libros de Marlo Thomas:

Free to Be... You and Me (Libertad para que tú seas tú y yo sea yo)

Free to Be... a Family (Libertad para ser una familia)

MARLO THOMAS *y* AMIGOS

Las PALABRAS PRECISAS *en el* MOMENTO OPORTUNO

EDITORIAL DIANA
MÉXICO

1a. Edición, Octubre de 2004
4a. Impresión, Diciembre de 2005

ISBN 968-13-3991-6

Título original: THE RIGHT WORDS AT THE RIGHT TIME
Traducción: María Teresa Aguilar Ortega
Diseño de portada: Salvador Martínez
Diseño de la edición original: C. Linda Dingler
Editor de la edición original: Marlo Thomas

Publicado mediante acuerdo con el autor, c/o BAROR INTERNATIONAL, INC.,
Armonk, Nueva York, Estados Unidos.

Arenal No. 24, Edif. Norte,
Ex Hacienda Guadalupe Chimalistac,
01050, México, D.F.
www.diana.com.mx

IMPRESO EN MÉXICO – PRINTED IN MEXICO

Para

los niños

del

Hospital de Investigación Infantil St. Jude

(St. Jude Children's Research Hospital)

y

sus padres

Contenido

Agradecimientos

Debo dar las gracias a muchísimas personas por haber colaborado en este proyecto. En primer lugar, a mi esposo Phillip, quien vaya que sabe de palabras oportunas, y conoce muchísimo acerca del amor y el apoyo; a mi asistente Gail Newman, quien nunca mira el reloj, y sí su corazón para saber de qué manera puede ayudar; a mi querida amiga Kathie Berlin, quien es energética y activa y siempre utiliza toda su energía y actividad para ayudarme a llegar adonde quiero. A Judith Curr, editora de Atria Books, cuyo entusiasmo irresistible y su inteligencia me hicieron saber de inmediato que mi libro tendría una buena aceptación; y también deseo agradecer a todo su maravilloso equipo de colaboradores, en particular a Greer Hendricks y a Seale Ballenger por su energía y experiencia.

A mi abogado, Bob Levine, quien se encargó del papeleo y las innumerables negociaciones que requirió este enorme proyecto. Él lo dirigió y siempre creyó en él con todo su corazón.

Agradezco también a Cari Ross las palabras oportunas que me proporcionó de manera escueta pero bondadosa, y al incansable equipo de entrevistadores y escritores que me ayudó a lograr la magia de recopilar más de cien historias en páginas impresas: en particular a Bruce Kluger, quien participó en nuestro equipo con toda su dedicación; a Sam Lipsyte, Noah Hawley, Smith Galtney, Sean Neary, Tony Karon, Josh Young, Lawrence Grobel, Dorothy Atcheson, Carl Sferrazza-Anthony, Richard Sullivan, Pat Beard, Doug Brinkley, Mara Friedman, Ted Grossman, James Higgins, A.E. Hotchner, David Huchings, Mark Katz, Elizabeth Kaye, Paul O'Donnell, D.J. Wilson, Jessica Yellin y Lucinda Franks. Deseo agradecer de manera especial su colaboración a Jen Miller,

RoseMarie Terenzio, Ralph Goldman, Rochelle Korman, John Moses y Jerry Chipman.

También deseo mencionar a Elizabeth Mitchell y a Carl Robbins, cuyo compromiso apasionado y profesionalismo inigualable hicieron de esta obra un trabajo tan agradable.

Prefacio

Cuéntenme un hecho y aprenderé. Cuéntenme una verdad y la creeré.
Pero cuéntenme una historia y vivirá en mi corazón para siempre.

Proverbio indio

Cuando era niña me encantaba mirar a mi padre mientras se rasuraba. Me sentaba sobre la tapa del escusado y escuchaba maravillada el sonido de la rasuradora que se deslizaba sobre su rostro, empujando la espuma de jabón como si fuera una pala en la nieve. Yo sentía adoración por él, por esa enorme figura que se ponía loción en las mejillas todas las mañanas, se abotonaba su limpia camisa blanca y me abrazaba para despedirse.

En cierta ocasión, mi padre filmó una película con Margaret O'Brien y me llevó al set varias veces. Yo lo ayudaba a repasar sus líneas mientras nos dirigíamos a los estudios MGM con las ventanas del automóvil abiertas, y con la maravillosa fragancia de la mezcla de Old Spice y puros cubanos en torno a nosotros, mientras repasábamos las líneas durante el trayecto. Una vez en el set, yo jugaba matatena con Margaret entre una y otra toma, y cuando tocaban la campana me unía al personal que guardaba silencio mientras las cámaras se preparaban para filmar y el micrófono del escenario era colocado en posición para registrar el diálogo que ya me sabía de memoria.

Me sentía maravillada por la actuación de mi padre y envidiaba muchísimo a Margaret O'Brien. Me peinaba de colitas. Quería tener pecas. Quería ser como Margaret O'Brien. Diez años después, cuando cumplí diecisiete, mi oportunidad llegó.

Me dieron el papel principal en *Gigi,* una producción veraniega en el Teatro Laguna al sur de Los Ángeles. No obstante, la emoción de ser por fin una verdadera actriz desgraciadamente me duró muy poco. Todas las entrevistas y todas las críticas se concentraron en mi padre. ¿Lograría yo ser tan buena como mi padre? ¿Tendría tantas dotes? ¿Sería igual de graciosa? ¿Lograría ser igual de popular? Estaba destrozada.

Aunque yo amaba a mi padre, mi problema era que me compararan con Danny Thomas.

—Papá –le dije–, por favor no te sientas mal por lo que voy a decirte, pero tengo ganas de cambiarme el nombre. Te quiero mucho, pero ya no quiero seguir usando el apellido Thomas.

Traté de no llorar durante el largo silencio que se produjo. A continuación él me dijo:

—Te crié para ser una "pura sangre". Cuando los caballos pura sangre participan en una carrera usan viseras para que su vista se mantenga enfocada hacia delante y no se distraigan con los demás caballos. Escuchan a la multitud, pero no le prestan atención: se dedican simplemente a correr su propia carrera. Eso es lo que tú tienes que hacer. Deja de escuchar a la gente que te compara conmigo o con otros y dedícate simplemente a correr tu propia carrera.

La noche siguiente, cuando la multitud llenó el teatro, el director de escena tocó a la puerta de mi vestidor y me dio una caja blanca con un listón rojo. Yo la abrí y en el interior encontré un par de viejas viseras de caballo con una pequeña nota que decía: "Concéntrate en correr tu propia carrera, amor".

Concéntrate en correr tu propia carrera, amor. Él podría haber empleado muchas otras palabras como: "Sé independiente" o "No dejes que otros influyan en ti", pero no me hubieran llegado tanto. Supo elegir las palabras precisas en el momento oportuno y esas viejas viseras de caballo fueron el regalo perfecto. A lo largo de mi vida he logrado concentrarme en lo que estoy haciendo, preguntándome a mí misma: "¿Estoy concentrándome en mi propia carrera o en la de alguien más?"

El impacto que esas palabras tuvieron en mi vida hizo que me preguntara si otras personas habrían escuchado palabras similares. En las páginas que siguen incluyo historias sobre las palabras que han modificado la vida de más de cien personas notables que respondieron a mi invitación de retroceder en el tiempo y buscar en la memoria el momento en que determinadas palabras les cambiaron sus vidas. Cada relato constituye una breve mirada al corazón de esas personas, el cual nos revela un momento de despertar, una luz que les transmitió alguna verdad que ha permanecido con ellos durante toda su vida, o un reto que los hizo reaccionar. Muhammad Ali respondió a la aseveración de una de sus profesoras que le dijo: "Nunca llegarás a ser alguien". Billy Crystal, Walter Cronkite, Katie Couric y Kenneth Cole también escucharon palabras de desaliento que los impulsaron a grandes logros. Las palabras oportunas hicieron que Al Pacino pudiera salir de una espiral descendente. Paul McCartney escuchó unas palabras durante un sueño; las palabras que inspiraron a Steven Spielberg eran de Davey Crockett. Las palabras de Chris Rock, como las que yo escuché, provinieron de su padre; la jueza de la Suprema Corte de Justicia Estadounidense, Ruth Bader Ginsburg, escuchó unas importantes palabras de su suegra en la víspera de su boda. Rudolph Giuliani, Cindy Crawford y Gwyneth Paltrow escucharon palabras que modificaron el curso de sus vidas en momentos de crisis. Itzhak Perlman dedicó toda su carrera profesional, de casi cuarenta años, a seguir la inspiración de una sola palabra de ocho letras que le dijo cierto maestro de música ruso cuando él tenía sólo diez años.

Todas estas anécdotas me confirmaron algo que yo siempre había sospechado: sin importar que estemos o no conscientes de ello, cada uno de nosotros lleva consigo un lema propio y singular, una frase que resuena a lo largo de nuestras vidas.

Las regalías de la presente obra serán donadas como fondos para las investigaciones que se realizan en el Hospital de Investigación Infantil St. Jude, que fue fundado por mi padre en 1962. Junto con el laureado Nobel, el doctor Peter Doherty, esos talentosos médicos investigadores y enfermeras luchan día tras día para salvar a los innumerables niños que tocan a sus puertas procedentes de todas las regiones del mundo y quienes nunca son rechazados porque su familia no sea capaz de costear el tratamiento que necesitan.

También deseo agradecer, por parte de estos niños, a todos los hombres y mujeres que colaboraron con sus anécdotas y relatos en la elaboración de este libro, con la esperanza de que las palabras precisas en el momento oportuno que ellos escucharon alguna vez también resulten inspiradoras para otros.

En lo que a mí respecta, yo le doy las gracias a mi padre por las palabras que me dijo, las cuales aún continúan vivas en mi corazón.

Ciudad de Nueva York
Primavera de 2002

Las PALABRAS PRECISAS *en el* MOMENTO OPORTUNO

Muhammad Ali

Boxeador

Cuando yo tenía doce años me gustaba hablar mucho, pero eso ponía nerviosos a mis padres. Yo me ponía mi chaqueta Golden Gloves para ir a todos lados, me pavoneaba, fanfarroneaba y luchaba contra adversarios imaginarios. Era la década de los cincuenta y yo me comportaba de una manera no recomendable para los jovencitos de raza negra en Louisville, Kentucky: llamaba la atención.

En esa época me dirigí al Armory a ver a Gorgeous George. Él ya era todo un espectáculo en ese entonces: un luchador de raza blanca que en realidad dedicaba más tiempo a pasearse por el *ring* que a pelear. Siempre salía muy bien vestido a mofarse del auditorio. "No se metan con mi hermoso pelo, yo soy muy guapo", decía, presumiendo por todo el escenario con su enorme capa roja y su amarillo y voluminoso pelo. "No se metan con mi hermoso cabello", repetía, mientras la audiencia lo abucheaba y le silbaba. En esa ocasión noté que no había asientos vacíos en el Armory. Cuantas más personas lo abucheaban, más entradas se vendían.

Yo me dirigí de nuevo a casa pavoneándome aun más, y fanfarroneando y hablando aun más alto que antes. Mis pobres padres se sentían más nerviosos cada vez. "Voy a ser el mejor de todos los tiempos", decía yo, mientras boxeaba con adversarios imaginarios en todos lados. Mi compañía se llama en la actualidad G.O.A.T. Inc. ¿Sabe usted a qué se refieren estas iniciales? GREATEST OF ALL TIME (EL MEJOR DE TODOS LOS TIEMPOS). Cuando yo tenía doce años ya sabía que iba a ser EL MEJOR.

En todas mis peleas como *amateur* yo me movía lentamente, provocaba a mis contrincantes y les ganaba. Me golpeaba el pecho, hablaba de lo grande que era, y en todo momento estaba consciente, totalmente consciente de que era más bello que Gorgeous George. También sabía que era capaz de vender más boletos que ese viejo presumido.

Sin embargo, yo no era el único que tenía esa actitud; otros compañeros de la escuela de boxeo también hablaban todo el tiempo de llegar a ser los próximos campeones. En particular, una de mis maestras me consideraba como otro presumido más. Ella nos despreciaba continuamente y actuaba como si estar junto a todos estos boxeadores tan engreídos le disgustara mucho. Simplemente no creía que nadie tuviera el potencial necesario para destacar. Yo siempre pensé que ella no tenía nada en la cabeza. Cierto día se nos acercó mientras estábamos entrenando en el vestíbulo, me miró a los ojos y me dijo:

—Nunca llegarás a ser alguien.

Gané los Guantes Dorados en Louisville cuando tenía diecisiete años. Y el año siguiente logré mis metas: obtuve la Medalla de Oro en las Olimpiadas de Roma en 1960. *¡Llegué a ser el más grande de todo el mundo!* Lo primero que hice al llegar a casa fue ir directamente al salón de clases de esa maestra a decirle:

—¿Recuerda que usted me dijo que nunca llegaría a ser alguien?

Ella me miró algo sorprendida.

—Pues soy el más grande de todo el mundo –le dije, poniéndole mi medalla con la cinta bajo la nariz. La medalla se quedó colgando allí, frente a ella–. Soy el más grande de todo el mundo –repetí, y después me puse la medalla en el bolsillo y salí del salón por última vez.

Menos de un año después conocí a un miembro de la Nación del Islam, quien me llevó a mi primera junta de musulmanes. Poco después de eso, en Detroit en 1962, conocí a Malcolm X, quien me dijo que la palabra "negro" no se refiere a un país. Los chinos son de China, y los rusos de Rusia, pero ¿de dónde son los negros?

Malcolm también me enseñó que en nuestro país la palabra "blanco" se asocia siempre con cosas buenas. Jesús era blanco. Los vaqueros eran blancos, usaban sombreros blancos y montaban en caballos blancos. ¡El pastel de ángel era blanco y Tarzán, el rey de África, también era blanco!

Malcolm X me explicó la verdad sobre los blancos y los negros en Estados

Unidos. Las cosas negras eran consideradas malas, como el pastel del diablo, los sombreros negros, los gatos negros, el mercado negro. Yo comencé a comprender el concepto que la gente tenía de las personas de raza negra.

Aprendí que ni siquiera sabía mi propio nombre. Cassius Clay es un nombre de blanco que me puso un hombre blanco que no me conocía; por el mismo motivo que algunos niños de raza negra de la escuela llevaban el nombre de George Washington. Por ese mismo motivo, nuestros profesores nunca creían que tuviéramos potencial. Hasta la profesora que me dijo que nunca llegaría a ser alguien era negra.

Malcom X me devolvió mi orgullo, mi espíritu. Gorgeous George me inspiró sobre la manera de vender más boletos, método que empleé posteriormente durante mis entrevistas con Howard Cosell. Y la maestra de la escuela que dudó de mí, me dio toda la motivación que necesitaba para transformarme en ¡el mejor de todos los tiempos!

Supe que lo sería desde que tenía doce años.

Christiane Amanpour

Corresponsal en el extranjero

Yo me consideraba "una periodista por accidente" porque no siempre tuve intenciones de seguir esa carrera. De niña viví en Irán, país donde no hay libertad de prensa. En consecuencia, esa profesión no me resultaba atractiva. Sin embargo, el periodismo se convirtió en mi carrera por una serie de hechos extraños.

Me mandaron a Inglaterra a estudiar la secundaria y regresé a Irán sin ningún plan para mi futuro. Llegué a pensar en la posibilidad de ser doctora, sin embargo, mis calificaciones no fueron suficientemente buenas como para entrar a la escuela de medicina; de modo que no sabía qué estudiar. Luego, en 1979, estalló la revolución iraní.

Esto no sólo fue un cataclismo en el ámbito internacional, sino también en el personal: transtornó mi vida, al igual que la de mis familiares y amigos. Impusieron la ley marcial, los soldados y los tanques desfilaban por las calles, y se inició el toque de queda en todo el país.

Había mucha incertidumbre acerca de nuestro futuro como nación. ¿Lograría el Sha permanecer en el poder? ¿Qué ocurriría cuando regresara el Ayatolá? Muchos de los contemporáneos de mi padre fueron detenidos y arrestados, y algunos de ellos fueron ejecutados.

Yo regresé a Inglaterra, pero en circunstancias radicalmente distintas. Procedía de una familia adinerada, pero ahora mi padre no podía mantenerme; sus fondos habían quedado congelados en el banco y yo tuve que abrirme camino por mí misma. En esa época, mi hermana menor asistía a una pequeña universidad de periodismo, en Fleet Street, Londres; sin embargo, después del primer semestre dejó de asistir, pues decidió que esa profesión no le interesaba. Como contábamos con tan poco dinero, decidí que no debíamos perder el dinero que mi familia había invertido.

Me dirigí a la oficina del director a solicitar un reembolso, pero él se negó a dármelo, diciendo que no era política de la escuela. Yo le contesté: "Entonces tomaré el lugar de mi hermana", y así inicié mi carrera de periodista.

En la escuela aprendí algunas destrezas básicas, y a finales del primer trimestre me entró la inquietud. "Si realmente quiero destacar a nivel mundial debo ir a Estados Unidos", pensé. De inmediato comencé a enviar solicitudes a universidades estadounidenses con la intención de transformarme en corresponsal en el extranjero. Tras haber vivido en carne propia increíbles sucesos internacionales (incluyendo la revolución iraní), estaba segura de que esa carrera sería perfecta para mí.

A comienzos de la década de los ochenta, mientras estaba terminando mis estudios en la Universidad de Rhode Island, hice mi servicio social en una estación de televisión local, como operadora gráfica. Era un trabajo fascinante porque se realizaba en la sala de control, en la central principal de un programa de noticias. Después de trabajar allí algún tiempo, uno de mis colegas me dijo:

—¿Has escuchado acerca de esta nueva estación de cable llamada CNN? Me dijeron que ponen al aire a comentaristas con acento británico. Quizá sería conveniente que solicitaras una entrevista.

Para entonces, yo ya había tratado de encontrar algo –había escrito cartas en las que solicitaba empleo en diversas estaciones locales–, y más de una vez me habían dicho que mi acento británico y mi apariencia poco convencional eran un inconveniente. Me informaban una y otra vez que era imposible que los televidentes estadounidenses de la clase media me aceptaran. Mi nombre extranjero, largo y extraño, también constituía otro impedimento.

—¿Christiane Amanpour? –me decían–. Ese nombre no es adecuado para la televisión. Nadie podría pronunciarlo.

Decidí comunicarme al departamento de personal de CNN y me entrevistaron telefónicamente. La mujer me hizo diez preguntas de información básica como: "¿Cuál es la capital de Irán?", y días más tarde me dijeron que me darían el empleo. Trabajaría como ayudante en el departamento de asuntos exteriores.

Aunque un núcleo pequeño de personas me alentó durante los primeros meses, muchas otras fueron de poca ayuda. En particular, mi jefa. Quizá mi entusiasmo y vehemencia le resultaban muy molestos; tal vez hice algo que le desagradó; pero fue evidente que no le caí en gracia y me lo hacía saber, menospreciando mis aspiraciones cada vez que se daba el caso.

—Sin duda trabajar en CNN no te conviene –me decía–. Será mejor que pruebes en algún otro sitio y empieces desde abajo.

Una de mis funciones era la de enviar por télex diversas instrucciones a nuestras filiales en otros continentes. Me sentaba frente a la máquina de télex, de frente a la pared y de espaldas a la sala de noticias. Cuando los directores entraban a esa sala, mi jefa les hacía comentarios sobre mis aspiraciones supuestamente erradas. Les decía: "Ella quiere ser corresponsal en el extranjero", ¡como si fuera lo más ridículo del mundo! También acostumbraba enviarme a las máquinas tragamonedas para traerle café y *Twinkies.*

En ocasiones lloraba lágrimas de frustración y rabia, pero jamás me di por vencida y perseveré. No perdí el tiempo. Tan pronto me enteré de que en CNN solicitaban un redactor, salté de mi asiento y fui de inmediato a solicitar el empleo. Así comencé a escribir reportajes de noticias para los comentaristas. Después me ascendieron a redactora *senior*, de este modo inicié mi ascenso ocupando los puestos que iban quedando vacantes.

Cierto día logré obtener mi primera asignación en el extranjero. En ese entonces mi jefe había cambiado de empleo y CNN necesitaba un corresponsal en la oficina de Frankfurt. Había dos o tres corresponsales antes que yo, pero no les interesó el empleo. Yo les dije que estaba dispuesta a ir a cualquier sitio, y así, de repente, me encontré en un avión con destino a Alemania. Un par de meses después, Saddam Hussein invadió Kuwait, y yo me dirigí a la región del Golfo Pérsico. En un abrir y cerrar de ojos me encontré en medio de la Guerra del Golfo, enviando artículos y, en un sentido periodístico, nunca regresé de allí.

Esto ha constituido un viaje largo y fascinante para mí, y a cada paso del camino he tenido que trabajar muy duro, pero siempre lo he disfrutado. Yo creo que la vida no es fácil. Mis primeras experiencias en CNN me enseñaron a forjarme una visión totalmente clara: a saber qué es lo que deseo y a tener el valor y la energía necesarios para alcanzar mis objetivos.

A lo largo de tu vida te toparás con gente que siempre tratará de impedir que logres lo que deseas, de destruir tus sueños. Pero, por extraño que parezca, eso no es tan malo. A fin de cuentas, te darán la oportunidad de comprobar si realmente deseas alcanzar tus objetivos, y de probar que eres lo suficientemente fuerte como para hacer lo que te propones. La vida no es nada fácil.

Stephen Ambrose

Historiador

Como estaba preparando la biografía autorizada de Dwight Eisenhower, él y yo pasamos muchas horas juntos en largas entrevistas durante el curso de cinco años. Por supuesto, él me dijo muchas cosas memorables. Había tratado con todos los grandes hombres de la Segunda Guerra Mundial y de los primeros quince años de la Guerra Fría: Franklin Roosevelt, Winston Churchill, Bernard Law Montgomery, Joseph Stalin, George Marshall y Harry Truman, entre otros. Una vez le dije que en ciertas ocasiones me parecía que a Churchill y Montgomery les había preocupado más preservar el Imperio Británico que lograr la victoria, o que Stalin se consagró más a preservar el comunismo que a vencer a Hitler. Le pregunté si él había llegado a pensar lo mismo que yo.

De inmediato me respondió que desde hacía mucho se había puesto como regla "Nunca cuestionar los motivos de otros hombres. Sí cuestionar su sabiduría, pero nunca sus motivos". Él, como general, político y estadista, se atenía a esa regla. Yo, como escritor y biógrafo, he hecho todo lo posible para emularlo. He criticado algunas decisiones de los personajes sobre los que he escrito, pero nunca porque yo crea que esas decisiones hayan sido tomadas por intereses personales, por codicia, o por algún motivo oculto. Sólo a Dios le corresponde hacer ese tipo de juicios, yo simplemente puedo decir que sus decisiones tuvieron tal o cual efecto, ya sea bueno o malo.

Alguna vez, el doctor Samuel Johnson le dijo algo similar a su biógrafo, Boswell: "Nos es imposible conocer el corazón de los hombres. No obstante, sí podemos observar cómo actúan". Igual que Johnson, Eisenhower siempre supuso que los hombres con quienes trataba eran honestos y confiables, aunque en ocasiones, cometió algunos errores.

Eisenhower fue toda una fuente de sabiduría. El día en que Hitler invadió Polonia, en 1939, le escribió a su hermano Milton: "Hitler debe tener cuidado con la furia de la democracia a que se enfrentará". La Segunda Guerra Mundial demostró cuánta razón tenía, mientras los demócratas libraban la guerra de manera mucho más eficaz que las naciones totalitarias. En 1947, durante los primeros años de la Guerra Fría, Eisenhower escribió: "Es un error enorme olvidar, aunque sea por un segundo, el poder y la potencia de esta gran república". Una lección perdurable que se deriva de ambas guerras es la conveniencia de confiar en los pueblos demócratas. Cuando se unen para apoyar una causa se convierten en un equipo y nada puede detenerlos.

En 1959, cuando un grupo de congresistas se presentó en el salón oval de la Casa Blanca para instar al Presidente Eisenhower a lanzar un primer ataque nuclear sobre Moscú con el fin de detener a los comunistas, del mismo modo que había logrado destruir a los nazis, él les dijo que estaban locos. No estaba dispuesto a ordenar un Pearl Harbor nuclear. Después agregó: "La Guerra Fría va a durar mucho tiempo. Pero si los soviéticos desean continuar a nuestro ritmo, y sin duda sí lo desean, tendrán que educar a su gente, y al hacerlo, sembrarán las semillas de su propia destrucción". Y eso fue exactamente lo que ocurrió.

Eisenhower fue producto de los pilares gemelos de la democracia, la educación universal y los derechos de todas las personas; creía en el derecho a decir lo que uno piensa con libertad; a votar por sus representantes; a trabajar en el empleo que le agrade y a vivir en donde le plazca; a tener las creencias religiosas que elija libremente, y a contar con un juicio justo, si es acusado de cualquier crimen. Ése fue el discurso que Eisenhower pronunció en 1944, la víspera de la invasión del Día D, frente a todas sus tropas. Y eso es exactamente lo que ellas lograron bajo su liderazgo.

Eisenhower es mi modelo y mi héroe. Yo he intentado en todo momento, aunque no siempre con éxito, poner en práctica sus palabras.

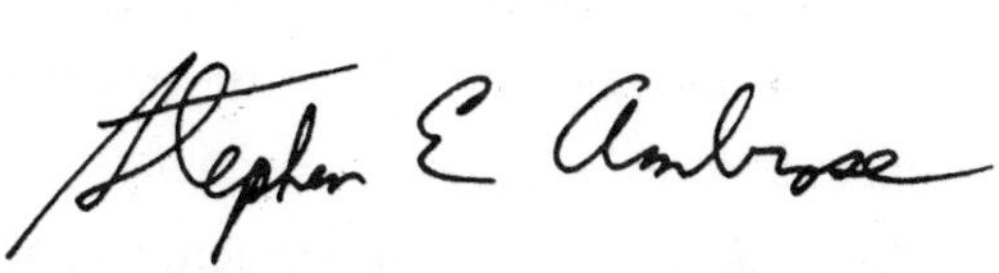

Jennifer Aniston

Actriz

Pienso que la vida constituye un proceso continuo de aprendizaje, de modo que me resulta difícil señalar algún momento específico en el cual alguien me haya dicho algo que me haya impactado. Recuerdo muchos momentos en los que mi vida se ha visto modificada. El primero que me viene a la mente es cuando mi padre me dijo:

—Sería conveniente que estudiaras leyes.

Mi padre, John Aniston, ha actuado en programas de televisión durante más de veinticinco años, y ha vivido las altas y bajas de ese negocio, y como muchos de sus amigos, ha sufrido fracasos.

Como buen padre, deseaba evitarme ese dolor; cuando recuerdo esos momentos, comprendo lo complejo de sus sentimientos al respecto. Él ama la actuación, de la cual ha recibido grandes satisfacciones; sin embargo, este proceso puede ser brutal desde el punto de vista emotivo. No sólo me refiero al proceso de audiciones y rechazos, sino que una vez que se obtiene el papel, es necesario descender a sitios oscuros para encontrar un personaje. Por supuesto, como buena hija, yo afronté todo esto como un reto. Deseaba probarle que era capaz de lograrlo. Pensé que así lograría impresionarlo y me amaría mucho más. Además, creo que yo también era bastante rebelde. Nunca tomé en cuenta los aspectos dolorosos del proceso, pero sus consejos realmente influyeron en mi trayectoria como actriz. En ocasiones le dije:

—Si en realidad no deseabas que yo fuera actriz, hubiera sido más conveniente que me dijeras que sí lo deseabas, y entonces yo hubiera reaccionado estudiando leyes.

En ocasiones un reto proveniente de alguien que sabemos que realmente nos ama puede ser algo bueno, ya que estamos seguros de que continuará amándonos, a pesar de los resultados.

Cuando comenzaba mis estudios en la High School of Performing Arts (Escuela de Actuación) en la ciudad de Nueva York, experimenté otro momento culminante de mi vida. Yo estaba representando lo que consideraba una escena sumamente dramática de *The Three Sisters (Las tres hermanas)* de Antón Chéjov, cuando escuché con toda claridad las risas del auditorio. Al bajar del escenario pensé: "Hice que se rieran de Chéjov... realmente no logré la reacción que deseaba en ellos".

Más tarde, mi maestro de actuación, Anthony Abeson, repasó la escena conmigo y me dijo:

—Sabes una cosa, Jennifer, se rieron porque tú eres graciosa.

—No deseo ser una actriz cómica. Deseo ser una actriz seria –yo le respondí.

—Estás equivocada –me dijo–. Esto es algo maravilloso. Debes estar orgullosa de ello; pero, por favor, no lo tomes como muletilla.

En mi actuación mostré tendencia a ser graciosa en vez de ir a lo profundo de las escenas. De manera retrospectiva ahora comprendo que es algo que había estado haciendo la mayor parte de mi vida. A lo largo de toda mi niñez recurrí al humor como técnica de supervivencia. Cuando mis padres se divorciaron o cuando tenía problemas con mis amigos, o alguna de las miles de dificultades e inseguridades por las que atraviesan los niños, yo recurría al humor y a provocar que las personas se rieran. Creo que hacía eso de manera natural, para evitar ser lastimada.

Esto no implica que no me agradara hacer que las personas se rieran: de hecho, sí lo disfrutaba. Y cuando pienso en ello, todos los programas que veía de chica se trataban de mujeres que me hacían reír. Sin embargo, al pensar en la actuación siempre me visualicé como actriz dramática: deseaba ser el tipo de actriz que me hubiera hecho llorar de niña al ir al teatro. Ser graciosa me parecía algo demasiado sencillo. De modo que este incidente de la escuela modificó radicalmente mi manera de pensar acerca de la actuación.

Me di cuenta de que tenía que aceptar este aspecto de mi personalidad: mi tendencia natural a hacer reír a la gente; pero debía colocarlo dentro de un contexto más amplio para conseguir lo que deseaba. Comprendí que era necesario lograr un equilibrio, así que en vez de rechazar mi lado cómico, lo acepté en su totalidad, y lo canalicé hacia algo que me agrada hacer y me proporciona muchísima felicidad y, de manera sorprendente, también a otras personas.

Otro punto crucial en mi vida fue el éxito de la serie *Friends (Amigos)*. Yo ya había cumplido veinte años cuando repentinamente comencé a participar en esta serie tan exitosa, y la gente comenzó a ver en mí a una actriz buena y famosa. Recuerdo que en esos momentos pensé: "Qué extraño que estas personas piensen eso acerca de mí. Si tan sólo me conocieran..."

Consideraba que había llegado a un sitio que no me merecía. Pensaba en las personas que realmente estaban logrando cosas importantes en el mundo. Consideraba que mi éxito y la atención que recibía no eran nada en comparación con los de otros. Pensaba que mi carrera como actriz no era más valiosa que las de otras personas; sin duda me proporcionaba seguridad financiera y validación como actriz y era algo divertido, pero al principio pensaba: "No es suficiente".

Comencé a sentir una necesidad imperiosa de retirarme del foco de atención cuando uno de mis amigos, Abhi, me envió un extracto de un discurso de Nelson Mandela escrito por Marianne Williamson. Esto constituyó toda una revelación para mí. Una parte dice: "Es nuestra luz, no nuestra oscuridad lo que más nos asusta... No es muy brillante hacerse pequeño para que las demás personas no se sientan inseguras cerca de uno... Nacimos para manifestar la gloria de Dios, que se encuentra dentro de nosotros. No se encuentra sólo en algunos de nosotros: se encuentra en todos nosotros. Y a medida que dejamos que nuestra propia luz brille, inconscientemente damos permiso a otras personas para que hagan lo mismo".

Esas palabras me hicieron darme cuenta de que no ganaba nada intentando ser humilde para lograr que otros se sintieran más cómodos. ¿Quién era yo para negar la luz en mi interior, esa luz que también se encuentra en el interior de todas las demás personas? Es necesario que celebremos lo que somos y que demos lo que tenemos a todo el mundo. No importa si uno es chofer de camiones o hace programas de televisión o películas. Cada quien tiene algo único que ofrecer.

Al leer las palabras de Mandela me di cuenta de que yo también tenía un cierto valor y ocupaba un sitio en el mundo y parte de eso era lo que me permitía hacer que las personas se rieran a gran escala. Yo hacía reír a miles y miles de personas con quienes quizá nunca entraría en contacto, pero que sin duda necesitaban reírse. Ahora estoy agradecida por mis logros y soy feliz de dar aquello que tengo que ofrecer como ser humano.

Aunque considero que hoy en día ocupo un buen lugar, estoy segura de que tendré que pasar por otros momentos cruciales más adelante. Y creo que eso es lo que hace que la vida resulte tan interesante.

Lance Armstrong

Ciclista

Mi mamá es una de las personas que más han influido en mi vida, y quizá la más importante. No era deportista como yo, pero era una buena dama, una dama fuerte, y siempre me dio apoyo y un buen ejemplo. Me tuvo cuando ella era muy joven, tenía diecisiete años. Tener un hijo a esa edad es difícil. Cada quien tiene cierta perspectiva de la vida, la cual difiere de las de sus contemporáneos; tal vez eso explique por qué ella era tan positiva en todo. Siempre que yo me sentía disgustado acerca de algo ella me decía: "Bueno, piensa que hoy es el primer día del resto de tu vida". Ése era su lema. Y suena gracioso, pero es algo real y verdadero. En los momentos mas difíciles de mi vida ella siempre me ayudó a concentrarme en lo que haría al respecto, en lo que haría a continuación, y no obsesionarme en lo que había sucedido el día de ayer o el mes anterior.

Esto fue antes de que me diagnosticaran cáncer. Nunca me había ocurrido algo tan grave. Quizá había obtenido malas calificaciones o no había logrado mis metas deportivas, pero nunca había padecido una enfermedad que pudiera ponerle fin a mi vida. Si me hubieran visto en septiembre de 1996, un mes antes del diagnóstico, les habría dicho que yo era muy feliz. Lo que menos necesitaba era que se me presentara esa enfermedad y cambiara toda mi vida. Pero se me presentó, y las cosas cambiaron, aunque de manera positiva.

En 1996, tenía veinticinco años, era soltero y moderadamente exitoso como ciclista. Ganaba bien, a pesar de que era muy joven, y supongo que mi mayor preocupación era sufrir alguna lesión o algún choque que detuviera mi carrera de ciclismo.

Entonces se me presentó el cáncer.

Tuve que abandonar mi desarrollo profesional durante dieciocho meses. No pude participar en carreras durante todo el tratamiento y la recuperación. Siempre tuve intenciones de continuar montando en bicicleta: era algo que me fascinaba. Pero no sabía qué me ocurriría después de recibir el tratamiento o si quedaría comprometido desde el punto de vista físico. Ni tampoco sabía si encontraría empleo de nuevo, pues muchos equipos pensaban que yo sería incapaz de reanudar mi carrera.

Desde el primer día en que recibí el diagnóstico, mi mamá se mostró realmente fuerte y mantuvo en orden sus ideas, pero al principio para mí fue difícil ser tan optimista como ella. En realidad no sabía lo que afrontaría a continuación, de modo que no podía pensar con claridad en el paso siguiente. Tuve que aprender acerca de mi enfermedad, buscar la mejor atención, concentrarme en mejorar y afrontar cualquier inconveniente que se presentara, como el hecho de que aparecieran más tumores en otras partes del cuerpo: todo eso detenía mi progreso, como si se tratara de topes en el camino. Y me fue muy difícil afrontarlos y pensar: "Bueno, hoy es el primer día del resto de mi vida".

Pero lo más interesante acerca del cáncer es que puede constituir una de las experiencias más positivas, increíbles y de afirmación de la vida. Cuando alguien se encuentra en esa posición, comienza a concentrarse realmente en su vida, en sus amigos y en su familia, y en lo que es realmente importante. Uno experimenta distintas emociones y sentimientos de quienes han despertado durante treinta años con perfecta salud para dirigirse al trabajo o a la escuela y nunca han tenido que preocuparse por nada. Estas personas olvidan que cada día que uno despierta es en realidad un regalo.

Mi lucha contra el cáncer se transformó en una competencia atlética. Los médicos, la cirugía y yo nos enfrentamos a todo lo que la enfermedad haría en nuestra contra, ya fueran los tumores en sí, una baja en glóbulos rojos o cualquiera de los efectos que trae consigo el cáncer. Para mí esto fue una dura batalla. Estas palabras parecen un cliché, pero realmente fue así en mi caso. Y como resultado, me siento más competitivo que nunca. Me encanta lo que estoy haciendo (por lo menos cien veces más): ha pasado de ser un simple empleo a algo muy divertido. Una de las mejores cosas que me ocurrieron a causa de mi enfermedad fue conocer a mi esposa. La conocí cuando me encontraba muy deprimido, cuando me sentía a punto de morir, y pienso que ése es un buen momento para conocer a tu esposa.

En ese sentido, en la actualidad es imposible para mí no despertarme y emocionarme sobre lo que ocurrirá el día de hoy y, para ser totalmente honesto, la primera cosa en que pienso cuando me despierto no es: "Hoy es el primer día del resto de mi vida". En realidad es: "Me gustaría tomar una taza de café bien cargado". Soy una persona mañanera, me emociona levantarme y comenzar mi día. Sin importar a qué hora me acueste por la noche, siempre deseo despertar y comenzar el día. Así que quizá para mí las palabras más importantes son: "*Mañana* será el primer día del resto de mi vida". Desafortunadamente, éstas no suenan tan bien.

Candice Bergen

Actriz

Esta es una antología de momentos individuales de inspiración, revelaciones personales, frases que se escuchan y resuenan tan fuertemente, que el curso de la propia vida se modifica; patrones de comportamiento que cambian en el espacio de algunas palabras oportunas. Aunque sé que a menudo he escuchado estas frases transformadoras, el problema es que *ahora* no puedo recordarlas, así que de momento, no nos servirán de nada.

Pero me sucedió otra cosa. Algo que me hizo cambiar de manera definitiva y ocasionó que mi vida y mi forma de pensar dieran un vuelco, algo que aún continúa inspirándome día tras día. El 8 de noviembre de 1985 nació mi hija, Chloe.

De hecho, ella comenzó a ser una inspiración para mí desde mucho antes, durante el embarazo, cuando decidí, gracias a ella, ser algo más: más maternal, madura y responsable; más creadora, productiva y protectora. Deseaba arrullarla, desempeñar bien mi papel de madre para ella. Sin embargo, no ha sido una tarea sencilla.

Para abreviar, ella se fue convirtiendo en un ser humano estelar. Yo la consideraba una "campeona". Y es que *era* una campeona. Cada año que pasaba me resultaba más difícil mantenerme a su altura. De bebé estaba en los límites de la hiperactividad, y al crecer se transformó en una persona creativa y compulsivamente productiva. A los seis años de edad ya me servía de inspiración para emplear mi tiempo de la mejor manera. Un fin de semana, mientras yo intentaba leer, ella se dedicó apasionadamente a construir una capilla con bloques de madera. Este juego continuó varias horas y no quería que la interrumpieran.

Cuando por fin preguntó qué hora era, yo le dije que eran las dos, se puso pálida y comenzó a llorar y a gritar: *"¡Dios mío.* He desperdiciado *todo* el día!"

También otras personas la consideraban una campeona; ella siempre detectaba a los niños que eran excluidos y poco populares, que no eran escogidos en los equipos, a quienes comían sus bocadillos solos a la hora del recreo, y a quienes las maestras habían castigado de manera injusta. Era muy apasionada, se paraba en el salón frente a sus compañeritos, desde los cuatro años, y con lágrimas en los ojos hablaba acerca de cosas como el derrame de petróleo en la bahía de Valdez, que dio lugar a una destrucción terrible de la vida silvestre y el ambiente (palabra que aún no pronunciaba bien).

Su confianza en sí misma, y su sentido inalienable de autoestima me dejaban atónita y perpleja. (Soy de una generación en la que casi todos teníamos la autoestima muy baja.) Cierta mañana, cuando ya tenía siete años, la desperté para que fuera a la escuela. La noche anterior se había sentido mal del estómago, pero me dijo que de cualquier modo ella quería asistir. Le pregunté si estaba segura, si no le gustaría más quedarse en casa ese día, pero me dijo que no. Insistió, aún adormilada, poniendo sus puños por encima de su cabeza, como Rocky: "Yo soy Chloe Malle. Soy la Poderosa. *¡Soy capaz de hacerlo!"*

Siempre sin ningún temor físico, cuando ella tenía nueve años la llevé a un paseo en balsa por el río Colorado. Cuando nos detuvimos en una parte tranquila del río, el guía dijo que ése era un buen lugar si alguien quería nadar. El agua estaba helada, como a trece grados centígrados y todas las personas lo miraron como si estuviese loco; todas, excepto Chloe. Ella levantó la mano, se acercó al extremo delantero de la balsa y rápidamente saltó al agua. Tiene mucho valor y energía, y yo me considero incapaz de mantenerme a su altura. Al crecer se ha vuelto atrevida, pero de manera constante su incansable energía es mi inspiración, su energía vital es contagiosa para las personas que la rodean.

Y también me resulta una inspiración continua por lo que respecta al valor y a la generosidad. Cuando Chloe tenía nueve años, su padre enfermó gravemente. En el curso de casi un año ella cuidó de él, cuidó de mí y todas las mañanas entraba a su salón de clases de cuarto año diciendo alegremente: "¡Buenos días!", mientras la mayoría de sus compañeros le respondía con un gruñido.

En sexto año le concedieron el tan codiciado "Premio al valor" de su escuela, en parte por su apoyo y aliento incansable a las personas que la rodeaban y también por su manera tan positiva de ver la vida. Yo tiendo hacia el pesimismo, y es su energía la que me mantiene en movimiento y me inspira.

Una tarde, Chloe, mi hermano Kris, su tía "postiza", Bee, y yo fuimos a casa de mi madre a cenar. Mi mamá vive en una casa impecable y decorada en colores pastel, entre ellos el durazno y el lila, y con alfombras inmaculadas color marfil: un peligro para un niño.

Chloe tenía once años y entró a saltos al comedor llevando un enorme vaso de jugo de arándano. Antes de que pudiéramos sugerirle como alternativa el jugo de uva blanca, se sentó en el sofá y accidentalmente derramó el vaso lleno de líquido rojo sobre el nuevo tapiz de seda color melocotón. Durante un segundo todos nos quedamos paralizados. Mi madre aún no había llegado a la habitación y aunque su amor por Chloe es ilimitado, sin duda esto la hubiera sacado de quicio.

De inmediato todos entramos en acción: agua mineral, una esponja húmeda, toallas de papel. De manera frenética tallamos y secamos, e incluso intentamos secar el tapiz con nuestro aliento. En eso se escuchó el sonido de unos pasos que se aproximaban, y con gran destreza Chloe colocó un enorme cojín sobre el sitio manchado, rápidamente se sentó encima y declaró con una brillante sonrisa, sin dirigirse a nadie en particular: "¡La vida es maravillosa!"

Jeff Bezos

Fundador y director ejecutivo de Amazon.com

De niño pasaba las vacaciones de verano con mis abuelos en su rancho de Cotulla, Texas. Los ayudaba a arreglar los molinos de viento, a vacunar al ganado y a otras muchas faenas. Era un trabajo duro, pero era un cambio que me venía muy bien. Algo diferente a lo que yo hacía todos los días en Houston, donde vivía: ir a la escuela y jugar a Star Trek con mis amigos. Me encantaba ir allá.

Uno de los mejores, y más singulares, aspectos de pasar los veranos con mis abuelos era cuando nos íbamos con el Club de Caravanas de Wally Byam, un grupo de propietarios de trailers marca Airstream que realizaban juntos viajes en carretera por todo Estados Unidos y Canadá. Mis abuelos eran miembros de ese club y tenían un Airstream de casi diez metros de largo que remolcaban con su Oldsmobile 1973. Varios veranos nos unimos a la caravana formada por cerca de trescientos trailers Airstream, y durante uno de esos viajes mi abuelo me dijo las palabras precisas en el momento oportuno.

Yo no era muy grande, tendría diez u once años, pero estaba formando mis opiniones acerca del mundo y, por supuesto, creía que sabía mucho más acerca de las cosas de lo que sabía en realidad.

Desde entonces me encantaba leer y era muy bueno para las matemáticas. Cualquier persona que haya realizado un viaje largo por carretera sabe que, sin importar cuántos juegos lleve consigo, sin importar qué tan amena sea la conversación o qué hermoso sea el panorama, tendrá demasiado tiempo para pensar. De modo que yo dedicaba gran parte de mi tiempo libre a hacer cálculos: calculaba los kilómetros que rendía la gasolina; calculaba el precio promedio de los abarrotes que adquiríamos a lo largo del camino. Entonces una vez vi un anuncio contra el tabaquismo en la televisión. El locutor declaró que cada vez que una persona daba el golpe a un cigarrillo, acortaba la duración de su vida en dos minutos. Mi abuela era fumadora. Lo detestaba, y no solamente porque sabía que era malo para ella. Supongo que cualquier niño que viaja miles de kilómetros en el asiento trasero lleno de humo de cigarrillo de un Oldsmobile 1973 llega a odiar el tabaco. Así que un día en que el camino me parecía interminable decidí hacer cálculos al respecto.

No recuerdo con exactitud cuál era la cifra: dos minutos por cada fumada, veinte fumadas por cigarrillo, veinte cigarrillos por caja, una caja al día durante treinta años, ¿unos dieciséis años? Cuando quedé satisfecho porque pensé que tenía un número razonablemente exacto, asomé la cabeza entre los dos asientos del frente, toqué a mi abuela en el hombro y le dije:

—Has perdido dieciséis años de tu vida fumando.

Le expliqué mis cálculos con la solemnidad adecuada a esa revelación y ella rompió en llanto.

Ésa no fue la reacción que yo esperaba. Pensé que me dirían: "¡Qué inteligente eres! ¡Eres muy bueno para los cálculos!" Pero no hay nada igual a pisar de manera inadvertida una bomba en un terreno minado para adquirir profunda conciencia del efecto que uno tiene sobre las personas que lo rodean. En esa ocasión yo me sentí muy mal. Me quedé muy callado en el asiento trasero sin saber qué hacer.

Mientras mi abuela lloraba, mi abuelo, que había estado conduciendo en silencio, cuidadosamente se salió a un lado de la carretera, se bajó del automóvil y me pidió que lo siguiera. ¿Me regañaría? ¿Qué me diría? Mi abuelo jamás me había levantado la voz, pero este incidente no tenía precedentes. No podía imaginar cuáles serían las consecuencias.

Caminamos algunos pasos hasta llegar al sitio comprendido entre la cajuela del automóvil y el frente plateado del trailer. Yo me puse a mirar la caravana de trailers Airstream que pasaban mientras esperaba el regaño que sin duda me daría mi abuelo. Transcurrido un minuto él me miró, me colocó la mano sobre el hombro y me dijo:

—Algún día aprenderás que es mucho más difícil ser bondadoso que inteligente.

Con estas palabras y la dulzura con que me las dijo, mi abuelo me dio una lección fundamental para mi vida. Siempre lo había admirado por su inteligencia, pero ese día comencé a comprender que la inteligencia es tan sólo un regalo que uno recibe. De aquello que realmente uno puede enorgullecerse es de la bondad con que elige aplicar su inteligencia. Y desde entonces, me he esforzado en esto.

David Boies

Abogado

Cuando me gradué de la preparatoria no tenía intenciones de asistir a la universidad. Como adolescente del sur de California de la década de 1950, la preparatoria había sido para mí una época de correr en coches de carreras, de jugar a las cartas, de surfear y de asistir a fiestas con mi novia, Caryl. Ella medía como uno sesenta, era de cabello rubio y ojos azules, y tenía la apariencia de una porrista (aunque no lo era) y la mente de una campeona de debates (para lo cual era excelente). Parecía que siempre estaba de buen humor y lista para divertirse o que se la estaba pasando bien.

Incluso después de que nos casamos y comencé a trabajar en una cuadrilla de construcción, supuse que los buenos tiempos continuarían, y de hecho así fue durante un tiempo. Cuando me despidieron del trabajo de construcción, conseguí empleo como contador en un banco. No me agradaba especialmente trabajar allí, pero era un empleo seguro (en interiores y sin tener que levantar cosas pesadas) y, comparado con el trabajo de construcción, me parecía que el dinero lo ganaba de una manera más fácil.

Completaba mis ingresos jugando a las cartas: al *bridge* profesional la mayoría de las veces, y en ocasiones póquer. Me encantaba jugar a la baraja y ganaba buen dinero con ello: podía ganar 50 dólares en una noche, o hasta 150, si tenía suerte. (Años después me di cuenta de que jugar a la baraja es algo similar a las leyes: litigar es como jugar al *bridge*; las negociaciones y los acuerdos son como el póquer.) Nunca aposté el dinero de la renta, pero en ocasiones apostaba el dinero de la comida, pues sabía que si perdía podíamos ir a casa de nuestros padres a comer.

Mientras continuaba viviendo de manera fácil, Caryl me acompañaba en todo momento, ya fuera cuando cruzábamos la frontera para ir a México a apostar o cuando íbamos a surfear al océano Pacífico a medianoche en el camino de regreso.

Un día descubrimos que Caryl estaba embarazada, y no tardó mucho en comenzar a preocuparse por nuestro futuro. En ese momento hablamos sobre la conveniencia de que yo regresara a la universidad. Hasta entonces mi esposa había participado de manera total en mi despreocupado estilo de vida, viviendo tan sólo el momento y sin pensar en el mañana. Ahora ella hablaba en serio y con miras a nuestro futuro. Al principio no me interesó mucho la idea de regresar a la universidad; la vida me trataba bien, el dinero me llegaba regularmente y, para ser franco, no había disfrutado lo suficiente en la preparatoria, a pesar de que había sido un estudiante promedio. Mis principales intereses en ese entonces habían sido la historia (de la cual me enamoré por mi padre, que enseñaba esta materia en una preparatoria cercana) y los debates (los cuales me gustaban en parte porque Caryl había sido mi compañera de equipo).

Sin embargo, estaba consciente de que al tener hijos, las cosas cambiarían de manera inevitable. Caryl no quitó el dedo del renglón acerca de mi regreso a la universidad; no lo hizo de manera insistente, pero nunca dejaba de tocar el tema.

Nuestro hijo David nació en marzo, y un sábado por la noche algunos meses después, nos encontrábamos todos junto a la alberca del condominio donde vivíamos, disfrutando del atardecer. El sol estaba a punto de ponerse, el bebé estaba en su corralito y Caryl y yo estábamos bebiendo champaña.

Bromeando me volví a Caryl y le dije:

—Oye, ¿no es hora de que me empieces a mencionar lo de la universidad?

Después de todo, habíamos estado hablando del tema hacía ya casi ocho meses y me sorprendió mucho que ella no hubiera sacado de nuevo el tema a colación.

Repentinamente Caryl se puso muy seria.

—No –me respondió–, ya no volveré a tocar ese asunto.

—¿Por qué? –le pregunté, aún sonriendo.

—Porque no –me respondió, mirando con inquietud a nuestro hijo–.

Simplemente toma la decisión que te gustaría que David tomara si él estuviera en tu lugar.

La observación de Caryl me dejó atónito. No recuerdo haberle respondido de inmediato, pero sí recuerdo el silencio que se produjo, las burbujas de mi champaña que se evaporaron. En un instante, esta prolongada conversación que habíamos tenido acerca de regresar a la universidad (un diálogo que había tocado temas tan importantes como la responsabilidad, la madurez y los sacrificios que habría que hacer) recayó total y exclusivamente sobre mis hombros. Muy en lo profundo, yo sabía que ella tenía razón sobre ir a la universidad, y sospechaba que sin duda ella estaba convencida de que yo sabía que tenía la razón.

La mañana siguiente envié mi solicitud a la Universidad de Redlands. En septiembre me inscribí allí y seis años después comencé a practicar la abogacía. (Más adelante Caryl siguió sus propios consejos, regresó a la universidad, y también obtuvo el título de abogada.)

Aunque no lo sabía en ese entonces, las palabras de Caryl esa tarde de primavera de 1960 se referían a muchas más cosas que mi regreso a la universidad. Al aconsejarme que tomara cualquier decisión que me gustaría que mi hijo también tomara (un niño para quien queríamos sólo lo mejor), Caryl me introdujo en una nueva forma de pensar acerca de mi vida, de nuestra vida. Después de que decidí inscribirme en la universidad, me di cuenta de que ésa sería tan sólo la primera de una larga serie de difíciles decisiones que yo tendría que tomar, las cuales no necesariamente serían las más sencillas o las más cómodas y ni siquiera las más lucrativas, pero serían las más atinadas. No siempre he tomado las decisiones correctas; con frecuencia he elegido lo más sencillo con respecto a lo más difícil, y lo más fácil en vez de lo correcto. Sin embargo, las palabras de Caryl me han ayudado a tomar decisiones correctas con más frecuencia.

Durante mi primer año en la facultad de derecho, trabajé como recepcionista en un motel, de las doce de la noche a las ocho de la mañana, y después de ahí me iba directamente a la universidad. Cuando salía de clases, en las pocas horas que me quedaban para dormir un poco antes de volver al trabajo, me resultaba difícil estudiar. En realidad, yo sólo deseaba descansar; pero en esos momentos recordaba a Caryl diciéndome que hiciera aquello que quisiera que mi hijo hiciera.

En los siguientes cuarenta años emprendí diversos proyectos –casos de derechos civiles y otros casos complicados– que en esos tiempos eran poco populares para muchos de mis clientes y para algunos de mis colegas, y que tenían pocas expectativas de buenas ganancias económicas. En todos esos casos siempre traté de tomar decisiones sin basarme en lo práctico, sino en lo correcto. Lo mismo ocurrió en 1998 cuando me pidieron que representara al Departamento de Justicia de Estados Unidos para demandar a Microsoft, y en el año 2000 cuando me pidieron que representara al vicepresidente Al Gore en la controversia electoral de Florida. Había muchos motivos para no tomar esos casos: apenas había abierto mi propio despacho; no había dedicado el tiempo suficiente a mi familia; y a causa del clima político, sin mencionar a la gente poderosa contra la cual tendría que enfrentarme, estaba consciente de que me convertiría en el blanco de innumerables críticas. Sin embargo, a fin de cuentas me fue imposible negarme. Era una gran oportunidad y estaba haciendo lo correcto.

Aunque Caryl y yo ya no estamos casados, aún somos buenos amigos y siempre le he estado agradecido por haberme dicho las palabras precisas en el momento oportuno.

Nuestro hijo David tiene ahora cuarenta y dos años. Estudió leyes y tiene una esposa y cuatro hijos. ¿Que si me siento orgulloso de él? Sin lugar a dudas. ¿Me propuse servirle de ejemplo y tomar el tipo de decisiones que esperaba que algún día él mismo tomaría? Sí, tal vez en algunas ocasiones lo hice.

Además, como todo buen jugador de póquer sabe, en ocasiones simplemente tuve buena suerte.

Tom Brokaw

Comentarista de noticias

Sin lugar a dudas tuve buena suerte en la preparatoria: era buen deportista, tenía buenas notas, fui presidente de mi salón y presidente de alumnos de South Dakota Boys State. Como resultado, se esperaba mucho de mí cuando me inscribí en la universidad.

Sin embargo, en el año de 1960, mientras asistía a la Universidad de Dakota del Sur, experimenté una gran caída de esa plataforma de respetabilidad, al pasar virtualmente por alto mis estudios en búsqueda de lo que entonces creía que era llevar una buena vida: bebía todas las noches, tenía muchas novias. Me aloqué por completo. Cuando llegaron los exámenes logré esforzarme y pude aprobarlos. En verdad pensaba que estaba engañando a todos.

Esta precipitada y caótica caída se había iniciado en realidad un año antes, cuando me inscribí en la Universidad de Iowa. Aunque tenía intenciones de ser el mejor del campus, no terminé muy bien parado, y a pesar de que no reprobé mis cursos, tampoco saqué muy buenas calificaciones. De modo que me transfirieron a Dakota del Sur, creyendo que allí me reformaría, pero en vez de ello continué mi descenso. Todas las mañanas me despertaba con cruda, con la tarea sin hacer y preguntándome: "Dios mío, ¿cómo voy a salir de ésta?" Era incapaz de cumplir con todos mis compromisos.

En Dakota del Sur conocí a Bill Farber, un maravilloso personaje tipo Mr. Chips, que era el director de la facultad de ciencias políticas. Bill, un hombre cálido y asombroso, había sido mentor de una sucesión de expertos y becarios de Rhodes. Gobernadores, senadores y personas de grandes logros habían pasado por su facultad. Sus protegidos eran conocidos como los Chicos de Farber.

Como yo había decidido estudiar ciencias políticas, Bill no me perdió de vista.

Una noche, en la primavera de mi segundo año, Bill me invitó a su casa a cenar. Esto no era algo inusual, pues a menudo pedía a sus estudiantes que lo visitaran para hablar de sus carreras y de temas de política. Y me imaginé que quería hacer algo así conmigo.

—He estado pensando mucho en ti últimamente –me dijo, después de que terminamos de cenar.

—¿De veras? –le dije, sintiendo algo de satisfacción.

—Sí –me respondió– He estado pensando en ti y en lo que vas a hacer de tu vida. Y creo que se me ha ocurrido algo.

—¿A qué se refiere? –le pregunté ansiosamente.

—Creo que deberías *dejar de estudiar.*

Me quedé atónito. Las palabras de Bill fueron muy duras, pero me las dijo con tanto entusiasmo, que me pareció que simplemente eran un reflejo de lo que todo el mundo ya sabía. ¿Por qué me recomendaba que dejara de estudiar? No le respondí nada. Después de todo, ¿qué podía decirle? Me sentí de inmediato como si me hubiera agarrado con las manos en la masa y hubiera descubierto lo que estaba haciendo.

Antes de que pudiera responderle, Bill continuó.

—Me escuchaste bien, pienso que debes beber todo el vino, tener todas las mujeres y asistir a todas las fiestas que desees y después, cuando ya estés tranquilo, regresar a la universidad. Sería bueno tanto para tus padres como para ti. Pero hasta que llegue ese momento –concluyó–, no quisiera verte más.

Y así se despidió de mi inteligente persona.

Como si esta bomba no hubiese sido suficiente, recibí una carta devastadora de una amiga con quien había estado saliendo. Se llamaba Meredith, y, al igual que Bill, tenía reservadas algunas palabras para mí: "Mira, ya no te molestes en visitarme más", comenzaba su carta. "¿Acaso crees que deseo perder mi tiempo con alguien que no sabe lo que quiere, cómo tú?"

No hace falta decirles que los comentarios de Bill y la carta de Meredith me llegaron como ganchos al hígado, y antes de lo imaginado, me salí de la universidad e hice varios trabajos menores en radio y televisión. Me imaginé que siempre encontraría empleo en ese campo, pero nunca pensé que llegaría a convertirme en comentarista de tiempo completo en un programa de noticias. Aprendí algunos aspectos fundamentales, pero lo más importante es que descubrí que sobrevivir en el mundo real era más difícil de lo que había imaginado. Después de ascender a los niveles más altos en todo lo que había emprendido, pensaba que yo era capaz de hacer cualquier cosa, y bajo mis propias condiciones. Entonces aprendí lo equivocado que estaba.

Después de aproximadamente cuatro meses de sobrevivir con dificultades, y rodeado de personas con futuros poco halagüeños –simplemente porque carecían de estudios universitarios–, regresé a ver a Bill y me le hinqué para rogarle que me admitiera de nuevo.

—Muy bien –me respondió–. Pero esta vez será como *yo* quiera, no como quieras tú. Aquí está tu nuevo horario de clases, y éstas son las calificaciones que espero que obtengas en tus materias. Continuarás asistiendo al empleo que tienes, trabajarás de tiempo completo y realizarás ese largo viaje a la universidad. Comenzaremos así y vamos a ver si realmente tienes intenciones de estudiar.

Y le hice caso. De hecho, me concentré y organicé tanto, que parece que logré impresionar no sólo a Bill, sino también a Meredith.

—Tienes razón en lo que me escribiste –le dije a ella–. Realmente necesitaba escuchar esas palabras.

En los siguientes diez años obtuve mi título, me casé con Meredith e inicié un exitosa carrera profesional en televisión. Y fueron esos dolorosos momentos de mi vida, cuando me sentí tan perdido, los que me motivaron en los años subsecuentes. Me enseñaron lo fácil que es deslizarse por los caminos fáciles, pero también lo aleccionador que puede ser un fracaso en etapa temprana.

Hace algunos años tuve la oportunidad de transmitir los consejos de Bill a otra persona. En cierta ocasión, un amigo me envió a su sobrino. El chico había estado gastando su dinero en cocaína y su tío estaba muy preocupado por él.

—Tu tío me pidió que hablara contigo –le dije; él por supuesto desvió la mirada, pero yo continué–: Yo pasé por una experiencia similar cuando tenía tu edad. En esa época no se usaba la cocaína, pero ten la seguridad de que si así hubiera sido, yo también la habría consumido.

—¿Usted? –me dijo el niño, bastante sorprendido.

—Sí, yo –le respondí–. Mira, no te voy a dar un gran sermón al respecto, pero te voy a revelar un pequeño secreto: es mucho más fácil hacer las cosas bien que hacerlas mal. Cuando haces algo bien no te pasas todo el día tratando de salir de tus problemas; ni tienes que inventar excusas o recuperar el tiempo perdido. No te pido que te conviertas en un monje, simplemente te pido que endereces tu camino y veas si transcurrido un mes no has gastado mucho menos energía y eres mucho más feliz contigo mismo.

En la actualidad ese niño se ha convertido en un jovencito destacado. Siempre que nos vemos me sonríe y me dice:

—Oye, es mucho más fácil hacer las cosas de la manera correcta.

Y yo le respondo:

—Lo sé.

Mel Brooks

Director de cine

Estaba sentado en mi silla de director tratando desesperadamente de decidir si darle una paliza a una viejita sería gracioso.

Era el año de 1973 y yo me encontraba en el set de filmación de mi tercera película, *Blazing Saddles.* Como sabe cualquier persona que la haya visto, *Blazing Saddles* tiene muchas escenas sorprendentes: un hombre agarra a puñetazos a un caballo; un grupo de vagos se sienta en torno a una hoguera a comer frijoles y expeler ventosidades. Fue una tarea arriesgada, para decirlo de una manera muy simple.

Y sin embargo, allí estaba yo, a punto de filmar una escena que me ponía bastante nervioso. Según el guión, una banda de tipos malos llega al pacífico pueblecillo de Rock Ridge, disparan los seis tiros de sus pistolas, rompen algunos postes y crean confusión entre los habitantes. Durante esas escenas caóticas hay una breve escena de dos corpulentos *cowboys* acosando a una viejecita. Uno de ellos se coloca detrás de la señora y le aprisiona los brazos contra los costados, mientras el otro le proporciona una andanada de golpes en el estómago. Todo el tiempo la viejecita grita ayes de dolor, y sólo se detiene el tiempo suficiente para mirar directamente a la lente de la cámara y preguntar al público: "¿Alguna vez habían visto tanta crueldad?" Después los tipos continúan pegándole.

En papel, la escena me pareció cómica, pero ahora yo tenía mis dudas.

Como ven, a mí me gusta filmar cosas cómicas. Después de todo, mi primera película había sido *The Producers (Los productores)*, en la cual dos tipos montan un musical en Broadway llamado *Springtime for Hitler (Primavera para Hitler)*. Un buen título, ¿verdad? Pero en ese entonces yo tenía más cuidado con mis decisiones. Ocasionalmente consideraba de antemano las posibles objeciones que podría plantear el público, y en el medio de la comedia esto constituye un verdadero error. Una vez que uno comienza a preocuparse por lo que el público va a pensar, inevitablemente tiene ideas equivocadas y esto se debe a que proyecta sus propios temores como posibles reacciones en quienes van a ver la cinta. Y uno nunca debe hacer eso.

Con todo, esa escena de *Blazing Saddles* me ponía nervioso.

"No lo sé", le comenté a John Calley, que entonces era ejecutivo de producción *senior* para la Warner Bros., la compañía que estaba filmando la película. "No me importa que los *cowboys* se echen gases; tampoco me importa que el *cowboy* golpee al caballo con los puños, pero ¿pegarle a esa viejecita? Creo que nos estamos pasando de límite. ¿Qué será lo más conveniente?"

John se limitó a sonreír y me dijo: "Oye, Mel, si te atreves a subir al campanario, toca la campana".

Instantáneamente supe a qué se refería, y tras un momento de reflexión, le grité a los camarógrafos que comenzaran a filmar. No fue sorprendente que la escena haya sido uno de los momentos más graciosos de toda la película.

Después de eso, nada me detuvo. El set de *Blazing Saddles* se transformó en un sitio donde se permitieron todas las libertades y hacíamos una cosa loca después de otra. En determinado momento nuestro héroe se marcha al galope sobre su caballo y se encuentra al conde Basie, dirigiendo a toda su orquesta en medio del desierto. Fuimos capaces de romper esa cuarta pared que separa a la realidad de la fantasía en el momento emotivo correcto y fue algo perfecto.

Más adelante en esa misma película, filmamos una escena de una pelea en la calle principal de Rock Ridge y literalmente rompimos la pared del set vecino, donde se estaba filmando un musical de la Warner. Fue un momento de locura tipo Pirandello, por no decir la cosa más valerosa que he hecho en toda mi vida como escritor o como director.

Fue como si las palabras de John hubieran liberado toda mi energía creativa. Consideré que siempre y cuando nuestros corazones se encontraran en el sitio correcto, y siempre y cuando respetáramos a nuestro personaje principal –un *sheriff* negro haciéndole frente a los prejuicios raciales–, y continuáramos tomando en consideración sus sentimientos, teníamos libertad para hacer o decir cualquier cosa que se nos ocurriera.

Las palabras de John me han sido de gran utilidad en muchos momentos a lo largo de mi carrera profesional y siempre me han permitido vencer mis temores y poner en práctica mi visión, sin importar qué tan alocada sea. Por ejemplo, en *Young Frankenstein (El joven Frankenstein)* filmé una escena donde el monstruo se enamora de Madeline Kahn, y ella también se enamora de él y comienza a cantar: *Ah, Sweet Mystery of Life, at Last Found You* (Oh, dulce misterio de la vida, por fin te encontré). Sin duda era algo muy arriesgado y un poco loco, pero mientras meditaba en mi oficina si en realidad debería hacerlo, di vuelta a mi silla para mirar al escritorio y mis ojos se posaron en la pared, donde tengo enmarcadas las palabras de John: "Si ya subiste al campanario, toca la campana". Y una vez más, ésa fue la respuesta que necesitaba.

Irónicamente, días más tarde tuve la oportunidad de repetir las palabras de John a una nueva generación de artistas creativos. Cuando comenzamos a ensayar la versión del musical de Broadway *The Producers (Los productores)*, dirigida por Susan Stroman, todos me consultaban una y otra vez sobre las mismas dudas que yo experimenté treinta y tres años antes mientras filmaba la película. "¿Realmente será conveniente colocar una esvástica nazi allí frente a judíos reales, sentados en asientos reales y en un teatro real? ¿No provocará esto que se suban al escenario y maten a los actores?"

Pero, por supuesto, nuestro público se limitó a aplaudirnos, porque comprendió que estábamos ridiculizando a Hitler y a los nazis. Cuando se comenzó a exhibir la obra, Stroman me dio crédito por haberla enseñado a tocar la campana, aunque originalmente ese consejo provino de John Calley.

Al final he aprendido que el público quiere lo mejor y más valeroso de uno. No esperan que seas diplomáticamente correcto. Quieren que no muestres ningún temor, que seas honesto y que hagas cosas locas. Quieren que hagas algo que ellos nunca soñarían hacer y que jamás se les hubiera ocurrido.

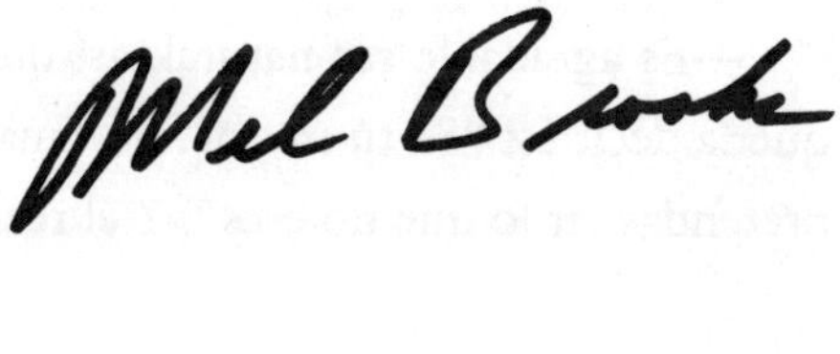

Barbara Bush

Ex Primera Dama

Antes de conocer a George Bush, Marvin Pierce, mi padre, era la persona más sabia que yo conocía. Yo lo adoraba. Incluso ahora, cuando recuerdo a todas las personas que conocí en todo el mundo como Primera Dama, no creo que ninguna de ellas pudiera llegarle ni a la suela del zapato por todo su ingenio y sabiduría. Él se reía constantemente y yo creo que eso es lo que a la gente le gustaba de él. Esa sonrisa. Esos chascarrillos que hacían que todo el mundo se sintiera tan bien en sus tiempos. Él siguió siendo joven de espíritu durante toda su vida. Recuerdo cierta ocasión en que estábamos en torno a la mesa del comedor y él formó un receptáculo para la salsa con su puré de papas; mi madre lo regañó por su mala educación y por comer tanto puré. Pero mi padre sólo disfrutaba de la vida, y yo siempre lo disfruté a él.

Durante casi toda mi juventud, mi padre trabajó en la McCall Corporation. Cuando yo tenía poco más de veinte años, fue nombrado presidente de esa compañía, pero desde mucho antes él sabía que era necesario trabajar duro. De joven había sido mesero y también trabajó en los hornos en Miami. Siempre respetó a las personas que ponían el alma en una tarea. Mi papá me presentó con las personas que trabajaban en la planta de McCall en Dayton, Ohio, cuando me llevó allí en un par de viajes de negocios. Me encantó: ¡Era toda una aventura ir de viaje con mi padre y dormir toda la noche en un tren! Así pude apreciar mejor cómo trataba a las personas. Siempre era amable con todo el mundo. Me decía:

—Es agradable ser natural, así que sé naturalmente agradable. Lo que él quería decir es: "Sé tú misma, no finjas ser alguien más, no te des ínfulas y no pretendas ser lo que no eres". Y él realmente ponía en práctica estas palabras.

Otro sabio e importante consejo que me dio fue una vez a la hora del almuerzo, cuando yo tenía diecinueve años. Unos meses antes yo había aceptado felizmente la propuesta matrimonial de George Herbert Walker Bush, quien en ese entonces tenía veinte años y estaba haciendo su servicio militar. Estaba locamente enamorada de él. Un día mi padre me pidió que lo viera en Nueva York para asistir a un almuerzo especial, sólo nosotros dos. Parecía ser algo sumamente elegante y me hizo sentir muy honrada.

Ya en la comida, mi papá me dio algunos consejos que pensó me serían de utilidad en el futuro.

—Sólo hay tres cosas que puedes dar a tus hijos –me dijo–. Una de ellas es la mejor educación que sea posible. Otra, es un buen ejemplo, y la tercera, que les des todo el amor del mundo.

Estas directrices son muy sencillas y, sin embargo, constituyen una fuente de profunda inspiración. Ésos son los valiosos regalos que él me dio. Y pienso que es algo maravilloso que cuando él me quería dar consejos lo hiciera en su papel de padre. George y yo decidimos dar a nuestros hijos esas mismas bases.

Cuando George y yo formamos nuestra familia, no teníamos ni la más leve idea de lo que se volverían nuestras vidas. Pensábamos dedicarnos a la agricultura, pero de inmediato desechamos esa idea cuando nos dimos cuenta de lo costoso que era esa actividad y de la experiencia que se necesitaba. En vez de esto, iniciamos una aventura poco usual, pero que terminó siendo maravillosa, como pioneros en los campos petroleros de la solitaria Odessa, en Texas. George inició el negocio de pintar torres petroleras a pleno sol. Por esa época, yo le dije a los amigos de George que él llegaría a ser presidente algún día, porque yo tenía muchísima fe en él. Pero sin lugar a dudas, yo no tenía ni la más remota idea de cómo hacer que mi fe se transformara en realidad.

Mientras vivíamos en una pequeña casa en Odessa, con una cabra amarrada en el patio trasero y un equipo de madre e hija prostitutas con quienes compartíamos el baño, George y yo no teníamos ni la más remota idea sobre qué podíamos hacer para mantener a nuestra familia. Pero sí sabíamos qué tipo de legado dejaríamos a nuestros hijos: el ejemplo de moral e integridad que nuestros propios padres nos habían dejado. Una buena educación, un buen ejemplo y todo el amor del mundo.

Y a esas sugerencias, deseo agregar que les den independencia a sus hijos. Ya sé que esto es algo difícil. Recuerdo que rompí en llanto cuando nuestro hijo George me envió una carta en sus años de adolescente después de sus primeras semanas en la preparatoria de Andover. "La semana pasada fue la mejor de mi vida", me escribió, y yo sólo deseaba que él regresara a casa con la familia. Pero entonces me di cuenta de lo egoísta de mis deseos. La felicidad de nuestros hijos debe ser algo primordial para nosotros. Y desde entonces, siempre he tratado de que así sea. Confíen en sus hijos. George y yo acabamos por darles a nuestros hijos independencia, y ellos se elevaron hacia el cielo (aunque ésta es sólo una opinión sumamente prejuiciada de su madre).

Laura Bush

Primera Dama de Estados Unidos

A menudo pienso en la manera en que mi madre y mi abuela vivieron sus vidas: les encantaban los espacios abiertos y la grandeza del mundo creado por Dios; ambas tenían jardines hermosísimos. El de mi abuela era de rocas con ocotillos y yucas. Este jardín fue un elemento fundamental de mi niñez.

Cuando yo era pequeña, mi familia vivía en el lejano oeste de Texas; mi abuela vivía en El Paso, entre desiertos y montañas, y mi mamá, mi papá y yo, en Midland, un pueblo que se localiza en las Grandes Planicies y es un sitio completamente llano. Midland fue cultivado de manera excesiva hace cien años, de modo que no quedó mucho pasto y hay pocos árboles. Como no hay nada en el horizonte que oscurezca la visibilidad, el cielo de Midland es enorme.

Entre mis recuerdos más antiguos, está el de haber observado ese cielo con mi madre en las noches de verano. Nos acostábamos sobre mantas en el prado y mirábamos las estrellas. Esto era algo que mi abuela había hecho con mi mamá y ahora ella a su vez lo hacía conmigo. "Mira el cielo", me decía.

Y vaya que era hermoso el cielo. Como Midland era un pueblo tan pequeño, casi no había luz eléctrica, y como está en el desierto, no hay nada de humedad. El cielo es perfectamente claro y las estrellas se ven muy cercanas, casi como si uno pudiera extender su mano y tocarlas. Mamá conocía el nombre de algunas de las constelaciones y me las señalaba y me decía sus nombres.

Pero la mayor parte del tiempo sólo mirábamos las estrellas y conversábamos. Discutíamos lo que íbamos a hacer en nuestras vidas. Naturalmente, con los años he olvidado los detalles de esas pláticas, pero la sensación que adquirí por parte tanto de mi madre como de mi abuela sobre lo mucho que amaban la naturaleza y el regalo especial del esplendor del mundo que nos rodea y las perspectivas que nos ofrece, aún sigue muy viva dentro de mí. Incluso ahora que soy mayor y he descubierto que hay otras partes hermosas en nuestro país, el cielo de Midland, Texas, permanece vivo en mí.

El interés de mi madre en la naturaleza no se limitaba únicamente a los cielos. Un año, cuando yo era *Girl Scout* (yo iba en sexto), mi madre era nuestra líder, y todas las niñas obtuvieron sus insignias de observadoras de pájaros. Para los miembros de la tropa esto significaba simplemente que habíamos completado nuestro estudio básico acerca de las aves, pero para mi madre, eso condujo a que se convirtiera en un pasatiempo para toda la vida.

Observar a los pájaros se transformó en parte muy importante de todo lo que hacíamos como familia. A menudo íbamos en automóvil a casa de una señora que conocíamos y que era naturalista. Mantenía su jardín completamente silvestre, no como los otros de Midland, y era sólo para atraer a las aves. Más de una vez recuerdo haber ido a visitar a mis abuelos a El Paso cuando iba en preparatoria, yo intentaba dormir en el asiento trasero del automóvil, cuando de repente mi madre nos decía con emoción que sacáramos nuestros binoculares para ver algún halcón, o nos decía: "¿Vieron esa hermosa calandria?" Por supuesto, en ese entonces yo no quería que me molestaran, sólo deseaba dormir. Pero más tarde desarrollé ese interés en observar los pájaros y gozar de la naturaleza.

De hecho, fue a través de observar a las aves que aprendí algo acerca de la comunidad. Uno de esos años, mi madre avistó un tordo en su propio jardín. Éste no era un pájaro muy común en Midland, y evidentemente había sido traído por el viento del norte. Durante su estancia en el jardín de mi madre, muchos observadores de pájaros de Midland –geólogos, en su mayoría, y algunos científicos de las compañías de petróleo del pueblo– venían en su hora del almuerzo con sus sándwiches a sentarse en la mesa de la cocina con mamá y papá, y aguardaban pacientemente a que el pájaro hiciera su aparición. Por supuesto, muchas veces el pájaro no llegaba, pero cuando lo hacía todos saltaban y se abrazaban, pues se sentían muy emocionados de haber visto este nuevo tipo de ave y poder agregarlo a su lista. Mi padre los veía a todos ellos y me decía: "¿Sabes una cosa? Aquellos que observan a las aves en verdad son buenas personas".

En la actualidad sigo dejando que la naturaleza me inspire, incluso aunque tenga muchas ocupaciones. Considero que salir a caminar es una de las cosas más relajantes y más reconfortantes de la vida. Si me siento infeliz o ansiosa por algo, si estoy triste o aburrida, una caminata al aire libre siempre me reanima y me hace sentir bien. Cuando vivía en la mansión del gobierno de Texas, todos los días salía a dar una breve caminata por el hermoso camino que bordea al río Colorado, el cual atraviesa todo el centro de Austin. Y aunque ahora ya no puedo hacer esto en la Casa Blanca, el presidente y yo siempre disfrutamos de nuestras caminatas cuando visitamos Campo David y nuestro rancho.

También programo viajes regulares con un grupo de mujeres con las que crecí en Midland. Cuando todas llegamos a los cuarenta años, lo celebramos viajando por el río Colorado en el Gran Cañón y después caminando por el Borde Sur. Cuando cumplimos cincuenta, fuimos al río Yampa en Colorado y al río Verde en Utah. Nuestro último viaje fue una excursión a Yosemite.

Pero no importa dónde me encuentre, nunca dejo de recordar ese enorme cielo de Midland, y a mi madre y a mí contemplándolo, recostadas en el pasto. He intentado transmitir ese mismo ritual a mis hijas. Recuerdo una ocasión en particular: las niñas tenían aproximadamente cuatro años de edad y habíamos ido a Maine para pasar el verano. Era nuestra última noche allí y el cielo estaba de un espléndido color turquesa, con el océano turquesa por debajo de él y delgadas líneas rosas graciosamente entretejidas en el horizonte. El sol acababa de ponerse y esa parte del mundo se encontraba bañada por el crepúsculo.

"Miren el cielo", les dije a mis hijas, y mi voz resonó como el eco de las palabras que mi madre me había dicho años atrás. "Miren el cielo y recuérdenlo, porque no volverán a ver un cielo como éste cuando menos en un año".

Y ahora sé que ellas recuerdan eso. No tengo duda de que lo recuerdan.

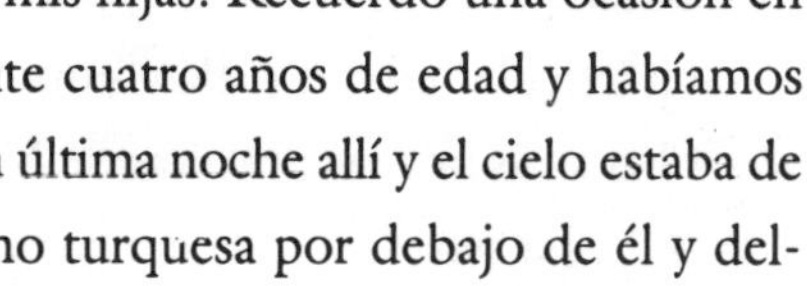

Presidente Jimmy Carter

Mediador, estadista y humanista

Mi vida se vio influida profundamente por la superintendente de mi escuela, la señorita Julia Coleman, quien me alentó a leer más sobre música, arte y en particular, literatura. Yo era uno de los 250 estudiantes de la escuela primaria y secundaria a quienes ella supervisaba de manera cercana cada año en la secundaria Plains.

La señorita Julia era de corta estatura y con ciertos impedimentos, y sin embargo, caminaba de manera graciosa entre las filas de escritorios a diario, relatándonos cosas acerca del mundo que existía más allá de los campos de cacahuates y algodón que nos rodeaban en Plains, Georgia. Su cara era expresiva, en particular cuando leía alguno de los poemas que le agradaban o presentaba a los alumnos las pinturas de Millet, Gainsborough, Whistler o Sir Joshua Reynolds. La señorita Julia era bastante miope, y la disciplina de sus salones de clase se evaporó en sus últimos años de supervisión de los trabajos escolares, pero ciertamente esto no ocurría cuando yo estudiaba allí.

Ella nos exhortaba a adquirir conocimientos más allá de los que se requerían en un salón de clases rural común y corriente. Quienes asistimos a la secundaria Plains nos volvimos altamente competitivos en debates, en redacción, en apreciación musical, en producciones de obras de teatro de un solo acto y en concursos de ortografía. Todos los estudiantes del salón tenían que memorizar y recitar largos poemas y capítulos de la Biblia. Cada uno de nosotros tenía que aprender los rudimentos de música y saber tocar algún instrumento, aunque sólo fuera el ukelele, la armónica o el flautín.

La señorita Julia me recomendaba una lista de libros de acuerdo a mi edad, y me daba una estrella de plata por cada cinco libros que terminaba y una estrella de oro por cada diez reportes. Cuando tenía aproximadamente doce años me llamó a su oficina y me dijo que ya estaba listo para leer *Guerra y paz*. Me sentí feliz porque pensé que finalmente la señorita Julia había elegido un libro acerca de indios y *cowboys*. Me quedé boquiabierto al pedir el libro en la biblioteca. Tenía unas mil cuatrocientas páginas y había sido escrito por un novelista ruso, Tolstoi, y por supuesto no se trataba para nada de *cowboys*. Este libro se convirtió en uno de mis favoritos, y desde entonces lo he leído dos o tres veces; sin embargo, si no hubiera sido por la señorita Julia, habría transcurrido mucho tiempo antes de que yo descubriera ese maravilloso libro, o tal vez nunca lo habría leído.

La señorita Julia fue siempre de lo mejor en todos los aspectos y fue la mejor de mis maestras. Nos hacía sentir especiales, aunque decidiéramos no abandonar nunca los plantíos de algodón, o aunque tuviéramos intenciones de llegar a la presidencia de Estados Unidos.

Para una mujer que nunca dejó su casita en Plains, Georgia, y nunca se casó, era admirable cómo su lección más importante era apropiada por todo estudiante que pasaba por su salón de clases, sin importar a dónde lo fuera a llevar la vida. "Debemos ajustarnos a los cambios de los tiempos", nos decía, "pero aferrarnos a los principios esenciales". Nunca olvidé sus palabras. Tenemos que analizar las nuevas situaciones una y otra vez, nos decía, ya sea que se trate de elegir con quién nos casaremos o nuestra carrera profesional, o tomar decisiones difíciles en épocas de estrés, o bien pasar por una prueba o alguna tensión, no sólo tenemos que adaptarnos a esos nuevos cambios, sino que además jamás deberemos desviarnos de ciertos ideales que nos enseñaron, como la justicia, la integridad, la paz, la verdad y la lealtad. Las fronteras a que nos llevó en la literatura y el arte fueron una manera de probar esas creencias fundamentales, practicarlas de manera teórica antes de salir al mundo real y tener que ponerlas en práctica nosotros solos.

La señorita Julia no tenía una familia, pero se dedicaba en cuerpo y alma a sus estudiantes. De hecho murió como un personaje ilustre del lugar en 1973. Se encuentra enterrada en el cementerio de Plains, y hay un monumento en su honor en las instalaciones de la secundaria. Al entrar al edificio escolar que actualmente es un centro para visitantes y museo a cargo del Servicio de Parques Nacionales, se observa un retrato de ella en un sitio prominente. Todas las personas que entran y salen de ese edificio ven el cuadro de la señorita Julia Coleman. Yo vivo en Plains y ella es muy conocida allí, pues casi todos mis contemporáneos y también las personas más jóvenes o mayores que yo se relacionaron con ella y esto se refleja en sus vidas. Si tenemos una junta de nuestra sociedad en cuanto a su historia, o si se reúne el Grupo para Mejorar Nuestra Ciudad Natal de Plains pensamos y hablamos de ella. La primavera pasada pusimos su retrato en el Corredor de la Fama de Georgia, pues la consideramos una de las mejores ciudadanas de nuestro estado.

Cuando me postulé para presidente, tuve muchas conversaciones privadas sobre el tema que debería elegir como mi promesa más ferviente a los estadounidenses. No deseaba elegir temas complejos, como apoyar determinada ley en el Congreso o dar otro de mis discursos grandilocuentes. Mis contrincantes sí lo hicieron, pero en vez de esto yo dije que nunca mentiría y me adheriría a los principios fundamentales que aprendí de la señorita Julia y de mis padres. Cité a la señorita Julia en mi discurso inaugural: "Ajustarse a los cambios de los tiempos, pero aferrarse a los principios esenciales", y así me comprometí ante todos los estadounidenses a cumplir con los conceptos reales de justicia y verdad, sin importar las dificultades que tuviera que afrontar.

Hillary Rodham Clinton

Senadora estadounidense y ex Primera Dama

Ningún ser humano es inmune a la adversidad o a los reveses personales. Cada quien afronta su porción de dificultades y retos, y todos buscamos fuentes de inspiración que nos ayuden. En mi caso, la inspiración siempre ha nacido de mis padres, y en especial de mi madre. En la actualidad ella sigue siendo una mujer de fuerza admirable y sentido común inquebrantable, que siempre sabe qué hacer en cualquier situación.

Recuerdo una de las primeras lecciones que recibí de ella. Yo tenía aproximadamente cuatro años y mi familia acababa de cambiarse a Park Ridge, un suburbio de Chicago. Estaba ansiosa por tener nuevos amigos, pero pronto me di cuenta de que no sería nada fácil. Cada vez que salía de casa para jugar, los niños del vecindario me molestaban, se propasaban conmigo y a veces me empujaban o me tiraban. Cada vez que esto ocurría yo rompía a llorar y corría hacia mi casa y me negaba a salir de ella durante el resto del día.

Mi madre observó esto durante varias semanas y finalmente, cierto día, se puso en el umbral de la puerta cuando yo intentaba atravesarla. Me tomó de los hombros y me dijo que nuestra casa no era un sitio para cobardes y me envió de nuevo a la calle para enfrentar a quienes me molestaban. Una vez afuera, estaba yo impactada, tanto como los demás niños, pues no esperaban verme de regreso tan pronto. La siguiente vez que me atacaron yo supe defenderme y así gané nuevos amigos. Mucho tiempo después, mi madre me confesó que había estado observando todo el episodio detrás de las cortinas, sumamente preocupada por lo que pudiera ocurrirme.

Mi padre también me enseñó algunas lecciones importantes. En ocasiones, cuando le llevaba algún buen reporte de calificaciones, su respuesta era: "Bueno, esa escuela a la que vas debe ser muy poco exigente". Aunque quizá este método no sea el adecuado para todos los niños, me enseñó a no sentirme demasiado buena, ni demasiado mala. Y esa perspectiva ha sido muy valiosa para mí en momentos posteriores, en particular en el curso de las campañas políticas en las que he escuchado de todo, desde palabras que me desacreditan, hasta alabanzas absurdas y fuera de la realidad.

Mi regla general es pasar por alto los comentarios que se van a un extremo, y concentrarme en lo que creo que es cierto acerca de mí misma. Intento tomar de manera seria las críticas, pero no de manera personal; y por encima de todo, creo que es importante recordar lo que uno está intentando lograr y la manera en que debe hacerse, en vez de dedicar mucho tiempo a responder a críticas malintencionadas o carentes de información, o a regodearme en alabanzas sin fundamentos.

En momentos difíciles, en particular cuando he estado expuesta al público, también he obtenido apoyo y fuerza de mis familiares y amigos. Mientras Chelsea crecía, Bill y yo siempre tratamos de desayunar con ella antes de que se fuera a la escuela e interrumpíamos nuestro trabajo para cenar juntos. No siempre lo logramos, pero fue nuestra meta día tras día. Además, fue una manera importante de mantener nuestro mundo centrado cuando a nuestro alrededor los acontecimientos eran caóticos o estresantes.

Como la mayoría de los estadounidenses, también he confiado en mi fe religiosa para afrontar los retos, pérdidas y problemas de la vida, y he encontrado que la fe en Dios y recurrir a nuestra propia espiritualidad suele ser una de las mejores formas de superar los problemas –como la tragedia del 11 de septiembre– que de algún modo parecen inexplicables, injustos y horrorosos.

En su maravilloso libro *The Return of the Prodigal Son (El regreso del hijo pródigo)*, Henri J. M. Nouwen habla acerca de "la disciplina de la gratitud", y sugiere que en épocas de crisis trabajemos mucho en recordar el regalo de la vida y agradecer las cosas buenas que nos rodean. Yo creo que la adversidad constituye una prueba a nuestra capacidad para amar y perdonar. Ser agradecidos por todo lo que tenemos suele ser un bálsamo maravilloso.

Hillary Rodham Clinton

Chuck Close

Artista

Los discapacitados odian frases como "persona imposibilitada físicamente". Nos gusta que nos digan inválidos y minusválidos; eso colabora a que nos sintamos mejor; nos ayuda a aceptar la parte discapacitada que tenemos.

Quedé cuadripléjico hace trece años, a la edad de cuarenta y ocho, cuando una arteria de mi columna vertebral se colapsó. Había tenido una buena carrera artística y mis pinturas estaban colgadas en museos de todo el mundo. Sabía realmente quién era; el problema fue cómo volver a hacer lo que me gustaba. Los dos grandes temores de cualquier artista son el de perder los ojos o el de perder las manos. Siempre consideré que las dos cosas eran igualmente terribles. Y en caso de tener que escoger, yo hubiese escogido perder las manos. Esa manera de pensar me ayudó a lo largo de la vida, y me permitió verle lo positivo a una situación cuando se compara con otras.

Mi padre murió cuando yo tenía once años, de modo que creo que aprendí desde temprana etapa que es posible sufrir una tragedia terrible y, sin embargo, continuar siendo feliz. No teníamos nada de dinero, pero mi padre era muy diestro y me fabricaba todos mis juguetes: bicicletas de la nada y modelos de trenes. Me resultaba muy sorprendente todo lo que era capaz de hacer con las manos.

Siempre he sido inválido en cierto sentido y de niño tenía muchos problemas. En esa época nadie sabía que existían cosas como la discapacidad de aprendizaje; simplemente creían que la persona era tonta, vaga o que no le gustaban las responsabilidades. Me era imposible memorizar algo: no aprendí las tablas de multiplicación, y ni siquiera sabía cómo sumar seis más siete sin usar los dedos. Tampoco era capaz de reconocer las caras. Era tonto. Mis ojos no convergían lo suficiente como para poder atrapar un balón. Pero el arte me permitió hacer algo que me hizo sentir especial. Si mi padre hubiese vivido, quizá yo no habría intentado diversos proyectos, pero cuando él murió yo heredé su estuche de herramientas y todo su equipo automático, así que intenté hacer cosas por mí mismo.

Después de que sufrí el colapso de la arteria, no tenía ni la más remota idea de cómo regresaría a trabajar. Recostado en la cama del hospital, pensé que tal vez tendría que transformarme en un artista conceptual. Sin embargo, cuando aún no me movía lo suficiente, pensé: "Bueno, todavía puedo pintar tomando el pincel entre los dientes." Posteriormente pude mover un poquito los brazos. Recuerdo que mi esposa y mi terapeuta ocupacional me proporcionaron un dispositivo para detener el pincel. Colocaron en una pinza un pedazo de cartón como el que viene en las camisas nuevas e intenté dibujar una rejilla en él para dividir el espacio en secciones más pequeñas y más manejables. Quedé totalmente exhausto. Mezclé algo de pintura y di una pincelada y les dije:

—Miren; ¡sí puedo hacerlo!"

Y rompí a llorar. Pero una vocecita en mi interior me dijo: "Bueno, si te fijas bien, no quedó tan mal". Mi asistente me dice que lloraba todos los días que pintaba en el hospital. Yo no me acuerdo para nada de eso. Sólo recuerdo esas palabras que escuché en mi interior cuando pensé que estaba perdido. "No quedó *tan* mal."

He corrido con mucha suerte. La gente piensa que cuando uno está en una silla de ruedas y tiene que pintar con los pinceles amarrados a las manos probablemente nunca piense en la palabra "suerte"; sin embargo, me considero afortunado en diversos aspectos. Cuando se es un inválido, uno no envidia a las personas que tienen cuerpos maravillosos; simplemente envidia a aquellos que son capaces de hacer un poquito más que uno. Los cuadripléjicos envidian a los parapléjicos. Yo pienso en personas como Chris Reeve; él recibió un golpe mucho más devastador. Sin duda él me mira y piensa: "Bueno, siquiera él tiene ese clavo del que agarrarse".

No soy un héroe. Tengo una esposa que ha luchado por mí, y soy optimista por naturaleza, pero eso no es todo lo que se requiere. También, es necesario tener suerte con el propio cuerpo. Yo no creo en eso de castigar a la víctima que percibí en el hospital. Se cree que si uno no mejora, se debe a que no adopta la actitud correcta. Pero como todos ustedes saben, la vida no siempre es justa. Algunas personas del hospital se negaban a asistir a la terapia y simplemente se quedaban en la cama chillando y portándose mal con las enfermeras y, sin embargo, mejoraron. Por otra parte, había otras personas con una actitud maravillosa y que se esforzaban al máximo, pero que no mejoraron nada.

En la vida es necesario afrontar los temores; esa parte de uno que dice: "No puedo hacerlo". Es necesario confiar en la parte de uno que dice: "Bueno, eso no está *tan* mal". Y es necesario continuar intentándolo, aunque no haya garantías. He encontrado una manera de hacerlo dividiendo las cosas en pedacitos pequeños. Me limito a continuar trabajando en cada pequeña unidad para pintar. Hoy haré lo que hice ayer y mañana haré lo que hice hoy, haré la misma cosa en pedacitos suficientemente pequeños como para que resulten manejables.

Si una persona discapacitada puede evitar sentirse destruida o devastada por lo ocurrido, ciertamente mejorará, y hay que recordar la posibilidad de transformarse en una persona más interesante, por ser diferente de todas las demás. Conozco a muchas otras personas paralizadas en otros aspectos, aunque sean capaces de caminar.

Kenneth Cole

Diseñador y empresario

Cuando era pequeño, mi padre me parecía alegre y entusiasta. Sin embargo, a medida que iba creciendo, me parecía terco como una mula y resistente como el ex marino que era. Además, podía ser tan dedicado y generoso como las mejores personas que he conocido, y por ese motivo, supongo, trabajar con él me resultaba tan emocionante y separarme de él me fue muy difícil.

Mi padre tenía una fábrica de zapatos de mujer en Williamsburg, Brooklyn. La fábrica parecía una caja de ladrillos en un panorama industrial gris, denso, que emitía un fuerte olor de cuero para calzado y alimentos fritos. Trabajar en una fábrica no era mi ideal profesional, pero cuando me gradué en la Universidad de Emory con planes para iniciar una escuela de abogados en septiembre, sentí la responsabilidad de posponer esta decisión para aprender en corto tiempo el negocio de mi familia, en caso de que algún día fuese necesario sustituir a mi padre, quien era todo nuestro sostén.

Mi padre y yo éramos muy distintos. Él era alto y guapo; un hombre que sonreía con facilidad y casi siempre usaba saco y corbata. Yo, en cambio, siempre me vestía de camisa abierta y jeans para ir a trabajar.

Pasaron dos años y yo aún continuaba trabajando con mi padre. Dejé a un lado el proyecto de la escuela de leyes. Entonces mi padre y yo iniciamos un nuevo negocio: Zapatos Candie. Cerramos la fábrica y abrimos una oficina en Manhattan, e importamos zapatos con suela de madera de Europa. En ese momento, nuestras diferencias quedaron en evidencia. Teníamos muchas: desde la cantidad de empleados que sería necesario contratar, hasta cuánto les deberíamos pagar; cuánto invertiríamos en publicidad, si se daba el caso; y si compraríamos diez mil pares de cierto modelo o quince mil pares de otro. Creo que sus ideas eran correctas para los negocios de antes, pero el mercado actual era distinto.

Cada vez que terminaba alguna de esas discusiones con la voz ronca y la presión alta, yo me preguntaba: "¿Por qué continúo aquí? ¿Por qué estoy acabando con esta relación? ¿Por qué no puedo darle siempre la razón (bien se lo merece) y aceptar lo que desea?" Después de todo, comprendí que podía simplemente hacer las cosas como él quería y continuar en una posición cómoda.

Sin embargo, a la madura edad de veintiocho años decidí aventurarme e independizarme.

Le di la noticia a mi padre en la mesa de la cocina. Le dije que teniendo en cuenta nuestra relación (que para mí era más importante que el negocio), y para satisfacer una necesidad personal, deseaba lograr el éxito por mí mismo; deseaba aventurarme solo al mundo externo. *Ahora bien*, yo era soltero, no tenía compromisos y estaba lleno de energía y entusiasmo. No tenía ni la más remota idea de dónde podría llegar con esta decisión –si terminaría a cargo de una compañía de zapatos para mujeres, de ropa interior para hombres, o bien vendiendo cacahuates en un estadio de béisbol–, pero de lo que estaba seguro era de que si no me decidía en ese momento, ya nunca tendría el valor ni la oportunidad otra vez.

—Tuvimos mucho éxito –le dije a mi padre–, y construimos un maravilloso negocio juntos. Pero necesito hacer las cosas solo. Necesito continuar creciendo y tú no estás listo, ni tienes que estarlo, para darme el espacio que necesito.

Pensé que era un discurso conciso y elegante.

En retrospectiva, la respuesta de mi padre fue predecible. Jugó su última baraja.

—Ya regresarás –me dijo.

Sus palabras iracundas pero resignadas evidentemente implicaban muy poca confianza en mi capacidad. Me quedé atónito. Recordándolas, veo que quizá mi padre quería hacerme una advertencia. Me estaba diciendo: "No tienes ni la más remota idea de lo que te espera, y no lograrás tener éxito sin mí. Pero no te preocupes, aquí estará tu oficina, siempre aguardándote".

No tengo que decirles que yo sabía que sólo tendría una opción: tener éxito. *No* iba a regresar. Tendría que lograr que eso "funcionara". No estaba lo suficientemente seguro de qué cosa me iba a funcionar, pero pensé que podría determinarlo a lo largo del camino... Y me salí de allí. Por supuesto, nunca miré hacia atrás.

Seis meses más tarde comencé a ganar dinero. Tuve suerte: los Zapatos Kenneth Cole fueron rápidamente todo un éxito, aunque por lo general esto no ocurre en los nuevos negocios. Cuando triunfé, mi padre se sintió orgulloso de mí, otra vez a su manera. Le gustaba disfrutar de mis éxitos como si él hubiera tenido parte en ellos y le decía a todo el mundo cuánto me había enseñado. Recordarlo reconociendo mi éxito y ufanándose de él, incluso en los pequeños detalles, me hace sentir muy orgulloso, pues de hecho sí aprendí mucho de él. En todo momento; hasta el día en que lo perdimos.

Gracias a esos cimientos maravillosos he logrado desarrollar mis propios negocios y una filosofía de la vida independientes de los de mi padre. Por ejemplo, mi compañía se encuentra involucrada con aspectos políticos y sociales, derivados del concepto de que se puede lograr mucho si se hace que el negocio de vender calzado sea algo más que un simple negocio. En último término, aquello *en* que uno está parado es menos importante que aquello por lo *cual* uno está parado. No puedo trabajar sesenta horas por semana; sólo puedo dar determinada parte de mi alma a mis negocios y, a lo largo del día, sólo se pueden hacer ciertas cosas para ganar dinero, pero desde entonces sabía que eso no significaría mucho para mí, a menos que encontrara una manera de hacerlo parte de algo más grande que yo.

Necesitaba un equilibrio más saludable en mi vida. Una mañana, al abrir los ojos me di cuenta de que estaba siguiendo una misma rutina: me dirigía al trabajo antes de que mis hijas se levantaran y llegaba a casa justo antes de que estuvieran listas para irse a la cama. No me estaba relacionando con ellas ni formaba parte de sus vidas; de modo que decidí quedarme a trabajar en la casa todos los viernes, lo cual me permitía llevar a las niñas a la escuela, recogerlas, visitar a sus maestros y comer con ellas. Pasé de tener una relación casi inexistente con mis hijas a lograr una relación significativa prácticamente de la noche a la mañana.

Así que, ¿cómo responderé si algún día, por cualquier motivo, mis hijas necesitan dejarme, así como yo dejé a mi padre? Espero haber aprendido de mis experiencias y poder decir lo que sea correcto. Creo que fue el Rabí Hillel quien dijo que debemos retener a nuestros hijos del mismo modo que retenemos a una paloma, con suficiente fuerza para que se sientan seguros y protegidos, pero no tan fuerte como para sofocarlos.

Y a eso yo deseo agregar: no tan fuerte como para impedir que extiendan sus alas.

Bill Cosby

Comediante

A lo largo de la propia vida, debería ser posible recordar a más de veinte personas que hayan dicho algo que sea de sentido común. Aunque una persona tenga confianza en sí misma, unas palabras simbólicas podrían provocar algún cambio en su propio comportamiento y en su vida. Sin importar que tan pequeño, despreciable o grandioso se sienta uno acerca de sí mismo, siempre hay alguna influencia importante.

Pienso que podemos inspirarnos recordando al caballo que fue capaz de agradecer a la persona que lo llevó a beber agua. Probablemente esto es algo muy bueno por parte del caballo. Si el caballo tiene sed pero decide no beber, *sin duda tendrá una buena razón*. La explicación evidente es que quizá el agua esté envenenada o haya algo flotando en ella y al caballo no le guste lo que vio. En ese caso, el caballo podría decir: "Muy bien, no quiero beber ahorita; voy a esperar un poco". Por otra parte, el caballo no debería seguir la lógica a la cual recurren muchos seres humanos y que es la siguiente: "No voy a beber por el simple hecho de que tú me trajiste aquí para eso". Aquí reside el problema de los humanos: saben y están conscientes de que los están llevando o les están indicando el mejor sitio para beber agua, pero emplean el sentimiento llamado terquedad arraigada, para rechazar la oportunidad simplemente por tratarse de la persona que les indicó en donde había agua.

Luego de haber escrito todo esto, deseo señalar que no necesariamente todas las cosas grandiosas que me hayan dicho son consideradas así por mí, y que yo tengo una palabra para esto: "embebido". Pienso que es correcto y justo que uno tenga palabras propias y las use. Mi lógica para ello es que mientras estaba escuchando las palabras del presidente de Estados Unidos hace varios años, escuché una palabra que no estuve muy seguro de que existiera.

Algunas personas dirán: "Muy bien, ya sé a que se refiere", porque él usó la palabra correcta, "subestimar" dos veces en un mismo discurso. Por ejemplo, el enemigo "nos subestima". Creo que la tercera vez que recurrió a esa palabra, el presidente dijo: "malsubestimar"; tanto mi esposa como yo corrimos a nuestro diccionario Americano y al diccionario Oxford pensando que quizá nuestro inglés no era tan bueno como el verdadero *Inglés*, y encontramos que ni siquiera el rey había usado esa palabra. Así que en algún sitio, durante todo este tiempo, me siento justificado al usar la palabra "embebido". Todavía sigo creyendo que está bien que el presidente diga "malsubestimar", porque aún no nos hemos propuesto ir por todo Estados Unidos para impedir que las personas empleen la palabra "irrespectivamente". Pienso que si las personas quieren decir "irrespectivamente", deberían colocar el prefijo "dis" frente a esa palabra, para que los negativos se cancelaran mutuamente y pudiéramos obtener de nuevo la palabra "respectivamente". Sin embargo, éstas son tan sólo cavilaciones.

En cierto momento, en la década de 1940, los profesores del estado de Pensilvania para pegarle a un niño tenían que solicitar permiso de sus padres. Ésa era la ley. Mi madre no sólo firmó ese permiso para mis maestros de cuarto, quinto y sexto grados, sino que también cortó un palo adecuado, puso mi nombre sobre él y se lo dio a cada maestro. Sin embargo, había ciertas reglas. Mi madre sólo permitía que mis maestros me golpearan en cierta área: las nalgas, o en aquellos días, el trasero. No impuso condiciones sobre el número de veces que podrían pegarme, pero sí solicitó que no lo hicieran en público. Así que me llevaban a una habitación llamada "el ropero", lo que siempre me provocaba confusiones, porque ahí no había ropa. Más tarde, aprendí que allí colgaban sus abrigos y también aprendí allí la teoría de Pavlov de primera mano. Siempre había algún tipo de filosofía o modificación del comportamiento que acompañaba al hecho de que me pegaran en el trasero. "¿Vas... a... hacer... eso... otra vez? ¿Entiendes... por qué... te estoy... castigando?"

Lo llamaban castigo y por supuesto siempre llegábamos a un acuerdo al final del mismo. En la mente del niño ocurre algo muy extraño. En otras palabras, cuando le dicen: "No debes masticar chicle en clases otra vez" y esto va seguido de "¡pam! ¡pam!", él prometerá no volver a masticar chicle en el salón de clases. Es necesario creer que esta promesa se hace de buena voluntad, porque el niño no desea que le sigan pegando con el palo en el trasero a una velocidad tan rápida, donde dos objetos sólidos no podrían ocupar el mismo espacio.

No obstante, es bien sabido que algunos niños y algunos no tan niños han recibido fuertes castigos, pero han repetido sus actos; han vuelto a hacer lo mismo una vez tras otra. Como verán, no escribimos *exactamente* la misma cosa, lo cual sería "redundante o tonto".

De cualquier manera, tras haberles dicho esto, no terminaré esta anécdota a la manera del típico humor estadounidense diciendo que de hecho escuché algo de mi maestra de cuarto año que cambió mi vida. Recuerdo que la señorita Sarah McKinney, una mujer afroamericana, me dijo: "Tú eres más importante para ti mismo de lo que crees ser". Sin embargo, no registré eso hasta que habían transcurrido aproximadamente veinte años. Así que la moraleja de esta historia para todas las maestras es que continúen diciendo esas palabras. Quizá, tal vez por casualidad, queden registradas. Y no precisamente en este momento, sino veinte años más adelante; treinta años más tarde sería bastante bueno, aunque cuarenta años ya sería cuestionable, porque posiblemente se trataría de demencia. La buena noticia es que no alteré lo que mi maestra me dijo. Se me quedó pegado. Quizá las palabras de la señorita McKinney interrumpieron mi diversión, y eso realmente me llegó.

Katie Couric

Comentarista de noticias matutinas

Desde que yo era muy pequeña, las personas me llamaban "la sonriente": siempre he tenido una sonrisa en la cara desde que puedo acordarme. No es del mismo tipo que se ve en los comerciales de pasta de dientes: la mía es grande, contagiosa y ligeramente inclinada hacia un lado. Pero la mayoría de las veces muestra en verdad cómo me siento. Sin embargo, cuando tan sólo tenía diez años, esa sonrisa me produjo algunos problemas, y hay una experiencia que aún recuerdo vivamente hasta la fecha.

Era una fría mañana otoñal en la escuela primaria de Jamestown, y era la alumna encargada de mantener el orden, tuve que llevar un mensaje a la clase de cuarto año de la señora Barton. Al entrar por la puerta del salón vi que todos los alumnos estaban de pie, recitando el Saludo a la Bandera. Todos voltearon la cabeza cuando yo entré, y nunca olvidaré lo que sentí. Con tantos pares de ojos sobre mí, hice lo primero que me vino a la mente: sonreí. Y no fue una sonrisa de felicidad, sino una sonrisa tonta y apenada.

En vez de devolverme la sonrisa, todos los alumnos se limitaron simplemente a mirarme sin parpadear. La señora Barton me miró con disgusto y me dijo: "Katie, sonríes demasiado".

Mi vergüenza sólo aumentó con esa observación. Había cometido un error, pero mi intención había sido buena, y la maestra había respondido con un comentario poco amable que yo percibí como un ataque personal.

Me sentí mal toda la tarde y cuando regresé a casa, aún recordaba el incidente con dolor.

—No puedo evitar sonreír como sonrío –le comenté a mi padre más tarde por la noche, y le relaté todos los detalles de la historia–. ¿Qué me recomiendas que haga?

Mi padre es un hombre inteligente, periodista de profesión, y es el tipo de persona que alienta a sus hijos a aprender todos los días una nueva palabra. Él sabe mucho acerca del poder de las palabras, y respondió con rapidez a mi dilema.

—Limítate a usar las palabras para obtener ventajas –me aconsejó, explicándome que no son las palabras en sí lo que nos lastima, sino más bien la manera en que reaccionamos a ellas.

Pensé en esto durante algún tiempo, y sin proponérmelo logré poner en práctica los consejos de mi padre. Y así las cosas, me postulé para la presidencia del consejo de estudiantes de Jamestown, y me encontraba en el proceso de escribir mi discurso. Mi padre, que había ayudado a sus hijos en sus diversas campañas, me sugirió las siguientes líneas para empezar a hablar:

"Buenos días, mi nombre es Katie Couric. La gente se pregunta por qué sonrío siempre. Esto se debe a que soy feliz. Me siento feliz de asistir a esta escuela tan maravillosa. Sí, creo que Jamestown es una escuela maravillosa y yo quisiera que continuara así".

Aunque el presidente Bush probablemente no me llame a mí o a mi padre para escribir su próximo discurso ante el Congreso de la Unión, en mi caso ésas fueron las palabras idóneas. Gané la elección por trece votos afortunados.

Las palabras de mi padre me han sido de utilidad una y otra vez a lo largo de mi vida. Cuando comencé a trabajar para la televisión, el presidente de CNN me vio por primera vez en pantalla, se comunicó con el productor y le dijo:

—No quiero volver a verla al aire.

Confiando en la teoría de mi padre de que incluso las palabras más críticas pueden dar lugar a resultados positivos, ese pronóstico tan poco halagüeño acerca de mi futuro sólo sirvió como combustible para mis aspiraciones. Formo parte de una generación de mujeres que no aceptamos un *no* como respuesta, y estuve dispuesta a trabajar el doble de duro para llegar al sitio que deseaba.

Ese encuentro con mi jefe en CNN (y mi éxito posterior en NBC) sirve no tanto como "anécdota" para comprobar que lo que me habían dicho era cierto, sino más bien como prueba de que la determinación y las agallas permiten vencer al más ardiente de los opositores. (Bueno, tengo que admitir que sí disfruto emplear las palabras “te lo dije”.)

A menudo me acuerdo de las personas negativas que he encontrado a lo largo del camino, y siempre que doy consejos a personas jóvenes les pido que no tomen a pecho las críticas y la negatividad. Muchas personas intentan que uno no logre lo que desea, o incluso que uno caiga de rodillas siempre que sea posible, pero con frecuencia se trata de algo acerca de ellas mismas, más que acerca de uno. Haber aprendido esto desde una etapa temprana me ayudó a tener confianza en mí misma, aun cuando las personas que me rodeaban no la tenían.

Y a propósito, aún continúo sonriendo.

Katie Couric

Cindy Crawford

Actriz y modelo

Tenía ocho años cuando a mi hermano de dos años, Jeff, le diagnosticaron leucemia. Mis padres habían observado que le salían moretones al más ligero roce, por lo que nuestro médico familiar lo mandó a ver a un especialista en Chicago. Allí le diagnosticaron leucemia linfocítica aguda, enfermedad que en esa época era prácticamente incurable. En realidad no era cuestión de que viviera o no, sino de saber cuánto tiempo le quedaba. No creo que mis padres alguna vez se hayan dado el tiempo de explicarnos eso a los demás hermanos, pero de alguna manera lo supimos.

En los dos años siguientes, nuestra vida familiar estuvo llena de hospitales y médicos, y siempre estuvimos preocupados por la salud de Jeff. Le estaban dando quimioterapia y radiaciones, así que tenía muchos días malos, pero también tenía algunos días buenos. Aunque no se hablaba de la gravedad de su enfermedad, mis hermanas y yo sabíamos que había algo mal. Viéndolo a la distancia, siento que no era tanto que no pudiéramos portarnos mal o darles problemas a nuestros padres, sino que de algún modo sabíamos que ellos no estaban en condiciones de tolerar nada más.

El día que Jeff murió habíamos pasado la noche en casa de mis abuelos. Recuerdo que mis padres llegaron temprano por la mañana y no traían a mi hermanito. No tuvieron que decirnos nada. Recuerdo que el apoyo de los miembros de nuestra familia nos ayudó a pasar el día. Todos tuvimos un hombro sobre el cual llorar. El día del funeral constituye para mí tan sólo un recuerdo borroso.

Afrontar la pérdida de un hijo siempre es algo trágico. En algún momento, durante el curso de esos días tan difíciles, mi madre me dijo: "¿Quiénes somos nosotros para decir qué el no vivió lo necesario?" Entendí que ella estaba recurriendo a su fe y a su espiritualidad para superar la pérdida de su hijo. Decía que todos venimos a esta tierra para hacer algo determinado, y una vez que lo terminamos, vamos al encuentro de Jesús. Sin duda, a sus escasos cuatro años, Jeff había realizado la tarea para la cual había nacido.

Jeff tenía una relación muy directa con Dios, ya desde los tres años. Recuerdo una vez que mi tío estaba enfermo y mi madre estaba rezando con Jeff antes de que él se acostara. Ella le dijo: "Jeff, vamos a rezar por el tío Orville". Mi hermanito se le quedó mirando y le dijo: "Mami, ya hablé con Jesús acerca de él". Yo fui testigo de su fe y de la relación tan cercana que tenía con Dios. No era necesario que dijera las palabras correctas y en el orden preciso. Él sabía que Dios nos amaba a todos y cuidaría de nosotros.

La manera en que yo he puesto en práctica estas enseñanzas es imaginándome que mi hermanito es como el motor impulsor de un cohete, el cual se desprende una vez que el cohete llega a determinada altura. Creo que Jeff fue como un motor impulsor en mi vida. Su fuerza y espiritualidad me enseñaron mucho. En verdad creo que hay un plan para cada uno de nosotros y sé con certeza que Jeff *realmente* vivió lo necesario. La calidad y plenitud de nuestras vidas no se mide por su duración, sino por el amor y los ejemplos que dejamos para los que vienen detrás.

Walter Cronkite

Comentarista de noticias

Me interesé en el periodismo desde niño. Yo acostumbraba leer una revista llamada *American Boy,* la cual, entre otras cosas, incluía una novela mensual sobre diversas profesiones. La idea era darle a los niños alguna idea acerca del mundo exterior, y tocar temas que pudieran interesarles. Uno de esos meses, en una de sus publicaciones apareció una novela acerca de un corresponsal extranjero la cual me emocionó mucho, y en ese momento decidí que ésa era la carrera que quería seguir.

Pero no fue sino hasta que conocí a Fred Birney que tuve la oportunidad de echar a andar mis sueños.

Fred era un periodista de Texas, un hombre dedicado que trabajaba como editor citadino de uno de los periódicos de Houston. Cuando yo tenía aproximadamente catorce años, Fred convenció a nuestro Comité de Educación local de que le permitiera dar clases de periodismo una hora a la semana, como voluntario, en cada una de las cinco secundarias del área.

Como sólo asistían de doce a quince estudiantes a su clase, Fred podía darles atención personalizada. Todos nosotros trabajamos en el periódico escolar *The Campus Cub,* y en ocasiones Fred nos llevaba a viajes de campo especiales. Una vez nos llevó a la imprenta donde se producía *The Cub.* Vimos las máquinas de teletipo y las prensas rotativas; cómo se introducía el papel a la imprenta y salía con la tinta aún húmeda, y percibimos en el ambiente el delicioso aroma de periódico recién impreso.

Fue durante una de estas visitas de campo cuando Fred compartió unas palabras de sabiduría, las cuales he guardado conmigo por más de setenta años. Yo había estado trabajando en un artículo para *The Cub* acerca de nuestro entrenador deportivo, el Capi Harding, quien también era el maestro y patrocinador de ROTC. El Capi se especializaba en entrenar a estudiantes para carreras de obstáculos, y como yo tenía intenciones de participar en ellas, me imaginé que sería conveniente escribir algo acerca de él, que fuera, digamos, más entretenido que periodístico; en otras palabras, hice un artículo humorístico sobre el Capi Harding.

Fred leyó la historia y de inmediato dijo que había hecho un trabajo descuidado. Me llamó a un salón de clases que nos prestaron –él no tenía oficina porque sólo asistía a la escuela algunas horas por semana–, y me pidió que me sentara. Esto era bastante común: Fred tenía alumnos favoritos y yo era uno de ellos. Él sabía que yo deseaba convertirme en periodista, y que éste no era un curso extracurricular con el que me hubiera topado por casualidad. Por mi parte, yo guardaba en mi corazón todas las palabras que Fred me decía. Lo admiraba enormemente y veía en él todas las características de un gran profesor, aunque de hecho, él era tan sólo un buen reportero.

Fred leyó el artículo en voz baja y después me miró y lo puso casualmente a un lado sobre su escritorio.

—Cronkite –me dijo sin titubear–, éste es un artículo *terrible*. Simplemente terrible. No le hiciste las preguntas correctas; no contaste toda su historia. No sabes ni siquiera qué es lo que a este hombre le interesa.

A medida que Fred hablaba, yo me sumía cada vez más en mi asiento. En ese momento me dijo unas palabras que jamás olvidaré.

—Recuerda siempre, Cronkite: cualquier cosa que valga la pena debe hacerse bien.

Aunque yo me sentí sumamente alterado por las palabras de Fred Birney, entendí de inmediato lo que él quería decirme. Yo no estaba preparado en este campo, pero, aunque yo era muy joven, podía apreciar el valor de un buen consejo, en particular si era tocante al periodismo.

"Bueno, no creo que él esté muy enojado conmigo si me está sugiriendo cómo puedo hacerlo mejor", me consolé mientras recogía mi manuscrito y me dirigía a la puerta.

Naturalmente, volví a escribir el artículo (esta vez Fred sí quedó satisfecho) y continué trabajando en *The Campus Cub,* donde finalmente llegué a ocupar el puesto de editor. Después Fred me consiguió un trabajo como copista en *The Houston Post*, y ocasionalmente tuve oportunidad de cubrir notas que nadie quería: juntas de Kiwanis, juntas de negocios, y ese tipo de cosas. Cuando me fui a la Universidad de Austin, *The Post* me dio un empleo como corresponsal en el periódico del campus y me pagaba quince centavos por pulgada de artículo. Después trabajé para *The Daily Texan*, que funcionaba tanto como periódico universitario, como periódico de la ciudad. En cada nuevo empleo mis ambiciones periodísticas aumentaban. (Aunque de hecho debo confesar que durante un tiempo también me interesé en la posibilidad de estudiar para ingeniero de minas, pero la dejé de lado luego de reprobar física el primer año. Pensé que si no podía entender cómo funcionaba una polea, probablemente no sería conveniente que bajara por el túnel de una mina.)

Pero a lo largo de todo esto, y con cada nueva asignación y cada nuevo empleo, las palabras de Fred Birney me siguieron.

Por ejemplo: mi primer empleo de tiempo completo en un periódico fue en *The Houston Press.* Durante mi primer año, una de mis tareas consistía en cubrir los acontecimientos eclesiásticos y publicar un texto todos los sábados. Cierta mañana, estaba haciendo un reportaje sobre una pequeña comunidad de trabajadores en las afueras de Houston, quienes habían pasado por tiempos difíciles, pero habían logrado superarlos. Un ministro pentecostal de la localidad predicó desde el púlpito las palabras "participación en la comunidad" –refiriéndose a organizar las cosas, construir casas y hacer política– hasta que el pueblo se sintió tan emocionado y lleno de energía que solicitó fondos públicos para los trabajos y virtualmente logró dar media vuelta. En efecto, el ministro logró salvar a este pequeño vecindario.

Pero cuando yo escribí el relato, subrayé la pobreza del área, y la criminalidad que sufría antes de la llegada del ministro. Mientras estaba acabando mi presentación final ese viernes por la tarde, ya listo para presentar mi historia para ser publicada en el periódico el próximo día, decidí leerla una vez más. Entonces me di cuenta de que al haberme concentrado en las cosas equivocadas, había hecho creer que estas personas eran unos perdedores, cuando, de hecho, eran ganadores. Bajo la dirección de este ministro habían logrado volver a la vida. Este logro tan notable era la historia real y yo la había pasado por alto totalmente.

En ese momento escuché de nuevo las palabras de Fred Birney. Sabía que esa historia valía la pena, así que ¿por qué no escribirla bien?

Esa tarde reescribí casi todo el artículo y se lo llevé al editor justo a tiempo para que saliera publicado en el periódico del sábado.

Fred Birney murió poco después de que nos graduamos en la escuela y nunca tuve la oportunidad de agradecerle personalmente sus palabras de inspiración. Pero no es necesario decir que he recurrido a ellas una y otra vez en el curso de mi larga carrera profesional.

El credo de Fred es válido en todas las cosas de la vida, por supuesto. Justamente la otra mañana, mientras me estaba rasurando en el baño, me toqué la mejilla y me di cuenta de que me había faltado una parte. Lo primero que pensé fue enjuagar la rasuradora y decir: "¡Al diablo! De todos modos, hoy no voy a ir a ningún lado". Pero en ese momento escuché de nuevo la voz de Fred como si hubiera estado con él apenas el día anterior, "¡Espera un minuto, Cronkite: cuando algo vale la pena, debe hacerse bien. Así que regresa y rasúrate la parte que te faltó!"

Cameron Crowe

Director de cine

Transcurría el verano de 1968 cuando mi hermana de quince años decidió que quería irse de fin de semana con su novio. El plan era pasar unos días en Idyllwild para disfrutar de la nieve y de un posible romance y llevarme a mí, su hermano de diez años, en calidad de chaperón. A nuestros padres no les pareció bien la idea. De hecho, nos prohibieron salir por haber sugerido algo tan creativo, y fue así que tuvimos que pasar la noche del viernes como presos en nuestras habitaciones mientras mi madre dirigía uno de sus grupos de estudios en otra habitación.

Mi madre fue maestra en la Universidad de la Ciudad de San Diego desde finales de la década de 1960 hasta 1993. Ella enseñaba cursos, diseñados por ella misma, de psicología, artes lingüísticas y filosofía, y además conducía regularmente grupos de estudio en nuestro condominio, que era pequeño, de dos pisos y lleno de libros. Ese viernes en particular, yo estaba sentado en mi habitación triste y molesto, y podía escuchar a mi madre y a sus alumnos hablando en la sala, en el piso de arriba.

Aproximadamente a la mitad de la sesión de estudios, una de las estudiantes apareció en la puerta de mi habitación. Había bajado con dificultad por la angosta escalera entre las pilas de libros en busca del baño, pero en vez de eso me encontró a mí. Con sus lentes exageradamente grandes, al igual que su suéter color marrón, y su pelo largo y café, parecía un fantasma al estilo *beatnik*. Se veía muy bonita, como una hermosa extraterrestre.

—Hola –dijo, curiosamente.

—Qué tal –respondí, y el sonido de la conversación hizo salir a mi hermana de su habitación que colindaba con la mía.

—Qué aburrido estar aquí un viernes por la noche –le dijo mi hermana–, ¿No crees?

La joven meneó la cabeza, haciendo volar su pelo al estilo Joan Báez, con una mirada sincera y ojos muy abiertos por detrás de sus enormes gafas.

—Estamos aquí porque queremos –nos dijo–. Nos agrada venir a platicar y a convivir con otras personas.

Mi hermana y yo nos miramos en total confusión, pues creímos que se trataba de una broma.

—Su mamá es realmente *cool* –continuó la muchacha con emoción–. Es la mejor maestra que he tenido. Ojalá fuera ***mi propia*** madre.

Nos quedamos boquiabiertos y fascinados. Es sorprendente escuchar de boca de una persona tan *cool* que tu mamá sea *cool. ¿Mamá? ¿Cool?*

En ese momento de asombro supe que debía dar una oportunidad a mamá. Al escuchar las palabras de esta estudiante me di cuenta de que mi mamá era importante para el mundo. Era una valiosa maestra, y decidí que intentaría escucharla no sólo como niño, sino también como persona.

Sabía que tendría que pasar un tiempo para que mi hermana estuviera preparada para comprender esto. A partir de ese momento, y en ocasiones un poco renuente, comencé a escuchar a mi madre. Su mensaje fundamental era valorar a la humanidad con sentido del humor y vivir con dignidad en el mundo. Y siempre, me proporcionaba la mayor parte de su sabiduría en forma de las tan consabidas citas.

Ella podía leer volúmenes de densa filosofía y destilar la esencia en dos o tres oraciones electrificantes. Incluso ahora tiene citas para toda ocasión. Cuando estoy pasando por tiempos especialmente difíciles, a menudo oigo que llega un fax. Invariablemente se trata de algún fax de mi madre que contiene palabras o pensamientos acerca de la fuerza y la positividad. Ella está en un constante estado de alerta espiritual con respecto a sus hijos.

Ahora que soy padre y tengo gemelos de dos años de edad, a menudo me pregunto en qué consistirá realmente mi función. Pienso que se requiere algo más que tan sólo amor y apoyo. Todos los padres tienen la responsabilidad de enseñar a sus hijos y servirles de inspiración, y todos los niños tienen la responsabilidad de permitir que sus padres les enseñen, y de escucharlos con atención. No hay nada más importante ni nada más... ¡padre!

Durante más de cuarenta años mi madre ha desempeñado de manera sorprendente sus funciones de mamá y de maestra. En noviembre de 2001, el programa March of Dimes (Desfile de Monedas de Diez Centavos) la nombró como una de las madres del año. Se lo merece. A continuación incluyo algunas de sus mejores citas:

Las cinco citas favoritas de Alice Crowe

En lo profundo del invierno, finalmente aprendí que dentro de mí había un verano invencible.

Camus

Donde quiera que haya un ser humano, existe la oportunidad de que se realice un acto de bondad.

Séneca

No estoy llena de virtudes y cualidades nobles; sé amar y eso es todo. Pero amo con fuerza de manera exclusiva, y constante.

George Sand

Transfórmate en la persona más positiva y entusiasta que conozcas.

H. Jackson Brown Jr.

Un diez por ciento de las cosas de la vida te llegan por sí solas. Tú debes hacer el noventa por ciento restante.

Alice Crowe

Cameron Crowe

Billy Crystal

Comediante

Acababa de comenzar a trabajar como comediante. Antes había formado parte de un grupo de improvisación llamado Three's Company (Compañía de tres) durante cuatro años, en el circuito de cafeterías, viajando a universidades, quedándonos allí tres o cuatro días y dando varias funciones por noche. Poníamos en escena algunos libretos a manera de improvisaciones con el auditorio. Yo lo consideraba mi vodevil.

Aunque estaba aprendiendo mucho y hacía exactamente lo que quería hacer, sabía dentro de mí que había llegado el momento de dedicarme a otra cosa. Ya tenía veintisiete años y un hijo, y el único dinero que ganaba provenía de mi trabajo como maestro sustituto. Como comediante, me sentía frustrado porque sabía que me ocultaba detrás de los demás actores del grupo.

Entonces, en 1974, me di valor para lanzarme a escena solo. Ensayé varias cosas: imitaciones de Muhammad Ali y Howard Cosell, el señor Rogers realizando un *striptease*; parodias de comerciales. Éstas eran piezas conceptuales muy eficaces y muy cómicas.

Una vez que preparé mi acto, lo probé en Catch a Rising Star, que en esa época constituía una especie de foro para que los cómicos ensayaran su material. Por esa época se inició un maravilloso grupo de comediantes, formado por Jay Leno, Richard Lewis, Richard Belzer, Freddie Prinze. Como era el nuevo en escena, me sentía nervioso. Estaba sofocado. Subía al escenario, hacía mi parte y para cuando terminaba, el público estaba gritando. Los mataba de risa.

Por el camino, llamé la atención del mejor representante de comediantes en el negocio, Buddy Morra, quien trabajaba con Jack Rollins y Charlie Joffe. En particular, por su buen gusto, Rollins era el hombre más respetado en esa industria. Fue la persona que le dijo a Woody Allen: "No sólo debes limitarte a escribir, sino que también debes actuar". Prácticamente obligó a Woody a subir a escena en los pequeños clubes en el Village y después produjo sus películas. Yo sabía que si lograba que Rollins me viera actuar y le gustaba lo que yo hacía, daría un gran paso adelante.

Por último, una noche Jack entró mientras yo estaba a punto de salir al escenario. Cuando se abrieron las cortinas lo vi acomodándose en la parte de atrás. Era un hombre de apariencia muy interesante: parecía un profesor de leyes, un tanto desaliñado, de algún colegio de Brooklyn. Tenía los ojos de Duke Ellington, aristocráticos. No parecía para nada un representante de cómicos, sino más bien un tipo capaz de impartir una conferencia sobre Chaucer, el poeta.

Estuve en escena mis veinticinco minutos y la gente se rió sin cesar. Después me dirigí directamente a Rollins. Hablamos de cosas sin importancia y luego me dijo:

—Te invito a cenar.

Fuimos a la cafetería de al lado y nos sentamos. En ese momento yo esperaba que me dijera: "Voy a dejar de representar a Woody. Después de haberte visto, sé que tengo que convertirme en tu representante. Quiero dedicar todo mi tiempo a trabajar para ti".

En vez de eso, me hizo una pregunta.

—¿Y cómo te sentiste acerca de tu representación esta noche?

—¡Muy bien! –le contesté–. Me sentí muy bien desde el principio hasta el final.

Se me quedó viendo fijamente.

—¿Qué te pareció? –le pregunté titubeante.

—¿Eficaz? –dijo–. Sí. ¿Bueno? No lo creo.

Me quedé pasmado. Ni siquiera podía llevarme el tenedor a la boca. Estaba atónito, sorprendido y lastimado, y trate de contenerme para no agarrarlo del pescuezo y ahorcarlo.

Después, con mucha amabilidad, Rollins me dijo:

—Déjame explicarte. Tú subiste al escenario esta noche y lograste que el público se riera; no me malinterpretes, se rieron con muchas ganas. Les gustaste. Los divertiste. Pero en ningún momento dijiste cómo te sentías *tú* acerca de nada. Nunca diste tu punto de vista.

Yo permanecí en silencio.

—Escucha –continuó–. Ya sé cómo se siente Muhammad Ali acerca de las cosas. Pero a pesar de que haces una imitación muy buena de él, no le pones tu toque personal. No dejas tu sello.

—¿No dejo qué?

—No dejas tu sello. No dejas un poco de ti en el escenario para que el público te recuerde.

Yo seguía sin comprender.

Jack se inclinó hacia adelante.

—Mira, las personas de esta noche te vieron actuar muy bien –continuó–. Vieron fuegos artificiales. Vieron cosas graciosas y cómicas, pero después de salir de allí, te garantizo que no recordaron tu nombre ni nada de lo que tú dijiste. ¿Por qué? Porque no asumiste riesgos. El trabajo del cómico consiste en arriesgarse, y tú te la pasas muy campechano. Descarta todo lo que sabes y comienza desde cero. Simplemente súbete al escenario y empieza a hablar. Lee el periódico y dile al público lo que piensas. Dinos lo que tú sientes. Y lo más importante de todo –prosiguió– no tengas miedo de regarla. Deja ese sello.

No hace falta decir que me quedé boquiabierto. Yo vivía más o menos a una hora de distancia de Manhattan, y de camino a casa repetí la grabación de mi presentación una y otra vez. Me sentía enojado y confundido, pero al mismo tiempo quería comprender lo que Jack me había explicado.

Y aunque parezca extraño, sus palabras comenzaron a tener sentido la siguiente noche. Me subí al escenario y puse en práctica las sugerencias de Rollins. No me salió muy bien, pero al final este consejo tan singular provocó en mí un estado mental totalmente diferente. La forma en que interpretaba al mundo comenzó a cambiar, igual que mis procesos mentales, mis escritos y la manera en que valoré mi tiempo en el escenario. Desde ese momento comencé a personalizar mi trabajo; comencé a arriesgarme. Y entonces me convertí en comediante.

Ahora, cuando encuentro a alguna persona en la calle que me dice: "Su obra me gustó mucho", ese comentario hace que mi labor haya valido la pena. Significa que realmente dejé un sello, y la gratitud de esas personas es a la vez un sello que ellas dejan en mí.

Ellen DeGeneres

Actriz y comediante

De joven yo no sabía que era lesbiana; me encantaban los muchachos. Ahora recuerdo esa época y me doy cuenta de cuánto me gustaban las niñas y cómo me identificaba con los varones cuando decían que estaban locos por alguna chica, pero yo no lo comprendía en ese entonces.

Cuando finalmente revelé a mis padres que era lesbiana tuve suerte de que no me echaran de la casa o me desconocieran, porque a muchas personas que conozco sí les ocurrió eso. Los padres de niños homosexuales a menudo los golpeaban. Era algo horrible.

Le dije a mi madre que era lesbiana una vez que íbamos caminando junto a la ribera del Mississippi, cuando yo tenía veintiún años. Al principio no comprendió mi homosexualidad y se quedó en estado de shock. Pero después se fue a la biblioteca y comenzó a leer acerca del tema y terminó escribiendo libros para ayudar a otros padres a afrontar el hecho de que sus hijos fueran gays. Mi padre no me dijo nada cuando se lo revelé, pero nadie de mi familia se volvió en mi contra.

Aunque mis familiares sabían que yo era homosexual, no entré a un círculo más amplio, durante mucho tiempo, particularmente en el ámbito profesional. De hecho, me aterraba la posibilidad de que otras personas se enteraran. Los primeros quince años de mi carrera profesional mantuve en secreto mis inclinaciones. *Era preciso* ocultar esta gran parte de mi personalidad, porque yo hacía mi trabajo actoral en bares donde asisten muchas personas que beben de más, y mi turno era después de otros comediantes que decían chistes en contra de los gays. Mi meta era ganarme al público en los primeros minutos, pero si se enteraban de que yo era homosexual, no tendría ninguna oportunidad. Estaba condicionada a entender que el hecho de ser homosexual no era socialmente aceptado, de modo que siempre simulé ser heterosexual.

No obstante, cada vez me sentía más incómoda y llegó el momento en que me di cuenta de que no es correcto que uno siempre esté pensando cómo debe vivir su vida para adaptarse a algún tipo de consenso popular. La mayoría de las personas viven de ese modo; se visten de cierta manera porque es aceptable; actúan de cierto modo porque han sido condicionados y domesticados para hacerlo. Han aprendido a través de recompensas y castigos lo que será bien tolerado y lo que no. Pero finalmente, me di cuenta de que sólo se vive una vez. Creo que es mi obligación ser sincera conmigo misma, con mi alma, con mi ser. Por lo tanto, hice a un lado las reglas de la sociedad y admití realmente quién era yo.

En 1995 estaba actuando en *Ellen* y mi representante me regaló un pase para asistir a un seminario de una semana de duración en el Instituto Esalen en Big Sur. El tema del seminario era "Cómo cambiar el diálogo de tu subconsciente". Él también asistió. Pensé que no resistiría yo más de un día, y mucho menos toda la semana, en ese retiro espiritual tipo *hippie*, pero estaba equivocada.

Asistieron quince extraños de distintos puntos del país. Los instructores nos convencieron de sincerarnos y escucharnos a nosotros mismos. Había tres clases diarias, cada una de ellas de tres horas, los siete días. En ellas conversábamos y meditábamos. Todo mundo parecía muy normal cuando nos vimos por primera vez; decían a qué se dedicaban y si estaban o no casados. Al llegar al tercer día todos comenzaron a abrirse; yo escuchaba las historias de todos ellos y pensaba: "*Dios mío, están bien amolados*".

Entonces me tocó a mí. Durante toda mi vida había tenido miedo de que la gente se enterara de que yo era lesbiana. Incluso en este seminario tenía la paranoia de que todos estos desconocidos regresarían a su casa en Michigan o en otros sitios y le dirían a alguien, "A propósito, ¿sabías que Ellen DeGeneres es lesbiana?" Ése era uno de mis más grandes temores.

Pero me puse de pie y pronuncié las palabras que había tenido más temor de decir en toda mi vida. "Soy lesbiana", admití, "y tengo miedo de que la gente se entere". Y rompí en llanto. Esas palabras cambiaron mi vida.

El fruto de ese seminario para cada uno de nosotros fue saber que, sin importar lo que uno se diga a sí mismo, el propio cuerpo (cada una de nuestras células) está escuchando; ya sea que el monólogo interior diga: "Estoy gorda", o "Soy tonta", o cualquier otra palabra. Mi monólogo era constante: no permitas que otras personas se enteren de que eres lesbiana o caerás de su gracia. Una vez que me puse de pie y dije la verdad en el seminario, pude dejar de vivir con la falsa versión de mí misma.

Todas las personas que conocí me dijeron: "Muy bien, está bien que hayas asistido a un seminario o que se lo digas a tus amigos; pero por favor, no lo reveles en público". Ningún personaje de la televisión se había declarado homosexual. Algunas de mis amigas sí lo eran (Melissa Etheridge, k.d. lang), pero eran cantantes. Está bien ser gay cuando ya vendes varios millones de discos, pero no cuando tu imagen entra a varios millones de salas de televisión en los hogares de todo el mundo. En ese momento, para tener un programa al aire era necesario contar con 20 millones de espectadores cada semana, y todos se preocupaban de que, si admitía que era lesbiana, le cambiarían de canal.

Toda la gente me advirtió que no me abriera ante el público, excepto, curiosamente, mi representante artístico, quien siempre me apoyó en todo. Ambos decidimos usar mi personaje para educar a otros de una manera creativa. ¿Qué importaba el hecho de que yo revelara que era lesbiana fuera del aire? Decirlo en la pantalla sería una gran oportunidad de mostrar el proceso cuando una persona comienza a darse cuenta de que es homosexual, después lo acepta, y más tarde vive con ello.

Revelar mis inclinaciones en el programa demostró ser un enorme éxito: tuvimos 46 millones de espectadores. La gente hizo fiesta en todo el país para verlo. Se convirtió en un evento cultural. Mi corazón estaba muy complacido. Muchas personas me han dicho que "salieron del clóset" después de haber visto ese programa con sus padres.

Sin embargo, a nivel personal fue algo brutal. Yo había estado asistiendo a terapia y uno de los temas que toqué antes de hacer este anuncio público fue acerca de mi enorme temor de que me mataran al revelar mis inclinaciones. Después, con gran horror, comencé a recibir amenazas de muerte. Jerry Falwell me llamó Ellen DeGenerate (Ellen La Degenerada). Varias personas boicotearon el programa y también Disney, la compañía de la cual mi red era subsidiaria. Abrirme fue como abrir una herida y en vez de que la gente fuera afectuosa y compasiva le echaron sal o escarbaron en ella.

Posteriormente perdí mi programa, pero lo más importante fue que perdí a muchos de mis fans. La opinión que la gente tenía de mí cambió en serio. No me ayudó el hecho de haber conocido a alguien que alentó en mí cierto comportamiento que no se habría dado si yo hubiera conocido a otra persona. A menudo me pregunto, igual que en *It's a Wonderful Life (Es una vida maravillosa),* hacia dónde se habría dirigido mi vida si no la hubiera conocido esa noche. No me arrepiento, porque la historia dirá que hubo una vez una pareja de lesbianas declaradas que se atrevieron a caminar por la alfombra roja tomadas de la mano. Esto constituyó un símbolo visual importante, pero tuve que pagar el precio.

Algunas personas en verdad se sienten incómodas cuando uno es honesto. La gente se siente intimidada porque ya no me preocupan mis inclinaciones. Mis *ratings* bajaron y apenas ahora están comenzando a subir de nuevo, después de cinco años. El valor que tuve para aceptar mi lesbianismo fue más grande que el amor a mi carrera, fue mayor que mi talento, y más fuerte que el hecho de que yo sea graciosa o no lo sea. Hice a un lado todo aquello por lo cual había trabajado durante más de quince años, y de manera impensada, me transformé en un ícono.

Para ser honesta, me da gusto no haber sabido todo lo que ocurriría, porque sin importar lo liberador y sorprendente que ha sido la experiencia de decir esas palabras, también me ha ocasionado muchísimo dolor. Soy una persona muy sensible y la tristeza de tantos años de haberme sentido mal conmigo misma apenas está comenzando a compensarse ahora, y por fin, puedo realmente sentirme bien acerca de quien soy.

Barry Diller

Hombre de negocios

Crecí en un ambiente totalmente carente de estructura y autoridad, en Beverly Hills. Mi padre trabajaba en bienes raíces y mi madre, como algo natural, no hacía nada y así era muy feliz. Nuestra situación económica me hacía sentir que había nacido con suerte. Yo tenía una vida activa y muchos amigos, y muchos de ellos, como yo, nunca hacían nada productivo. La mayoría de mis amigos fueron a la universidad, pero yo decidí no ir, porque no me gustaba el sistema académico. Mi familia no pensó en la indolencia del adolescente y su falta de orientación, y concluyó que yo nunca podría funcionar en ninguna estructura organizativa. Luego, cuando cumplí diecinueve años, surgió de mi aún desconocida reserva de ambición la idea de que lo que realmente me interesaba era el negocio del entretenimiento, y quise incursionar en ese campo.

Mi curiosidad fue poco estimulada, pero nunca me preocupé por problemas futuros. En toda mi carrera profesional nunca he pensado mucho en el futuro. Jamás pensaba: "Eso es lo que desearía ser cuando..." Carezco de ese tipo de fantasías imaginativas y en realidad siempre he desconfiado de las personas en el negocio del entretenimiento que se me acercan cuando tienen diecinueve, veintidós o veintisiete años, y me dicen: "Me gustaría dirigir un estudio". Sólo los miro y me río de tal disparate. En mi propia vida, tenía claras mis aspiraciones. Siempre tuve interés en el negocio del entretenimiento, pero estaba allí, por debajo de la superficie, sumergido, hasta que un día recibí la energía necesaria para sacarlo a flote.

Yo era amigo de Marlo Thomas y de su hermana Terre, y pasaba muchísimo tiempo con su familia. Cuando me decidí a aprender acerca del negocio del entretenimiento, llamé por teléfono a su padre, Danny Thomas, quien se encontraba en el hotel Sands en Las Vegas, y le dije: "¿Me podrías hacer un favor?" Él me respondió: "Claro que sí". Se comunicó a la agencia William Morris, y entonces me entrevistaron y me contrataron para trabajar en la sala de mensajería. Muy pronto sentí la influencia de Phil Weltman, quien era uno de los principales agentes de ahí. Fue la primera persona con alguna autoridad a la que yo escuché en mi vida. No me dijo nada en especial, pero lo notable eran sus normas, sus valores y su decoro. Cuando alguien que es una autoridad muestra verdadero interés en tu propio desarrollo, constituye una señal de buena suerte casi a cualquier edad.

William Morris era como un sólido templo, y Phil Weltman era muy autoritario: era el epítome del sargento dispuesto a guardar un secreto militar por encima de todas las cosas. Me hizo tomar la conciencia de que hay valores y categorías en las relaciones comerciales, y de que había mucho que aprender acerca de las organizaciones y la jerarquía.

Puedes aprender lecciones de todo tipo si tienes suficiente suerte como para encontrarte a alguien que no sólo desea compartirlas contigo, sino a quien realmente admiras como para en verdad escuchar lo que te está diciendo. Y, además si tienes suerte –y yo he tenido muchísima a lo largo de mi vida– a una edad temprana y totalmente impresionable aparece alguien como Phil Weltman para constituir tu primera revelación. Él fue mi primera experiencia de negocios en la vida e implantó en mí bases muy sólidas, de un comportamiento consistentemente ético.

No me dijo ningunas "palabras precisas" en particular; fueron más bien sus cualidades –sus valores y su decencia a prueba de todo– las que significaron tanto para mí.

Cuando comencé a conocer a otras personas a finales de mi adolescencia y después de los veinte años, nunca escuché que nadie me dijera: "Eres muy buen chico". Phil Weltman fue la primera persona que realmente confirmó mi sentido de personalidad en formación, nunca de manera directa, pero sí indirectamente, y de la manera más poderosa. Él fue quien por primera vez me hizo sentir que yo *era* alguien.

Separarme de William Morris fue como graduarme. Logré crecer en parte gracias a él. Después tuve empleos en ABC, en Paramount y en Fox, pero siempre me mantuve en contacto con él. No necesariamente con mucha frecuencia, pero él se sentía muy orgulloso de mí. De mí y de tantos otros en quienes tuvo una influencia positiva.

Ciertamente hay otras personas que sienten por el señor Weltman lo mismo que yo: en una pared de CAA hay una placa dedicada a él. Como he tenido una carrera profesional bastante ruidosa y él fue como una figura paterna para mí, sé que mis logros lo hicieron sentirse bien y sé que obtuvo verdadero placer a causa de ellos en el último periodo de su vida.

Así que supongo que las palabras precisas serán las mías: "Muchas gracias, señor Weltman".

Doctor Peter Doherty

Laureado Nobel de Medicina, Hospital de Investigación Infantil St. Jude

Cuando era niño, allá en los suburbios de Brisbane, Australia, a menudo me encontraba, no en el soleado campo de rugby ni en el monte, fuera de la casa, a cielo abierto, sino sentado muy feliz frente a un libro abierto. Esto se debía en parte, a mi blanca piel irlandesa, así como al énfasis de mi padre respecto al valor de la educación. Por esa época descubrí los trabajos de Sartre, Hemingway, Shakespeare y otros. Y recuerdo que *Hamlet* de Shakespeare me dio esas palabras de sabiduría que he llevado conmigo a lo largo de los años. Parte de los consejos que Polonio dio a su hijo Laertes la víspera de que emprendiera su viaje son los siguientes:

> Pero sobre todo, sé sincero contigo mismo,
> y de eso derivará, como la noche sigue al día,
> que no podrás ser falso con los demás.

Pueden decir lo que quieran acerca de Polonio y su hijo (ambos son personajes complejos y ambiguos), pero la profunda utilidad de estas palabras es innegable: Cree en ti por encima de todo. Esto constituye un buen consejo no sólo para emprender cualquier viaje, sino para emprender el viaje de la vida.

Mi propio viaje me ha llevado alrededor del mundo varias veces. Obtuve una beca en ciencias veterinarias en la Universidad de Queensland, lo que me demandó trabajar varios años después de graduado para el Departamento de Agricultura y Ganadería de Queensland. Viajé a Edimburgo, Escocia, para estudiar un doctorado en inmunología. En 1972 regresé a Australia a trabajar como investigador en la Escuela de Investigaciones Químicas John Curtin, en Canberra. Fue en ese sitio donde Rolf M. Zinkernagel y yo realizamos las investigaciones que veintitrés años después nos harían acreedores al Premio Nobel de 1996. En la época en que me mudé a Estados Unidos, en 1975, tras aceptar un puesto en el Instituto Wistar de la Universidad de Pensilvania, yo me sentía en la cima del mundo, podía obtener fondos para investigaciones y trabajaba con estudiantes graduados destacados: básicamente yo era un científico y académico establecido.

Me sentía tan confiado, que decidí regresar a Canberra a tratar de revivir el medio de investigación que anteriormente ahí había sido tan importante. Fue algo desastroso. Durante seis años luché para juntar todas las piezas del rompecabezas, pero al final tuve que admitir que la era dorada de Canberra había pasado, así que en 1988 acepté un puesto como director del Departamento de Inmunología del Hospital Infantil de St. Jude en Memphis, Tennessee, mismo que he tenido los últimos trece años. No hay otro lugar como St. Jude para un científico. Ahí hay un ambiente maravilloso en los programas altamente interactivos de ciencias básicas y clínica interactiva, y los fondos tan extensos con que cuenta hicieron posible que yo pudiera realizar mis investigaciones sin ninguna interrupción.

Establecer un laboratorio de investigación exitoso y estar al frente de él es una tarea compleja y difícil, y es todo un reto. La decisión de abandonar Canberra y trasladarme al otro lado del mundo, de nuevo a Memphis, no fue sencillo, pero la alternativa hubiese sido una vida mediocre y de fracaso. Es necesario creer en uno mismo para tomar este tipo de decisiones. Una canción muy conocida de Frank Sinatra de la década de 1960 describe esto con bastante exactitud.

> Ahora bien, nada es imposible. He encontrado que cuando caigo de bruces puedo ponerme de pie, sacudirme el polvo y empezar de nuevo.
>
> No pierdas la confianza en ti mismo si resbalas, sé agradecido por todo lo que te ocurre y ponte de pie, sacúdete el polvo y comienza de nuevo.
>
> Trabaja como un alma inspirada, hasta que llegue el día en que ganes la batalla.

Quizá te encuentres enfermo y cansado, pero tienes que comportarte como un hombre, hijo mío.
Recuerda a los hombres famosos que han tenido que caer y levantarse de nuevo.
Así que respira profundo, ponte de pie y comienza una vez más.

Esta pegajosa canción se me ha quedado en la cabeza durante años, y me di cuenta de que se relacionaba de manera extraña no sólo con mi carrera profesional, sino con todo el campo científico. En las investigaciones científicas el público sólo aclama los grandes logros, los descubrimientos notables. Sin embargo, los innumerables años de trabajo, los callejones sin salida, las cacerías o caminos equivocados y la falta de fondos son cosas bastante comunes antes de realizar grandes logros científicos. Hay que tener fe en uno mismo. Debes ponerte de pie cuando te caes. El éxito en las investigaciones científicas se basa en los fracasos. Si no fracasas es porque no intentas nada nuevo. De hecho, el método científico requiere que luches exhaustivamente para refutar o desvirtuar tus mejores ideas. En realidad, es preciso que trates de encontrar, una y otra vez, los posibles errores en tus propias hipótesis. En ocasiones las consecuencias son desastrosas, pues se llega a comprobar que meses de trabajo no han sido válidos. ¡Los científicos estamos bastante acostumbrados a caer de bruces en el polvo!

El avance de las ciencias y del entendimiento depende de que uno se ponga en pie después de los fracasos. La búsqueda de conocimientos no tiene fin y tenemos que ser incansables si deseamos mejorar nuestras vidas y las de todo el mundo. Si permitimos que los inconvenientes y fracasos nos detengan, entonces estamos perdidos. Debemos ser sinceros con nosotros mismos, con nuestras pasiones y nuestras rarezas, y de eso derivarán, como la noche sigue al día, grandes beneficios para la humanidad.

Phil Donahue

Conductor de programas de televisión

Cinco años después de graduarme en la universidad me encontraba en la ladera de una montaña en Virginia Occidental orinando detrás del vagón de un ferrocarril. El derrumbe de una mina había dejado atrapados a treinta y ocho hombres en el subsuelo, y yo estaba en la escena con mi camarógrafo Andy Cassells, como reportero para WHIO, empresa de radio y televisión para la que yo trabajaba en Dayton, Ohio.

También hacía reportajes de radio para CBS News. Una llamada telefónica a Nueva York me había conferido el honor de ser reportero para The Tiffany Network, el consorcio más respetado de transmisiones periodísticas, y la casa de Murrow, Friendly y Cronkite. Yo apenas tenía veintisiete años y ya jugaba en las grandes ligas; hacía reportajes para una cadena de televisión *nacional*. Bueno, ya sé que sólo se trataba de la radio, pero, Dios mío, era la CBS.

Todas las noches enviaba por teléfono mis reportajes a Nueva York y Dayton sobre la tragedia que se estaba desarrollando bajo la nieve en Holden, Virginia Occidental. En la entrada de la maltrecha mina se agolpaban ansiosamente los familiares de los mineros. Rezaban mientras la nieve caía día y noche, cubriendo la estación para tomar café del Ejército de Salvación y la cabina telefónica de los medios de comunicación.

Cada noche me comunicaba a CBS Radio y le daba mi reportaje a Blair Clark y *The World Tonight,* un programa cotidiano que pasaba a las 8:00 p.m. en toda la cadena. "Los mineros son gente de pura raza..." Informaba yo con entusiasmo. Escuchaba mi propia voz y la imaginaba viajando y llegando a cada rincón de Estados Unidos; la voz de Phil Donahue en ranchos, condominios urbanos y tabernas por todo el hemisferio occidental, por todo el mundo libre, y lo más importante, llegando hasta la radio de mis padres, en mi pueblo natal de Cleveland. Mi voz y la de Blair Clark.

Durante tres días, Cassells y yo sobrevivimos de donas del Ejército de Salvación y nos turnábamos para mantener caliente la cámara. Entonces tuve la oportunidad de aparecer en televisión.

Cuando los mineros tomaban un descanso tras su arduo trabajo de rescate en las profundidades del tiro de la mina, se juntaban en torno a un viejo barril lleno de trozos de madera que quemaban para calentarse. Las flamas salían por encima del borde, volaban cenizas junto a los copos de nieve y el calor y el humo se elevaban junto a las plegarias de un ministro de treinta y tantos años, quien predicaba sin necesidad de consultar nada escrito.

—Dios mío, pedimos tu misericordia en estos tiempos difíciles...

El predicador estaba rodeado por las caras llenas de hollín de los mineros, quienes llevaban sombreros con lámparas que iluminaban sus rostros de personas de trabajo. Lo que siguió fue el evento más hermoso y conmovedor que yo haya visto jamás.

—... En tu Nombre y para Ti ofrecemos esta oración...

Mientras continuaba orando, los mineros comenzaron a cantar:

> Qué buen amigo es Jesús,
> lleva sobre sí todos nuestros pecados y dolores.
> Qué privilegio poder presentar todos
> nuestros problemas ante Dios a través
> de la oración.

—Bendícenos, Dios mío, coloca tus brazos a nuestro alrededor... –continuaba el predicador.

Ante mis ojos se estaba desarrollando una realidad profundamente hermosa e inspiradora. Todo eso estaba ocurriendo precisamente allí. Yo fui testigo de la fe inquebrantable de los montañeses, vi los temerosos ojos de mujeres e hijos y la nieve que caía del cielo, y escuché un himno protestante que nunca había escuchado antes en misa. Este himno me llegó directo al corazón y es una música sagrada que puedo cantar de memoria hasta el día de hoy. Ya había comenzado a producir una maravillosa película mentalmente. Nuestra cámara iba de un rostro a otro revelando cada momento privado en el invierno de los Apalaches. Esta historia sin duda tendría mucho éxito en el programa de noticias televisivas de CBS: una mirada honesta a la realidad de la vida de los mineros. ¡Yo aparecería en televisión en la cadena de CBS! Murrow, Friendly, Cronkite y *Donahue*.

Entonces se inició el pánico. Nuestra cámara captó un sonido chirriante; el aceite se había espesado por las temperaturas de congelación. Me quedé allí de pie, impotente, mientras este momento tan espiritual finalizaba.

—... En tu nombre y para tu gloria. Amén.

No habría película, no habría presentación, no habría fama mundial. Acercamos la cámara al barril de flamas, acariciándola como si fuera un recién nacido, y ofrecimos nuestras propias oraciones por recuperarla. Cuando por fin lo logramos, me acerqué.

—Reverendo –comencé solemnemente–. Soy Phil Donahue de CBS News. Hemos tenido algunos problemas con la cámara y no pudimos grabar su maravillosa oración, pero nuestro equipo ya se encuentra listo; ¿sería tan amable de repetir la oración y pedirle a los mineros que cantaran de nuevo?

El predicador me miró azorado.

—Hijo mío, ya dije mis oraciones –me contestó.

—Reverendo, soy reportero de CIII BIII EEES *NEWS* –el énfasis que puse me resultó impresionante.

—Ya dije mis oraciones –repitió el reverendo–. No sería correcto hacerlas de nuevo. No sería honrado.

No podía creer lo que estaba escuchando. ¿Que no podía decir de nuevo sus oraciones? ¡Vamos! Yo había sido testigo de muchas repeticiones en honor al Señor; en accidentes aéreos y en todo tipo de problemas, los ministros y los monseñores rociaban el sitio nuevamente con agua bendita para el personal del noticiero que había llegado tarde a la escena. ¿Qué le pasaba a este tipo?

—Reverendo –yo nunca me rendía–. Sus oraciones aparecerán en más de doscientos canales de televisión de CBS News. Millones de personas verán y escucharán sus plegarias y se unirán a usted para pedir ayuda a Dios para los mineros atrapados. Usted entrará a los hogares de millones de televidentes de todo el mundo libre como prueba de la profunda fe religiosa de Virginia Occidental, recordando a los televidentes de todos lados que Dios es bueno.

Me puse a rogarle descaradamente; estaba dispuesto a cualquier cosa para alcanzar mis ambiciosos fines de salir en televisión a nivel nacional.

—No –replicó–, no estaría bien. Ya he rezado a mi Dios.

Después se dio media vuelta y comenzó a alejarse dejando el noticiario de CBS parado en la nieve, en la ruina de una derrota total.

Cerré la puerta de la caseta telefónica, introduje una moneda de diez centavos en la ranura, me identifiqué para realizar la llamada por cobrar, y aguardé. Tenía los dientes apretados, y el auricular agarrado con tanta fuerza, que mis nudillos habían cambiado de color. Cuando el editor de reportajes aceptó la llamada, yo le dije de inmediato:

—El hijo de perra no quiere rezar.

Finalmente había logrado aceptar mi propia realidad: Phil Donahue *no* iba a aparecer en el televisor de sus padres ni en ninguna taberna, ni sería visto por millones de televidentes en todo el mundo libre.

No puedo explicarles por qué comprendí las cosas con tanta lentitud. Fue necesario que transcurrieran varios meses para que yo pudiera comprenderlo: el predicador me había demostrado que tenía más valor moral del que haya visto en cualquier otra persona. En un mundo de posturas y pompas religiosas, estaba un hombre de Dios que se había negado a actuar en televisión. Él ya había ofrecido sus plegarias y consideraba que repetirlas era algo falso. “No estaría bien”, me había dicho con toda resolución.

Desde entonces he pensado muchas veces en ese predicador. Si él no va al cielo, nadie irá. Sin importar mis ruegos, él se negó a que hiciéramos una “segunda toma” para Jesús. No quiso hacerlo por mí ni por todas esas personas de los bares, ni por “los millones de personas de todo el mundo libre”.

Ni siquiera, alabado sea Dios, para CIII BIII EEES NEWS.

Michael Eisner

Presidente y director ejecutivo de Walt Disney Company

T*res semanas* en despoblado.

Tres semanas en despoblado con el propósito de no ver a nadie en absoluto, excepto a otros siete muchachos y dos hombres del personal. Tres semanas en despoblado llevando alimentos en "cantinas", armando tiendas, remando en los lagos de Algonquín, Canadá. Llevando las canoas a cuestas por trechos de tres millas y llevándome a mí mismo, el más joven de todos, de tan sólo quince años de edad. Realizaría un viaje para acampar, compartiendo con todos ellos una experiencia para mayores...

¡Y NO SE ME OCURRÍA NADA PARA ESCAPAR DE ESTO! Sólo me quedaban dos días; dos días antes de tener que subirme a la camioneta con otros siete muchachos mayores que yo (¡por lo menos nueve meses mayores!) llevando cinco canoas, cientos de kilos de provisiones, palas, cosas voluminosas y cosas más voluminosas (papel de baño y toallas de papel, para quien no me entienda), alimentos deshidratados, estuches de primeros auxilios; y pensar que tendríamos que transportar todo este equipo durante doce horas, desde Vermont hasta Canadá. Todavía nos faltaban dos días... y yo ya sentía temor, dolor de estómago, mareo y pensaba: "¿QUÉ PUEDO INVENTAR PARA EVITAR ESTO?" Quizá si simulara estar enfermo (aunque de hecho, ya me sentía enfermo). Decidí ocultar mis sentimientos y guardé silencio y me senté a la orilla del lago, planeando realizar alguna llamada telefónica para sugerir a mis padres que hicieran algo...

Sin embargo, no lograba pensar con claridad en lo que podría sugerirles.

Yo tenía quince años de edad y me encontraba acampando a orillas del lago Dunmore en Vermont, preparándome para el viaje que todos mis compañeros deseaban hacer. Yo me había puesto de rodillas y había suplicado para participar en él. No podía imaginar mayor honor ni mayor rango que ser de los pocos que iban a elegir. Luego me eligieron.

Y me quedé petrificado. No se lo podía decir a nadie, porque era evidente que todos los demás chicos estaban emocionadísimos mientras empacaban los alimentos, los remos de las canoas, los sacos para dormir y el equipo. Me quedé en silencio; tenía miedo. Ya era demasiado mayor para decir que extrañaba a mis padres; eso era para los niños pequeños. Me sentía atrapado, y a medida que me sentía más atrapado, me entró más pánico y no podía pensar con claridad... me sentía como rodeado de niebla... y me quedé callado.

Tenía buenos motivos para sentirme en ese mar de confusión. Había deseado con tanta vehemencia ser seleccionado para el viaje porque eso indicaba que mis héroes adultos, aquellos capaces de cortar madera con el hacha, remar por el río y leer las estrellas, consideraban que yo tenía capacidad de liderazgo. Cuando me enteré que había sido escogido, sentí que los pulmones me iban a estallar de emoción. Desafortunadamente no me animé a hacer ningún ruido, porque de pronto comprendí que tenía que demostrar cierta capacidad de liderazgo. Sentado a la orilla del lago pasé de petrificado a paralizado. Observaba con atención las actividades de los demás. Comencé por la isla que se hallaba en el otro extremo, intentando imaginar dónde habría algún teléfono en esa era anterior a los celulares para ponerme en contacto con mis padres. ¿Qué tal si de repente me enfermara de apendicitis? Quizá valiera la pena. Aunque me operaran me sentiría más seguro, seguro en Middlebury, Vermont, en vez estar en un despoblado, en las regiones silvestres de Canadá, entre tormentas y rápidos y peligros.

Los ocho muchachos iban a dividirse en cuatro equipos para este viaje. En cada sitio donde acampáramos, uno de los equipos sería el encargado de colocar las tiendas de campaña, otro haría una hoguera, otro más cocinaría los alimentos y el restante "lavaría" los platos. Al día siguiente, las responsabilidades se rotarían. Mi compañero Baird Morgan era el mejor chico para tener como compañero. Era el más fuerte, el de mayor edad y el que mejor sabía navegar en canoa. Él y yo, como equipo, deberíamos estarnos preparando para irnos. Nos asignaron para parchar las tiendas de campaña. Pero, es difícil parchar tiendas cuando uno está inmovilizado.

Brownie, el líder de nuestro viaje, un hombre que tenía por lo menos cien años de edad según mis cálculos, aunque en realidad sólo tenía cuarenta, tenía un extraño agujero detrás de la oreja que me daba miedo mirar. Se acercó y se sentó junto a mí.

—¿Sabes? –comenzó–. Siempre me siento nervioso antes de estas excursiones prolongadas.

Intenté desviar la mirada del agujero.

—En ocasiones me siento atemorizado por los pensamientos que se me ocurren –continuó.

Dirigí la mirada más allá de él.

—En ocasiones pienso que las cosas son más peligrosas de lo que en realidad son, pero después me tranquilizo y analizo el problema y me doy cuenta de que estaré seguro y podré divertirme. Después siempre termino riéndome de mí mismo y me preguntó por qué al principio habría sentido temor.

—Sí –le respondí.

—Es gracioso, ¿verdad? –comentó, se levantó y se marchó.

Salimos rumbo a Canadá dos días después. En la parte trasera de esa vieja camioneta del ejército se sentía mucho viento y resultaba muy incómodo. La visita a la ciudad de Quebec estuvo "padre", pero era tan sólo la primera etapa de la excursión a sitios inhóspitos. Para entonces yo ya sentía mariposas en el estómago.

Sin embargo, mi parálisis desapareció después de mi conversación en el lago con Brownie. Nunca supe qué ocurrió. Pero incluso logré pensar con claridad (sin hiperventilación), aunque el bote se volcó mientras descendíamos por una cascada; quiero decir, una pequeña cascada. Poco después, hasta las mariposas del estómago desaparecieron, y esas tres semanas de no ver a otras personas, de arrojarnos por los rápidos y de crear nuevos sitios para acampar en ausencia de los papás y hermanos, se transformó en una aventura sin cesar que incrementó la confianza en mí mismo, me enseñó a trabajar en equipo y... sí, me enseñó a ser líder. La única vez que volví a estar solo junto al lago fue cuando me cepillaba los dientes.

Regresamos a nuestro campo en Vermont y fuimos recibidos como héroes por ciento cincuenta campistas más jóvenes. Después de guardar las lonas que utilizamos durante el viaje, Brownie se me acercó.

—Mike (en esos días las personas me llamaban Mike), tuvimos un viaje maravilloso, ¿verdad? Qué bueno que formaste parte del equipo.

Yo intenté mirar ese pequeño agujero en su cabeza para ver si había algo en su interior. Lo observé con intensidad, pero lo único que pude ver fue la lección que me había dejado ese viaje: esa sabiduría que no se puede ver.

Fue agradable oír sus alabanzas, pero las palabras que me dijo antes de emprender el viaje se me quedaron grabadas. No puedo decir que me hayan quitado la ansiedad para siempre. Ir al dentista, las cirugías a corazón abierto o los discursos inaugurales aún me producen ansiedad. Pero gracias a esas breves palabras, Brownie me hizo ver que todas las personas se ponen nerviosas; todos son vulnerables; todos deben afrontar eso. ¿Cómo sabía que yo necesitaba escuchar esas palabras?

Chistoso, ¿no?

Daniel Ellsberg

Activista

En la década de 1960 trabajé como funcionario público de alto rango sobre asuntos relacionados con Vietnam en el Pentágono, después de eso, estuve años en la embajada en Vietnam. En ese entonces yo creía en la Guerra de Vietnam; principalmente, en que no debíamos perderla. Al regresar de Vietnam, a mediados de 1967, volví a mi antiguo empleo antes de entrar al Pentágono en la corporación RAND, una institución privada que recibía contratos del gobierno. Como consultor para la RAND, participé en un estudio clasificado del Pentágono sobre la historia de la toma de decisiones de Estados Unidos en Vietnam. Más tarde fui autorizado para tener acceso a toda la información confindencial para mis investigaciones en la RAND.

La guerra de Estados Unidos en Vietnam ya llevaba cuatro años. Había 475,000 estadounidenses luchando en ese país y decenas de millares ya habían muerto. En 1968, los estadounidenses votaron por Richard Nixon, pues creyeron que al llegar a la presidencia pondría fin a la Guerra de Vietnam más rápido que Hubert Humphrey, si este último resultaba electo. Sin embargo, en 1969 me enteré por un colega de la Casa Blanca que la guerra no terminaría, sino que con toda seguridad iría en aumento. Para entonces, la gran mayoría de estadounidenses veían la guerra como inmoral, no había esperanzas y las personas morían sin cesar. La cuestión era, ¿qué podía hacer un ciudadano normal al respecto? Yo me sentía más inclinado a la oposición directa.

"¿Qué se podría hacer?", pensaba yo constantemente. ¿Qué puede hacer la gente para acabar con una guerra? Ésa era mi preocupación. A finales de agosto de 1969, asistí a una conferencia de la War Resisters League (Liga de Opositores a la Guerra) WRL en la Universidad Haverford. La WRL fue iniciada por personas que se oponían en un principio a la guerra; Albert Einstein había sido el dirigente en cierto momento. Yo asistía a esas juntas para conocer a personas que se oponían a la guerra. Nunca había conocido a nadie que se negara a ser reclutado. Yo mismo había sido marino, no era un pacifista.

Una de las personas que conocí, Bob Eaton, tuvo que ir a prisión porque se resistió a enlistarse. Afuera del Tribunal de Filadelfia, mientras emitían su sentencia yo estaba ahí, un poco a regañadientes, en una manifestación de protesta. Fue la primera vez que declaré públicamente mi postura con respecto a la guerra. Si me hubieran visto, mi puesto habría estado en peligro en esa compañía afiliada al gobierno. Estaba muy nervioso por la posibilidad de que me fotografiaran. En realidad no deseaba ir a protestar, pero me dio vergüenza no ir con mis compañeros; sin embargo, el mismo hecho de dar apoyo a una persona que se resistía a participar en la guerra, parándome en una esquina del centro de la ciudad, me liberó de un gran temor, del temor a parecer ridículo. Descubrí que, después de todo, no estaba hecho de azúcar. Eso es lo que ocurre cuando las personas cometen desacatos civiles; esos desacatos les devuelven su valor.

Al día siguiente asistí a una conferencia internacional y escuché a un joven conferencista llamado Randy Kehler, que era director de la WRL en San Francisco. Me impresionó lo bien que representaba al pueblo estadounidense este joven. Hablaba con claridad, sinceridad y gran entusiasmo. Mientras tanto yo pensaba: "Qué bueno que los extranjeros del público lo estén viendo. Es todo un ejemplo de un buen estadounidense. Es de lo mejor que tenemos". Y en el curso de su charla dijo:

—El mes pasado nuestro amigo David Harris fue encarcelado [por resistirse a ser reclutado]. Terry y John ya murieron. Ayer nuestro amigo Bob fue encarcelado –y agregó–: Muy pronto ya no quedará ningún varón en la oficina, sólo mujeres. Y estoy muy emocionado porque pronto podré unirme a ellos.

Dijo estas palabras muy calmadamente. Yo no sabía que estaba a punto de que lo sentenciaran por resistirse al reclutamiento. Me quedé atónito y sorprendido, pues escuché sus palabras en un punto en que estaba sintiéndome orgulloso de mi país y de la manera en que él lo representaba. En ese momento e inesperadamente, escuché que lo iban a mandar a la cárcel. No fueron sus palabras exactamente las que modificaron mi punto de vista, sino más bien el ejemplo que nos daba con su vida. La manera en que sus palabras en general revelaban que era un norteamericano ejemplar, y que había decidido ser encarcelado de manera totalmente deliberada, porque estaba convencido de que eso era lo correcto.

En ese momento comprendí que mi gobierno estaba participando en una guerra injusta, la cual iba a continuar y a hacerse más grande. Miles de jóvenes morían cada año a causa de ella. Salí del auditorio y encontré un baño desocupado. Entré, me senté en el piso y lloré durante más de una hora; simplemente sollozaba. Es la única vez en mi vida que he reaccionado ante unas palabras de ese modo; y estas palabras continuaron resonando en mi cabeza. Las palabras de lo que ese joven había hecho penetraron mi cabeza. Su primera frase había sido: "Nos estamos acabando a nuestros jóvenes. Los estamos consumiendo, tanto en la jungla o como en las barricadas".

Me vino a la mente la estrofa de una canción de Leonard Cohen, *Dress Rehearsal Rag*, que decía: "Así que ha llegado a esto. Y no se requirió mucho tiempo para ello. Y no fue nada extraño que ocurriera".

Yo pensé: "Mi país ha llegado a esto. Ha llegado a un punto tal en que lo mejor que puede hacer un joven al respecto es permitir que lo encarcelen".

Y después pensé (y éstas fueron las palabras que se quedaron resonando en mi cabeza, las palabras que produjeron un cambio en mi vida): "¿Qué puedo hacer para que esta guerra termine, si ya estoy dispuesto a ser encarcelado?"

Una vez que lo pensé bien comprendí que estaba listo para ello, porque cuando yo creía en la guerra, mientras trabajaba en el campo en Vietnam, arriesgué mi vida muchas veces. Y por lo tanto, estuve seguro de que si había puesto en peligro mi propio cuerpo al manejar por las carreteras de Vietnam, cuando creía que la guerra era justa, bien podía poner en peligro mi libertad del mismo modo al convencerme de que no lo era, y decidir oponerme a ella. Comprendí que era mi deber afrontar los riesgos de la vida civil, del mismo modo que esperamos que un soldado afronte el peligro del enemigo.

Y así supe que sería capaz de ello. La cuestión era qué podía hacer al respecto. Y de pronto recordé que tenía en mi caja fuerte siete mil páginas de lo que llegó a conocerse como los Papeles del Pentágono: cuarenta y siete volúmenes de documentos ultra confidenciales. Contenían mentiras y violaciones de tratados y descripciones de crímenes. Finalmente, decidí dar a los periódicos esos papeles, y tuve que afrontar un juicio por doce cargos de felonía con una posible sentencia de 115 años de prisión. Irónicamente, el Presidente Nixon tuvo tanto miedo de que yo liberara documentos sobre sus propias políticas secretas en Vietnam –los cuales por fortuna no tenía– que me demandó en la corte criminal; esto, al final, fue determinante para que su mandato concluyera, y ayudé a poner fin a la guerra. Así que en último término dio buen resultado.

Nunca, ni por un instante, pensé que la liberación de esos papeles pudiera poner fin a la guerra. Sólo pensaba que era conveniente que las personas tuvieran información fidedigna acerca de lo que realmente estaba ocurriendo; y eso fue lo que ayudó.

Del mismo modo, Randy Kehler nunca pensó que al ir a prisión contribuyera a que la guerra terminara. Pero si yo nunca hubiera conocido a Randy jamás se me habría ocurrido copiar esos papeles. Sus acciones fueron para mí algo más que simples palabras. Él puso en mi mente la pregunta oportuna en el momento correcto.

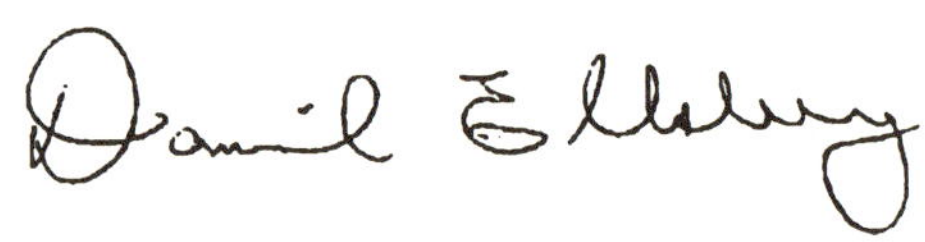

Betty Ford

Ex Primera Dama

Durante tres días en aquel cálido verano de 1974, Richard Nixon dio vueltas de un lado a otro pensando si debía o no dejar la presidencia: abdicar voluntariamente a su puesto o permanecer en él y afrontar todos los trámites de impugnación. Mi marido había estado prestando sus servicios como vicepresidente no electo durante nueve meses, desde que Spiro Agnew había renunciado. A principios de agosto, después de mucha angustia y ansiedad, mi marido Jerry me dijo:

—Será mejor que te olvides de la probabilidad de que nos cambiemos a la casa del vicepresidente. Parece que eso no va a ocurrir.

Yo sabía a que se refería. No ocuparíamos la residencia del vicepresidente porque entraríamos a la Casa Blanca como el Presidente y la Primera Dama, y recuerdo que pensé: "Dios mío, esto va a cambiar nuestras vidas". Nunca pensamos estar en esa posición. Jerry no sólo tendría que realizar ese trabajo tan demandante, sino que tendría que hacerlo en una época en que el país se encontraba en un caos total.

No había habido un momento en nuestras vidas en el que necesitáramos tanto una fuente de fortaleza superior a nosotros mismos. Sin ella nos sentiríamos abrumados. Entonces Jerry me recordó los versículos quinto y sexto del capítulo tres del Libro de los Proverbios, una plegaria que había aprendido en su niñez y que dice: "Confía en el Señor con todo tu corazón; y no te apoyes sobre tu propia prudencia. En todos tus caminos piensa en Él, y Él allanará tus senderos". Y esta plegaria se volvió nuestra oración diaria.

Cuando tuve que afrontar el cáncer de mama en septiembre de 1974, un mes después de que él aceptó la presidencia, estas palabras fueron particularmente importantes para mí. Gracias a ellas pude dejar de preocuparme por el resultado de mi intervención quirúrgica (de que me practicaran una mastectomía o una simple biopsia). En ese entonces, las opciones de tratamiento eran muy distintas. Gracias al apoyo de mi familia, yo estaba segura de que saldría adelante sin importar lo que ocurriera. El cáncer de mama conllevaba un estigma muy fuerte; no se hablaba de él, y las personas simplemente lo padecían con angustia y ansiedad. Te doy las gracias Dios mío porque todo eso ha cambiado.

Estos versículos de la Biblia también constituyeron una gran fuente de fortaleza para mí mientras me recuperaba de mi adicción al alcohol y los fármacos controlados, en 1978. Fue una época difícil, como podrán imaginar, pero en último término me permitió acercarme más a mi familia. Por supuesto, al principio hubo mucha negación, mucha búsqueda interior. Pero esa fe, esa creencia en el ser a quien llamo "Dios" me sirvió de apoyo durante toda mi recuperación, la cual constituye un proceso continuo.

Hay épocas en la vida en las que nos damos cuenta, más que nunca, de que no está totalmente bajo nuestro propio control. Mi fe es la Episcopal y siempre he creído en Dios; siempre lo he tenido presente. Pero no es necesario ser un tradicionalista religioso para comprender el significado del Poder Superior: se trata de una fuerza más grande que uno mismo, más grande que el propio ego. Proporciona la sensación de que sin importar lo que ocurra, uno estará bien, logrará sobrevivir a cualquier crisis, a cualquier cosa terrible o a cualquier dificultad de la propia vida.

Deseo compartir con ustedes una lección fundamental que aprendí a temprana edad, cuando estudiaba secundaria en Grand Rapids, Michigan, y me pidieron que hiciera un solo en una pieza de danza moderna para nuestro espectáculo anual de variedades. En ese entonces yo tenía mucha confianza en mí misma y elaboré un programa sin mucho esfuerzo y lo ensayé poco. Después de ver mi actuación, mi madre me felicitó por saber bailar, pero me aconsejó que procurara no hacerlo en el futuro a menos que lo hiciera al máximo de mi capacidad. Me di cuenta de que tenía toda la razón, y aún conservo sus palabras en mi mente.

Estas dos ideas constituyen las bases que fundamentan mi vida. Si hay algo sobre lo cual tienes control y con lo cual estás comprometido, deberás realizarlo al máximo de tu capacidad, o mejor no hacerlo. Sin embargo, cuando ocurre algo inesperado sobre lo cual tú no tienes control, debes tener fe y confiar en que alguien superior a ti habrá de guiarte.

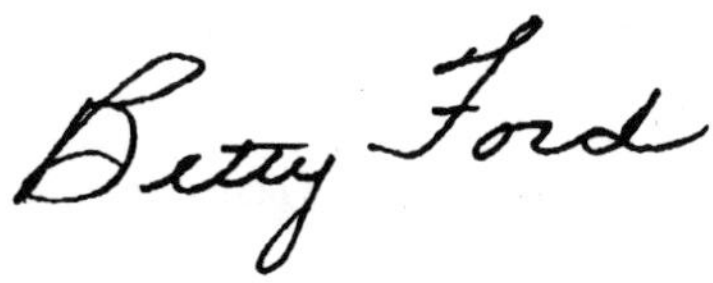

Diane von Furstenberg

Diseñadora y directora ejecutiva

Nací en Bruselas, Bélgica, y aunque mi niñez fue muy agradable, yo no la disfruté mucho. Deseaba ser mayor y llevar las riendas de mi propia vida. Por eso, cuando mi madre me sugirió asistir a un internado en Suiza a los trece años, como que entré en éxtasis. Por fin tendría mi propia vida, independiente de mi familia, y quizá, pensaba, si tenía suerte, algo emocionante me ocurriría en mi nuevo mundo.

Era un hermoso y soleado día en Lausanne, Suiza, cuando llegamos al Pensionnat Cuche donde pasaría los tres siguientes años de mi vida. Dejamos mi equipaje en mi habitación y, antes de que nos despidiéramos, mi madre me llevó a Ouchy, un pueblecillo junto al lago Leman, a tomar el té. Habló conmigo acerca de la vida y el amor, e intentó abordar temas serios, como el hecho de que pronto me convertiría en mujer. También intentó hablar conmigo acerca del sexo.

Muy apenada de discutir esos temas con mi madre, yo le dije con prontitud:

—No te preocupes, ya lo sé todo. Mi madre sonrió y me dijo algo que nunca he olvidado y que después he repetido muchas veces:

—Recuerda que todas hacemos lo mismo... trabajamos, comemos, lloramos, hacemos el amor... La única diferencia es la manera en cómo lo haces.

Yo la amé por decirme estas palabras, por confiar en mí y por decirme que lo único importante era ser responsable de mí misma, y que si lograba eso mi vida sería mejor que las cosas que hiciera; lo importante era cómo las haría.

Recientemente comí con Vartan Gregorian, un hombre a quien admiro profundamente. Llegó a Estados Unidos como inmigrante armenio hace muchos años y se volvió un hombre culto e importante. Fue presidente de la

Biblioteca Pública de Nueva York, fue presidente de la Universidad de Brown y actualmente es presidente de la Fundación Carnegie. Disfrutamos de una larga y deliciosa comida durante la cual le pregunté acerca de su juventud.

Me dijo que había perdido a su madre a la edad de seis años, y que su abuela lo crió en Tabriz, en las montañas de Irán. Esa señora había perdido a todos sus hijos a causa de las guerras y de diversas enfermedades, y crió al pequeño Vartan ella sola. Le decía:

—Hijo, hay dos cosas que debes recordar. La primera es el ***kismet***, el destino; no hay nada que puedas hacer acerca de esto. La segunda es tu carácter, y al respecto tú tienes todo el control. Quizá pierdas tu belleza, pierdas la salud y el dinero, pero nunca perderás tu carácter; eso está en tus propias manos.

Lo que mi madre me dijo, y lo que la abuela de Vartan le dijo a él, son la misma cosa: lo importante es tu carácter; cómo vives tu vida y la clase de persona que eres siempre será más importante que aquellas cosas que te ocurran a lo largo del camino. En último término, es cómo divinizar tu destino.

Frank Gehry

Arquitecto

Yo trabajo con formas, estructuras e imágenes. Éstas son cosas muy importantes para mí; por otro lado, nunca he sido una persona que se exprese verbalmente. Sin embargo, el poder de las palabras es algo que aprendí a valorar cuando el psicólogo Milton Wexler me hizo un comentario hace más de treinta años que me dejó frío.

Acababa de iniciarme en mi profesión y, por supuesto, la consideraba mucho más que una simple profesión: estaba verdaderamente enamorado de la arquitectura. Ahora que lo recuerdo, me parece que cada semana tenía un arquitecto favorito: Le Corbusier, Frank Lloyd Wright. Éstos eran los innovadores y yo no pensaba competir con ellos: tenían su propio reino sagrado.

En ese entonces, yo no tenía idea de hasta dónde llegaría en mi profesión. No tenía la más remota idea de que llegaría hasta aquí. Ciertamente tenía conceptos y confianza en poder producir nuevos diseños y edificios; pero al mismo tiempo sentía que no me estaba desarrollando como yo lo deseaba. Mis proyectos no cuajaban y no entendía por qué. Estaba seguro de que no se trataba de mi trabajo; era algo que no podía identificar.

Era una persona bastante solitaria, y sin duda ése fue uno de los motivos por el cual uno de mis amigos me recomendó que asistiera a terapia con Milton Wexler. Realmente me insistió, aunque yo me negaba porque de siempre he admirado mucho a las personas que confían en su propia creatividad. Tenía una sensación mística de lo que significaba ser artista. Uno reconoce que la fuente de su talento es la propia identidad, y uno no quiere que nadie interfiriera con eso. Era muy terco al respecto. Prefería ser yo mismo (para bien o para mal) a cambiar algo de mi esencia, aunque otras personas vieran el cambio como progreso.

Pero fui.

El doctor Wexler conducía un grupo de terapia de quince personas dos veces por semana. Eran artistas, escritores y gente de negocios. Todos tenían talento y eran destacados en algún aspecto. Los dos años siguientes asistí a ese grupo y nunca hablé; nunca dije una sola palabra.

Todo el mundo parecía hablar con facilidad. Me sorprendía su fluidez. Tengo que admitir que sentía un poco de envidia por eso. Yo era tímido por naturaleza y no confiaba en mi capacidad para expresarme con palabras. Así transcurrieron dos años y yo simplemente asistía y permanecía sentado allí en silencio, hasta que una noche todo el grupo se volvió hacia mí. Me dijeron cosas que me sorprendieron: me atacaron, de verdad, y dijeron lo que pensaban de mí; que siempre estaba allí y nunca hablaba, que sólo los criticaba, que les ocultaba cosas. Si sólo hubieran sido una o dos personas lo habría pasado por alto, pero todos ellos me atacaron.

Después tuve una plática con el doctor Wexler, y me dijo unas palabras que siempre he recordado desde entonces. Lo que me dijo fue:

—No seas tonto. ¿De veras no entiendes lo que te quieren decir?

No. Nunca se me ocurrió que tomaran mi timidez como crítica, mi silencio como misterio y mi incapacidad a participar en el grupo como una negativa al compromiso. Me percibían como alguien que no era. Entonces comprendí que mis clientes se llevaban esa misma impresión. Mis proyectos no tenían éxito, no porque a las personas no les agradase mi trabajo, sino porque se sentían incómodas conmigo.

Nada fue igual después de eso. Y no es que haya empezado a hablar más, aunque sí hablé un poco. El cambio fue algo más profundo. Pude desmantelar las paredes que había construido a mi alrededor y comencé a escuchar. Creo que antes nunca había escuchado. Pero ahora sí escuchaba lo que las personas decían, las escuchaba claramente. Y a medida que aprendía a escuchar más, me interesé más a fondo en ellas y llegué a comprenderlas.

El hecho de conocer a mis clientes me abrió un mundo totalmente nuevo. Las relaciones que he forjado en los últimos años han entrado a formar parte del proceso de arquitectura que más valoro. En algunos casos diseño edificios para instituciones corporativas, y las personas con las que trabajo al principio comienzan a hacer otras cosas una vez que el proyecto acaba. Ése es el tipo de edificios que no regreso a ver, porque sin la gente que los inspiró, ya no tienen el mismo significado para mí.

En mi profesión, los clientes casi siempre quieren algo novedoso, pero lo verdaderamente vanguardista los intimida. Muchas veces encuentro que caminan sobre una línea, indecisos sobre atreverse a aceptar un diseño para tener algo original, algo envidiable, pero temen ir demasiado lejos y que se rían de ellos. Esto significa que confían en mí para alcanzar el equilibrio, y en ese momento escucho de nuevo esas palabras, dentro de otro contexto, pero crucial para mi trabajo. Para diseñarles una construcción que les vaya a gustar, tengo, de hecho, que ver lo que ellos ven.

Richard Gephardt

Líder de las Minorías de la Cámara de Representantes

Yo aprendí una de las lecciones más importantes de mi vida desde la niñez. Recuerdo que de niño, cuando mi madre Loreen quería hablar conmigo, no lo hacía de pie, sino que se ponía a mi nivel y me miraba a los ojos. Ella no había estudiado mucho (ni siquiera había terminado la secundaria), pero comprendía mejor a la gente, y a la vida, que cualquier otra persona que yo haya conocido. Sus valores morales, su sentido común ante la vida y sus convicciones religiosas, constituyeron los fundamentos de mi crianza, y no fue sino ya de grande que llegué a comprender cuánto habían influido sus valores en mi vida.

Yo crecí en un pequeño bungalow, típico del sur de St. Louis. No teníamos mucho dinero; mi papá manejaba un camión repartidor de leche y mi mamá se quedaba en casa con nosotros hasta que estuve en quinto año, antes de que fuera secretaria. La nuestra no era una vida de lujos. Como no teníamos automóvil, caminábamos a la escuela y todos los domingos tomábamos el camión o el tranvía para ir a la Tercera Iglesia Bautista. Ése era mi mundo, y a mí me parecía estupendo.

De todas las lecciones de la vida que mi madre me enseñó, recuerdo una que influyó en mí profundamente: tendría yo unos cinco años cuando mi mamá me sentó, me miró a los ojos y me dijo cómo *escuchar* a las personas.

—Cuando alguien te hable míralo a los ojos y concéntrate en lo que te dice. Escúchalo con atención y pon de tu parte para comprender lo que está tratando de decirte. Cuando escuches, hazlo con respeto. Para que alguien te respete es necesario que tú lo respetes. Eso no significa que tengas que aceptar todo lo que te digan, ni siquiera una parte, pero intenta comprender de dónde vienen sus ideas.

Mi madre reforzó este mensaje durante toda mi niñez: "Ponte en los zapatos de la otra persona". "Piensa cómo te gustaría que te hablaran a ti". "Cuando estés hablando con otro hazle preguntas. La gente quiere que tú le preguntes cosas y te intereses en saber más de ellos. No al revés".

He tratado de poner en práctica estos principios fundamentales en mi vida en Washington, D.C. Casi a diario coordino una "junta de liderazgo democrática". Esto constituye una oportunidad para escuchar a los miembros y enterarme de los temas que más les preocupan en ese momento. Este método ha provocado una transformación considerable en la manera en que el grupo funciona. Me siento muy sorprendido de cómo evolucionan mis propias ideas mientras estoy simplemente sentado, escuchando a ese grupo de personas durante tan sólo una hora al día. Desde que llegué al Congreso he conocido a personas de profesiones muy diversas, personas con antecedentes distintos a los míos y personas que tienen una serie de creencias muy diferentes a las mías. El Partido Demócrata representa la amplia variedad de ciudadanos de esta gran nación. Todos los miembros del Congreso están convencidos de que sus representados se enfrentan a problemas, y que quieren ser escuchados. En ocasiones, simplemente escuchar sus problemas e intentar comprender su punto de vista conduce a una forma de compromiso que nos ayuda a progresar. Nunca me he equivocado al reunir a la gente en una habitación y sentarme a escucharlas. He observado de manera constante que cualquier persona, organización o negocio que respalde los valores que mi madre me enseñó, ha triunfado finalmente en lo que se propone.

Mi madre aún vive y siento un inmenso amor y respeto por ella. He aplicado sus consejos a todas las cosas que he hecho, y ella se encuentra detrás de todos los logros que he obtenido. Uno de los motivos por los cuales pienso que he sido elegido para conducir a los demócratas en el Congreso es que he tratado de darles el tiempo y la atención que requieren para expresar lo que necesitan. Algunas personas dicen que soy alguien que sabe escuchar. Si eso es cierto, se lo debo a mi madre. Es ella quien me enseñó a hacerlo y, presté atención a sus consejos.

Dick Gephardt

La Honorable Ruth Bader Ginsburg

Integrante de la Suprema Corte de Justicia de Estados Unidos

Era junio de 1954, yo acababa de graduarme de la Universidad de Cornell y estaba a punto de casarme con Marty Ginsburg, el único joven con quien había salido y a quien le importaba que yo tuviera cerebro. Marty y yo nos conocimos en una cita a ciegas en Cornell en 1951, cuando yo tenía diecisiete años. Él tenía dieciocho y estudiaba un año más adelante que yo, en la Academia de Ciencias y Artes. Fuimos buenos amigos durante todos mis años en Cornell. En las vacaciones de mi último año de universidad, iba a menudo a cenar a la casa de los padres de Marty, en Rockville Center, Nueva York. Mi madre murió justo antes de que me graduara de preparatoria, y la mamá de Marty fue como una madre para mí. Ella y el padre de Marty siempre estuvieron conmigo cuando los necesité, nunca con actitud crítica y siempre con cariño.

Para nuestra boda, Marty y yo planeamos una pequeña ceremonia judía tradicional en la sala de sus padres. Sólo invitaríamos a dieciocho personas, número que representa el símbolo hebreo de la vida. La mañana de la ceremonia yo estaba arriba haciendo arreglos de último minuto cuando la madre de Marty me puso algo en la mano y me dijo:

—Te voy a dar un consejo que te servirá muchísimo: en todo buen matrimonio es bueno a veces ser un poco sorda –y me puso en la mano un par de tapones para los oídos.

Me quedé desconcertada. ¿A qué se referiría? Dejé de pensar en sus palabras por algún tiempo, pero éste fue breve: cuando Marty y yo estuvimos de luna de miel, comencé a comprender la sabiduría de lo que me había dicho. Y las he comprendido más aún conforme los años pasan.

Mi suegra quería simplemente decirme esto: en ocasiones las personas te dicen cosas sin pensar o poco amables, y cuando lo hacen es mejor no prestarles demasiada atención; dejarlas pasar y no responder con enojo o impaciencia. Durante mis cuarenta y siete años de matrimonio siempre he tenido presente su consejo. Cuando a veces Marty y yo discutimos por algo que alguno de nosotros hizo o dijo, respiro profundamente varias veces y recuerdo que el mal genio por lo regular llega y pasa, como las tormentas de verano.

He transmitido este consejo a mis propios hijos, y también los ha ayudado en sus matrimonios. No obstante, el concepto detrás de esas palabras abarca mucho más que el campo familiar. Yo crecí en una época en la que había mucho más antisemitismo y discriminación de género en Estados Unidos que hoy en día. Siempre recordaba las palabras de mi suegra cuando me decían que no era bienvenida en algunos lugares por ser judía o no podía realizar cierto trabajo por ser mujer. En los años en que realicé campañas a favor de la Enmienda a los Derechos Humanos (ERA, Equal Rights Amendment), y defendí casos a favor de las mujeres en las cortes de la nación, escuché muchas palabras poco amables o hirientes del público o del abogado opositor. Los consejos de mi suegra siempre me ayudaron a no perder los estribos y mantener la calma.

Día tras día en el Tribunal Supremo mis colegas y yo tomamos decisiones sobre asuntos relevantes. A veces nos dividimos abruptamente y tenemos conversaciones animadas acerca de nuestras opuestas perspectivas. Aunque siento mucho respeto y afecto por todos mis colaboradores, en ocasiones me siento a solas en mi oficina, momentáneamente molesta o inquieta y pensando: "Me gustaría estrangular al juez tal por cual". Entonces sonrío y recuerdo las palabras de mi suegra.

La ira, el resentimiento, la envidia y la conmiseración son emociones destructivas. Ocupan mucho del tiempo de uno y requieren de energía que sería mejor dedicar a tareas más productivas. Por supuesto es importante escuchar con detenimiento: prestar atención a los maestros, a los colaboradores y a las parejas. Pero en ocasiones, también es conveniente ser un poco sordo. Yo aún utilizo la misma marca de tapones para los oídos que me regaló mi suegra.

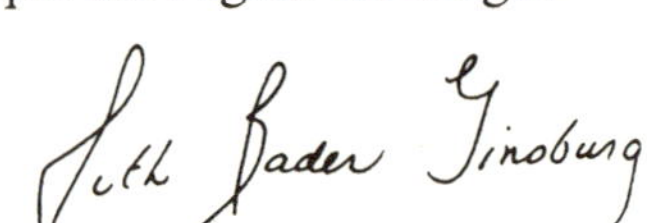

Rudolph Giuliani

Ex alcalde de la ciudad de Nueva York

El 28 de agosto de 2001 –exactamente dos semanas antes del día más doloroso en la historia de Estados Unidos–, un bombero novato de nombre Michael Gorumba tuvo un ataque cardiaco mientras intentaba apagar un incendio en un taller mecánico de Staten Island y murió. Cuando me nombraron alcalde, juré que siempre que algún empleado público se lesionara en el trabajo, yo iría al lugar de inmediato. Eso era lo mínimo que podía hacer por las personas que sacrifican su propia seguridad con el fin de servir a los ciudadanos de Nueva York. Así que cuando me enteré de lo ocurrido con Michael Gorumba, me dirigí al hospital.

La madre del joven también llegó y, por supuesto, estaba inconsolable. Pero esa tragedia no fue la única que sufrió ese año. También había perdido a su padre y a su marido –ambos de manera repentina– en los últimos diez meses. Y ahora su hijo se había ido también.

Me senté en el área de espera con la familia y miré, perplejo, cómo la señora Gorumba, agobiada por el dolor, poco a poco se iba transformando en la persona más tranquila de la habitación. Consoló a sus parientes y valientemente fue a hacer los arreglos necesarios para el funeral. De pronto alguien trajo a colación el hecho de que la boda de la hija de la señora Gorumba estaba planeada para el siguiente mes.

—Tendrán que posponer la fecha –insistió un pariente–. Es imposible casarse en un momento como éste.

La señora Gorumba ni siquiera hizo una pausa.

—No voy a posponer ese matrimonio –dijo–. Se va a llevar a cabo.

Yo estaba anonadado. Aquí estaba esta mujer experimentando la peor tragedia posible –la pérdida de un hijo– y sin embargo, lograba hablar con toda calma y sacaba valor de una reserva inconcebible para mí. Más tarde le pregunté cómo había sido capaz de manejar todo esto.

—¿Cómo se afronta una pérdida tan terrible? –le pregunté–. ¿De dónde saca toda esta fortaleza, esta visión?

La señora Gorumba me miró.

—Cuando ocurre algo terrible –me respondió–, intento concentrarme en las partes buenas de la vida y festejarlas aún más de lo que las hubiera celebrado con anterioridad. Piense un poco en ello. En este instante tengo que hacer dos cosas: enfrentar la muerte de mi hijo (eso es necesario y tendré que hacerlo) y ocuparme del matrimonio de mi hija. Decidí concentrarme en el matrimonio. ¿Sabe por qué? Porque la vida es una combinación de grandes tragedias y de grandes maravillas. Nuestra familia enfrentará esta tragedia, pero también celebraremos lo hermoso de ese matrimonio, incluso con mayor alegría. Es lo que mi hijo hubiera querido y es precisamente lo que mi hija necesita.

Abracé a la señora Gorumba, le di un beso de despedida y salí del hospital.

Al día siguiente asistí al velorio. La señora Gorumba se me acercó, con su hija al lado.

—Esta niña ha perdido a todos sus parientes de sexo masculino –comenzó la señora Gorumba–, no hay nadie que la lleve al altar el día de su boda. Desde antes que nos ocurriera esta tragedia, mi familia lo admiraba mucho, así que me gustaría pedirle un favor, ¿podría usted llevar a mi hija al altar?

—Sería un gran honor para mí –le dije a la señora Gorumba y agregué unas palabras más desde mi corazón–.

Ésta es una de las cosas más hermosas que me han pedido que haga. Me dijo que la boda estaba programada para el domingo 16 de septiembre en Garrison Beach, Brooklyn.

—Esperaré con emoción a que llegué el día –le respondí.

Luego, en la mañana del 11 de septiembre, fui a un desayuno de trabajo en Midtown para iniciar mis labores cotidianas.

Ese primer día de horrores fue para mí (como para la mayor parte del mundo) una serie de eventos rapidísimos, con trágicas imágenes que recuerdo de manera borrosa, con una actividad frenética y con momentos desgarradores; pero lo que más recuerdo acerca de esa mañana es que tan sólo unos momentos después de los ataques, ya estaba pensando en cómo me dirigiría al público.

La noticia de que habían chocado contra las Torres Gemelas me la dieron cuando yo estaba en el desayuno, y de inmediato me fui corriendo al lugar. Poco antes de las diez en punto, cuando ambos edificios estaban incendiándose, mi equipo de emergencias y yo salimos del puesto de comando del departamento de bomberos y nos dirigimos al puesto de comando del departamento de policía en donde planeábamos dar una conferencia de prensa. Un par de minutos antes yo había preguntado a los bomberos:

—¿Qué quieren que le diga a los ciudadanos? Me gustaría darles buenos consejos para que permanezcan seguros.

Pete Ganci, nuestro jefe de bomberos de más alto rango, me mencionó cinco o seis puntos que él deseaba que yo tocara en televisión: principalmente instrucciones precisas de cómo salir de un edificio lo más rápidamente posible.

Recordando lo acaecido, me doy cuenta de que las preocupaciones de Pete constituían un presentimiento. Recuerdo que le preocupaba la posibilidad de que la parte superior de las torres se desplomara. La gente ya estaba siendo lastimada por los escombros que caían y por los cuerpos de otros que habían saltado desde más arriba, y Pete deseaba evitar el máximo de accidentes posibles.

De manera trágica, Pete murió ese mismo día. Sólo tenía cincuenta y cuatro años.

Regresamos al puesto de comando del departamento de policía, pero nos enteramos de manera brutal que la primera torre se había comenzado a desplomar. De inmediato nos resguardamos en un edificio y quedamos atrapados en el interior alrededor de veinte minutos entre los escombros y el humo, ahogándonos con el polvo. El sonido de la torre al colapsarse fue como un trueno, y por un momento no supimos si saldríamos con vida. Al fin logramos ver de nuevo la luz del día, sólo para contemplar la escena de destrucción más devastadora que yo haya visto jamás: concreto desplomado con acero retorcido y todo ello apenas visible a través del grueso polvo gris que flotaba en el aire.

Mientras corríamos por la calle hacia el sitio donde daría la conferencia de prensa, repentinamente recordé lo que la señora Gorumba me había dicho: En cualquier día normal, podemos experimentar tanto lo peor como lo mejor de la vida, y es importante (de hecho, es algo crucial) celebrar las cosas hermosas, aunque tengamos también que afrontar cosas terribles.

Por supuesto, era necesario plantearnos la pregunta: "¿Qué podría ser siquiera remotamente hermoso acerca del 11 de septiembre de 2001?"

La respuesta que yo di al público ese día y en las innumerables conferencias, entrevistas y discursos en las semanas y meses siguientes fue ésta:

Sobrevivimos.

Incluso frente a los horrores de los acontecimientos de ese día –el dolor, la devastación– instantáneamente supe que lo ocurrido podría haber sido peor. Miles de personas murieron el 11 de septiembre, pero pudieron haber muerto muchas más. Los estadounidenses sintieron más terror del que jamás habían experimentado, pero no hubo un pánico incontrolado. Nuestra nación fue atacada de manera brutal y desmedida, pero no nos rendimos.

Sobrevivimos.

Y a medida que pensaba en las palabras que me dijo la señora Gorumba la noche de la muerte de su hijo, comprendí que eran muy oportunas para lo ocurrido el 11 de septiembre.

Cuando las torres se colapsaron, el comando del departamento de bomberos murió en el acto. Eso fue algo devastador para mí. Estos hombres no sólo eran mis colegas, sino también amigos queridos. De inmediato comencé a concentrarme en la forma azarosa en que se colapsaron los edificios. El comando superior de la ciudad se encontraba tan sólo a cuadra y media de distancia, y si las torres se hubieran colapsado hacia esa dirección, todo el gobierno de Nueva York habría sido borrado de la faz de la tierra. Ya no tendríamos alcalde ni comisionado de policía, ni comisionado de bomberos, ni director de comunicaciones, ni director de la oficina de emergencias, ni comisionado de salud (el hombre que finalmente ayudó a la ciudad a superar la crisis del ántrax), ni docenas de personas más. Sin importar lo horrible de los acontecimientos de ese día, la ciudad de Nueva York había logrado sobrevivir.

También podemos estar agradecidos por los actos de heroísmo ocurridos ese día: actos de valor y compasión que hablaron con gran elocuencia en honor de las vidas de quienes perecieron. Una de las cosas que nos permitió sobrevivir en esos momentos tan turbulentos después de la tragedia del 11 de septiembre, fue narrar y repetir esos grandes actos de heroísmo de los bomberos, oficiales de la policía y ciudadanos comunes que murieron, por no decir los cientos de inspiradoras historias de rescate y supervivencia. Era necesario dar las gracias por todo eso. El espíritu humano había sobrevivido.

Y, por supuesto, podemos dar las gracias por el patriotismo indomable que surgió en todo el país en respuesta a ese acto denigrante. La primera vez que vi la tan ahora fotografía famosa de los bomberos colocando la bandera de Estados Unidos en la Zona Cero, supe al instante que nos encontrábamos en camino hacia la recuperación. Desde Pearl Harbor esta nación no había sufrido un ataque tan brutal y, sin embargo, los ciudadanos de todo el país inmediatamente comenzaron a consolarse por la indestructibilidad de nuestra herencia nacional.

Igual que el día en que se produjo el ataque, la semana que siguió al 11 de septiembre me permitió muy pocos momentos de reflexión. El martes, el miércoles, el jueves, el viernes: todos los días pasaron rápidamente. Sé que en un momento dado me dormí, pero no podría precisar cuándo fue. Sí recuerdo la primera vez que me senté a cenar verdaderos alimentos, y me senté a una mesa a comerlos; fue el viernes por la noche. Pero a lo largo de todo eso continué recordando las palabras de la señora Gorumba. Incluso las repetí en conferencias de prensa. Pronto los reporteros comenzaron a preguntarme si aún participaría en la boda.

—Por supuesto que sí –les respondí–. Ahora es más significativa para mí que antes.

No soy muy bueno para calcular la cantidad de gente en una multitud, pero sin duda había más de mil personas bien intencionadas fuera de la iglesia el día de la boda: saludaban, aplaudían y llenaban la calle con una sensación de esperanza y optimismo y, sí, también de alegría.

Cuando llevé a la hija de la señora Gorumba al altar –algo que nunca había hecho antes, porque mi propia hija tan sólo tiene doce años– recuerdo que sentí que ese momento era importante no sólo para la novia y su familia, sino para toda la comunidad; y francamente fue algo muy especial para mí. En el espacio de tan sólo una semana había visto lo peor que la vida puede ofrecer, esa gran calamidad nacional, pero gracias a Dios pude vivir para ver una de las mejores partes de la vida: a una hermosa pareja de jóvenes enamorados a punto de emprender juntos una nueva aventura.

La señora Gorumba tenía razón: hay que celebrar lo bueno.

Whoopi Goldberg

Actriz

Yo crecí en Chelsea, Nueva York, en un vecindario mixto de la clase trabajadora. También frecuentaba a gente en otras partes de la ciudad; era la época de los *hippies* y yo usaba pantalones acampanados, peinados "afro" y me pintaba la cara.

Mi apariencia producía todo tipo de comentarios en el vecindario. Los vecinos cuestionaban la manera en que me vestía y a la gente con la que me juntaba. Ese tipo de críticas me molestaba mucho, pues no comprendía por qué cuestionaban mis preferencias respecto a mis amigos y al estilo de vida que me gustaba llevar. Además, algunas críticas provenían de personas que realmente me agradaban, de modo que la presión para adaptarme a su manera de pensar era muy fuerte.

Recuerdo una noche en que me estaba preparando para ir al cine con una amiga del vecindario, y me vestí con overoles desgarrados, una camiseta teñida en casa y un enorme peinado afro. Mi amiga se veía... bueno... normal. Entonces me miró y me dijo:

—No quiero ir a ningún lado contigo así como estás vestida. Deberías cambiarte de ropa.

—¿Cómo dices? –le pregunté asombrada.

—Cámbiate de ropa –me repitió. Eso a mí no me gustó.

—Mejor cámbiate tú.

Entonces me dijo:

—Si vas a salir vestida así, no vas conmigo.

—Muy bien –le repliqué.

Y se largó.

Miré a mi madre, que por casualidad estaba por ahí cerca cuando tuvimos la discusión, y me comentó:

—Bueno, podrías cambiarte de ropa y salir como todas las demás personas, pero si no es eso lo que deseas y tienes suficiente fuerza como para resistir las críticas de otros, entonces defiende tus convicciones. De todos modos, debes estar preparada para afrontar las críticas que recibirás. Nunca serán fáciles de tolerar, porque los otros no aceptan que uno sea diferente.

Eso fue un golpe para mí. Entendí entonces que los demás no necesariamente me alentarían ni me darían apoyo mientras yo exploraba otras formas de expresarme. Sin embargo, no quería estar limitada por las ideas de otras personas. Cuando mi amiga me dijo: "Cámbiate de ropa", el dilema fue que si yo me hubiese cambiado esa vez, sin duda tendría que haberme cambiado muchas veces en el futuro. Y supongo que mi madre comprendió por qué me negué, y me hizo ver que sin duda me criticarían muchas veces más en el futuro. Algunas personas siempre critican la apariencia de los demás –lo que llevan puesto, o cómo se ven–, en vez de intentar realmente comprenderlos. Para llegar a ser uno mismo es necesario tener el valor de resistir las críticas. El comentario de mi amiga fue tan sólo uno de los primeros casos en que tuve que afrontar el ataque directamente. Las palabras de mi madre me aseguraron que no era un error negarme a cambiar, pero también me sirvieron de advertencia sobre las dificultades que encontraría posteriormente si me negaba a buscar la aceptación de los demás. El hecho de saber que habría dificultades, me ayudó a aguantarlas.

El problema de la conformidad ha sido recurrente a lo largo de mi vida. No había nadie que se pareciera a mí cuando llegué a la fama: nadie usaba trencitas. Ahora se han puesto de moda. Antes las personas comentaban:

—¿Por qué no usa tacones altos para asistir a estas funciones en vez de esos tenis Reebok amarillos y rojos? ¿Por qué no se pone un vestido? ¿Por qué no cambia? ¿Por qué no se parece a nosotros?

Al final, lo que atrajo a las personas hacia mí es que yo no me parecía a nadie más.

Es necesario creer en uno mismo a pesar de lo que otros digan. Esa confianza en mí misma es lo que me ha permitido salir airosa de todas las cosas en mi vida, y las sabias palabras que escuché de mi madre. Es muy difícil seguir un estilo propio cuando lo que nos piden es que seamos borregos. No es fácil ser original.

William Goldman

Novelista y guionista

Todo comenzó cuando la señorita McMartin creyó que estaba copiando. Matemáticas, primer año de secundaria, y un examen sorpresa. Terminé rapidísimo y me puse a mirar por la ventana, la cual casualmente, estaba en dirección al escritorio de la niña más aplicada de la clase.

La señorita McMartin me pidió que pasara al frente, y dijo simplemente que me había visto. Me pidió mi examen, yo se lo di, y me dijo que hablaría conmigo después de terminadas las clases.

Si esto suena humillante, se sorprenderán de lo que estaba ocurriendo en mi vida; con decirles que ése fue uno de los días buenos. Yo tenía quince años, era un "matado", tenía pocos amigos (ninguna amiga), un padre cada vez más fuera de control, escondido arriba de la casa, y una madre sorda que no había encontrado el modo de enfrentar la locura de mi padre.

La escuela, que para mí había sido un refugio alguna vez, ahora, era terrible. De pronto, incomprensiblemente, me volví estúpido. Anteriormente siempre sacaba diez en todo, pero ahora rezaba por obtener un seis. Lo horroroso para mí es que no sabía cuándo me había quedado sin cerebro; nunca pensé que llegaría a estar inmerso en el mundo de la mediocridad.

Ese día yo no estaba copiando, de hecho, me quedé estupefacto de que la señorita McMartin lo hubiera pensado. Ella era una dama escocesa, alta, muy inteligente, jefa del área de matemáticas, y temible, por lo menos para quienes eran tan malos en matemáticas como yo.

Cuando terminaron las clases fui a verla y ella se disculpó. Me dijo que había cometido un error.

—Evidentemente, si hubieras estado copiando habrías sacado una calificación más alta que ésta –me comentó y me dio mi examen.

Lo había reprobado con la más baja de las calificaciones.

Platicamos un poco. No sé qué pude haber dicho que le haya interesado, pero después de un rato me acompañó por el pasillo hasta la oficina del señor Hamill.

El señor Hamill es el héroe de esta historia.

Él era tan corto de estatura como ella era alta, tan grueso como ella era delgada. Era un sureño caballero gracioso y cortés que me daba literatura. Eran amigos. Ella le mencionó el incidente ocurrido durante el examen, le dijo que se había equivocado al creer que yo estaba copiando; después nos dejó solos.

Ése fue el inicio de una serie de visitas que regularmente le hice al señor Hamill, después de clases, para hablar de cosas diversas, nada serio: libros, deportes, eventos del día. Nunca había hecho algo similar con algún profesor; a veces había otros alumnos, a veces solamente estaba yo.

Nunca le platiqué acerca de mis problemas en la casa, ni le dije nada específico, pero evidentemente él debe haber percibido que yo me deslizaba peligrosamente de un iceberg.

—Goldman –me dijo un día, sin que viniera al caso–. ¿A quién envidias?

No entendí.

—De todos los niños de primer año, ¿quién te gustaría ser? –me preguntó de nuevo.

Yo le respondí de inmediato:

—Jack Clark.

Él era mi compañero y nos sentábamos juntos en la clase de química. Siempre era amable conmigo, me llamaba por mi nombre –lo cual era muy importante para mí en ese entonces– y salía con Nancy Blessing, con quien yo soñaba todas las noches. Además, era el presidente de la clase de primer año, un *scout* águila y capitán del equipo de futbol americano. Sin agregar que era guapo, y probablemente ahorrativo, valiente, pulcro y respetuoso.

—Pensé que dirías que Clark –me dijo el señor Hamill. Y entonces bajó la voz y dijo como conspirando.

—Quiero que hagas algo por mí, Goldman.

Asentí, aunque no tenía ni la más remota idea de qué era lo que se proponía.

—*Espíalo* –dijo el señor Hamill.

Yo no comprendí lo que me pedía.

—Quiero que vayas y espíes a tu compañero Clark. Vigílalo concienzudamente. Sigue sus pasos. Repórtame lo que veas en un par de días.

Totalmente confundido, inicié mi misión.

Seguí a Jack Clark de un salón a otro, pero no descubrí nada extraordinario. Todos lo saludaban; las niñas se esforzaban por llamar su atención y los niños también.

En el salón general no hubo nada que reportar. En la clase de química tampoco; por lo menos el primer día. El segundo día, el salón general fue bastante aburrido.

Ya tarde, durante la clase de química en el segundo día, la tierra comenzó a moverse.

Yo estaba sentado junto a él y la maestra caminaba por nuestra fila haciéndonos preguntas a las que teníamos que responder.

A medida que se acercaba más a nosotros, yo me sentía bastante relajado, y sabía que de ningún modo respondería bien, sin importar lo que me preguntara.

Entonces me di cuenta de que algo terrible le estaba ocurriendo al maravilloso Jack Clark...

A medida que su momento de responder se aproximaba, las manos comenzaron a sudarle. Totalmente fuera de control, se secaba las palmas de las manos en la entrepierna del pantalón, no le dejaban de sudar.

El pánico se había apoderado de él y no lo dejaba en paz.

Continué mirando fijamente sus temblorosas manos.

—No podía dejar de temblar –le dije al señor Hamill esa tarde–. Era algo muy tonto. Una estúpida pregunta de química nada más. Y él estaba muy apenado.

—¿Por qué crees que se sentía tan mal?

No pude responderle.

—Goldman, escúchame, ahora necesito que te concentres. Que realmente te concentres en esto. ¿Cuál podría ser la causa?

Yo deseaba poder darle una respuesta oportuna y rápida, pero creo que no lo hice; por lo menos, no en ese momento. Sin embargo, más tarde ese día, o quizá otro día de la semana comprendí lo siguiente: *No todo es fácil para todos.*

Regresé a ver al señor Hamill para compartir con él ese pensamiento y escuchar sus comentarios.

—¡No todo es fácil para todos! –repitió.

Yo asentí. Me miró un momento antes de comenzar a hablar.

—¿Recuerdas qué pregunta te hice al principio? ¿A quién envidias? Ahora dime la respuesta.

A nadie.

Yo quería que me sonriera y lo logré. Aún recuerdo su cara y sus palabras en ese momento:

—Goldman –me dijo el señor Hamill– la "cabeza" de la clase.

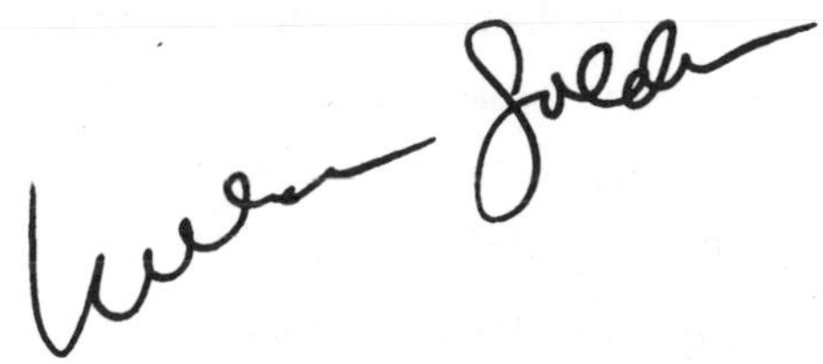

Doris Kearns Goodwin

Historiadora

Yo tenía veinticuatro años y ya le estaba diciendo "no" al presidente de Estados Unidos.

Era enero de 1969, el periodo presidencial de Lyndon Johnson estaba a punto de terminar y con él mi servicio de un año de duración. Algunas semanas antes de dejar la oficina, el presidente me preguntó si me sería posible ir a Texas a vivir en su rancho y ayudarle a escribir sus memorias. Agregó que sería un trabajo de tiempo completo.

Yo no estaba convencida. Planeaba regresar a Harvard para iniciar mi carrera de profesora, así que no acepté. Johnson, a su estilo muy particular, comenzó a ofrecerme todas las cosas que se le ocurrieron intentando convencerme para que aceptara.

—¿Es dinero lo que quieres? –continuó–. No te preocupes, te daré muchísimo dinero. ¿Quieres amigos? Te presentaré a un millonario cada semana. ¿Quieres ser escritora? Te daré una cabaña junto al lago, el lago Lyndon Johnson, y así podrás contar con un cielo azul y un sitio tranquilo para trabajar.

—¡Lo tuyo es la presidencia! –concluyó de manera incrédula. ¿Cómo es posible que no aceptes esta oportunidad?

Pero yo era joven y anhelaba reunirme con mis amigos en Cambridge, por lo cual me mantuve firme.

—¿Sería posible hacer el trabajo de medio tiempo, o tal vez los fines de semana? –le pregunté.

—No –me respondió, era todo o nada.

—¿Qué es lo que te pasa? –continuó–. ¿Qué jovencita de veinticuatro años que se encuentre en sus cabales no desearía trabajar para un presidente retirado?

En ese momento pensé: "¿Qué *es* lo que *me* pasa? ¿Por qué no quiero aceptar este empleo?". Pero cuando uno es joven no piensa en experiencias relevantes; lo único que quiere es ver a sus amigos. De nuevo le dije que no.

Dos días antes de que terminara su presidencia, Johnson me llamó a su oficina. Los trabajadores ya habían comenzado a desmantelar el ala occidental para preparar la llegada de Richard Nixon, y la única habitación aún intacta era la Oficina Oval. Entré por la puerta y Johnson levantó la mirada.

—Muy bien –me dijo sin preámbulos– que sea de medio tiempo.

Así que, durante los años siguientes, estuve viajando a Texas todos los fines de semana y días de fiesta. El rancho era extraordinario. Había una piscina con escritorios flotantes y libretas para tomar notas; un cine construido en un viejo hangar de aviones, en el cual pasaban películas que acaban de salir en cartelera; un yate muy veloz, un barco de vela y una pequeña flotilla de automóviles, y cada uno de ellos contaba con su propio bar. También había un ejército de sirvientes y agentes del servicio secreto que cuidaban a Johnson en todo momento y satisfacían sus más mínimos deseos.

Abrumada por tanto lujo, imaginaba que el Presidente Johnson sería un hombre satisfecho y agradecido por una carrera profesional que culminó con el trabajo que confiere más poder a nivel mundial. Ahora tenía la bendición de contar con el tiempo y los recursos para dedicarse a cualquier actividad que se le antojara.

Y sin embargo, el Johnson que vi en el rancho estaba todo menos contento. Desde el punto de vista psíquico y emocional se sentía alterado por la Guerra de Vietnam y obsesionado por el temor de que su legado hubiese sido destruido por ella. Johnson pasaba los días abrumado por la ansiedad, incapaz de llevar un estilo de vida en el cual el trabajo no fuese su actividad central. No disfrutaba de los deportes, así que casi nunca asistía a los partidos de béisbol o de futbol americano. Leer por placer era algo ajeno a él; durante toda la vida su mesita de noche estuvo llena de memorandos y propuestas legislativas. Incluso las películas que le llevaban al rancho le interesaban poco. Se ponía particularmente inquieto cuando era una película de ficción, en vez de un documental del que pudiera aprender algo.

Johnson pasaba sus días recreando sus rituales de oficina de toda la vida, que tanta satisfacción le habían proporcionado antes de jubilarse. Tenía juntas matutinas con sus trabajadores del campo para determinar qué tractores usarían ese día. Solicitaba reportes todas las noches de los logros del día: cuántos huevos habían recolectado, o cuántas personas habían visitado su biblioteca, en comparación con la biblioteca Kennedy.

Nuestro tiempo juntos en el rancho fue productivo, pero no pude evitar observar con tristeza en lo que se había transformado este hombre otrora lleno de vida y energía. Completamos nuestro trabajo del primer volumen en tres años, y después de eso dejé de asistir al rancho con regularidad.

Por esa época descubrí los trabajos de un psicólogo de Harvard, Erik Erikson, quien estudiaba cómo la historia, la política y la cultura podían influir en la psicología social al igual que en la identidad del individuo. Cuando regresé a Harvard, le dije a Erikson que algún día me gustaría escribir un libro sobre Lyndon Johnson y él me invitó a su casa para hablar sobre la psicología del hombre.

Erikson compartió conmigo una idea que afectó profundamente mi vida, aunque esto no ocurrió de inmediato. Me dijo que las vidas más plenas logran un balance que incluye trabajo, diversión y amor en igual proporción; perseguir uno a costa de los otros, es exponerse a la tristeza cuando se llegue a la vejez. Por otra parte, me dijo, si uno se dedica a las tres cosas con igual intensidad, se asegura la bendición de una vida tranquila y llena de satisfacciones.

Cuando por primera vez escuché a Erikson decir estas palabras, me pareció que el concepto era interesante, aunque no particularmente aplicable a mi vida. En esa época yo todavía era joven y estaba llena de energía y ambiciones. La esfera profesional me importaba mucho más que las esferas de la diversión o del amor.

Pero entonces ocurrió algo extraño.

A finales de 1972, Lyndon Johnson asistió a una ceremonia en su biblioteca de Texas, en la cual se presentaron sus artículos sobre derechos civiles. Yo hablé con él por teléfono la noche anterior, y me hizo dos comentarios que nunca olvidaré. Me dijo que su mayor esperanza era que, si en realidad él era recordado en la historia, fuera por los afroestadounidenses que habían recibido beneficios sobre sus leyes de derechos civiles. Después agregó que últimamente había estado leyendo la biografía de Abraham Lincoln por Carl Sandburg, y había intentado comprender, sin éxito, cómo había sido Lincoln en realidad. Si a él le era imposible comprender la vida de Lincoln, añadió con tristeza, quizá fuera muy difícil imaginar que alguna persona pudiera llegar a comprender cómo había sido su propia vida algún día. Por lo tanto, ahora creía que quizá hubiese sido más conveniente dedicar más tiempo a sus hijos y nietos en sus últimos años y dejar un legado tal vez distinto, pero más satisfactorio para él que para el mundo.

Algunos meses después, Johnson tuvo un ataque cardiaco mientras estaba tomando una siesta en su rancho, por la tarde. En el momento en que los agentes del servicio secreto llegaron a su lecho, él ya había fallecido.

Aunque yo no lo sabía en ese entonces, se podría argumentar que la confluencia de estos eventos (las palabras de Erikson y el ejemplo trágico de los días finales de Johnson) modificaron mi propio panorama personal rápidamente. El mismo año en que Johnson falleció, conocí a un hombre que más tarde se convirtió en mi marido. Nos casamos tres años después, y al poco tiempo tuvimos dos hijos con un intervalo de quince meses entre uno y otro. Entonces tomé la decisión más difícil de mi carrera profesional. Consciente de que me sería imposible enseñar, escribir y ser madre al mismo tiempo, dejé mis labores de enseñanza y arreglé mi oficina de la casa para dedicarme a escribir.

Perder mi identidad de catedrática no fue algo sencillo, ni tampoco realizar mi trabajo con tanta calma; en realidad tardé diez años en escribir mi siguiente libro. Recuerdo que estaba en un coctel cuando escuché a alguien decir: ¿Y qué ocurrió con Doris Kearns?, casi como si estuviera muerta, simplemente porque no había producido nada.

Sin embargo, estoy segura de que tomé la decisión correcta. Mientras evidentemente al mundo no le preocupaba cuándo escribiría mi próximo libro, pienso sinceramente que mis hijos disfrutaron mucho teniéndome cerca. Después de todo, nuestra meta en la vida no debe ser únicamente la perfección en el trabajo, sino más bien la perfección en la vida.

Doris Kearns Goodwin

Matt Groening

Animador

Jamás olvidaré mi primera junta de Boy Scout, a la que asistí en 1966. Con mirada resplandeciente y emocionados mis compañeros y yo bajamos por las escaleras del sótano de la Primera Iglesia Metodista, que queda cerca de Canyon Road, debajo del Suicide Bridge, en Portland, Oregon. Habíamos leído la revista *Boy's Life* y estábamos listos para divertirnos, correr aventuras y aprender a hacer nudos.

Sabíamos tan poco acerca de los Boy Scouts que ni siquiera teníamos los uniformes; sólo las pañoletas de la tropa que manteníamos con ligas alrededor de nuestro cuello, para disgusto de los Scouts mayores, quienes se burlaban de nosotros. Nos ponían apodos, nos picaban en las costillas y cuando estábamos distraídos, se nos acercaban por detrás y de repente nos agarraban de los testículos.

Eso se llamaba "la cucaracha" y era bastante doloroso.

Además de ponernos apodos, también nos pellizcaban la nariz y, cuando estábamos distraídos, se nos acercaban por detrás y de pronto nos bajaban los pantalones y se llevaban los calzoncillos.

Eso se llamaba "un cariñito" y también era doloroso.

Así comenzó mi vida en la Tropa 1. Esa tropa era dirigida como una unidad militar de precisión, y teníamos que pararnos en posición de atención todo el tiempo, saludar a la bandera, saludar al líder, pasar inspección de uniformes, marchar siguiendo patrones rectangulares, y guardar algunos momentos de silencio, con la cabeza inclinada.

Decíamos en voz alta las doce leyes de los Scouts con gran rapidez y muy a menudo: "Un Scout es confiablelealservicialamistosocortésbondadoso obedientealegreahorrativovalerosolimpiorespetuoso". Treinta y seis años después, a veces me despierto sudando y balbuceando esas leyes.

A mi amigo Richard y a mí nos colocaron en la Patrulla de los Castores, dirigida por un par de pecosos y difíciles chavos llamados Bob, quienes de inmediato nos colocaron en un rincón y nos dijeron en forma agresiva:

—Si ustedes dos no se componen, vamos a tener que llevarlos al bosque y *ocuparnos de ustedes.*

No sabíamos con exactitud que significaba esto, pero mejor decidimos componernos.

Richard y yo de inmediato tratamos de formar una nueva patrulla (la Patrulla de las Babosas) e incluso llegamos a diseñar nuestra bandera para patrullar, pero los líderes dijeron que era en contra de las tradiciones que hubiera una patrulla llamada la Patrulla de las Babosas. Nos confiscaron nuestra bandera, el director de los Scouts rompió a la mitad el asta sobre su rodilla y nos puso a recitar en voz alta las doce leyes de los Scouts al unísono, hasta que nos quedamos roncos.

Hicimos nuestro mejor esfuerzo por ser buenos Boy Scouts, pero resultó que en ningún aspecto fue tan divertido como decía la revista *Boy's Life*. Continuamos teniendo problemas por no sabernos parar en posición de atención con suficiente rigidez, por no marchar en fila única, y por no decir "¡Sí, señor!". Regularmente reprobábamos la inspección de uniformes y siempre nos tenían en la mira, por el incidente de la Patrulla de las Babosas y porque yo había demostrado cómo hacer un nudo de ahorcado durante un ejercicio de aprendizaje de nudos.

Luego un domingo por la noche, tuvimos aún peores problemas con los dos Bobs de la Patrulla de los Castores. Yo había entrado al baño de hombres de la Primera Iglesia Metodista y descubrí a los dos Bobs jugando con los depósitos de jabón que había en los lavabos. Se reían como villanos de Batman hasta que me vieron, entonces se quedaron en silencio, asumieron una actitud culpable, se subieron sus cremalleras, me tomaron por los hombros y no me dejaban marchar.

De pronto me di cuenta de que habían desatornillado los depósitos de jabón, habían vaciado al caño todo el jabón líquido y se habían orinado en el recipiente para que los incautos metodistas que usaran el baño se lavaran las manos con algo de jabón y orina.

Y yo los había visto haciéndolo. Los dos Bobs estaban nerviosos, porque acababan de recibir el tan codiciado premio "A Dios y al país", y si yo decía lo que habían hecho, estarían perdidos.

Me dijeron que si revelaba lo que había visto a cualquier persona podía darme por muerto, y uno de ellos me golpeó en el estómago para dar un mayor énfasis.

Salí del baño con mucho trabajo y el director de los Scouts me detuvo.

—Creo que ya es tiempo de que tú y yo tengamos una charla en privado –me dijo.

Fuimos a su oficina y él comenzó a hablarme acerca de las doce leyes de los Scouts. Me estaba poniendo nervioso.

—Matt, ¿cuál es la más importante de las doce leyes de los Scouts? –me preguntó.

—Creo que el respeto, señor –respondí.

Asintió con los ojos cerrados y me dijo:

—Ve por tu Biblia.

¡Dios mío, mi Biblia...!

¿Qué podría hacer? Aunque tenía una Biblia, la había decorado de pe a pa con dibujitos de monstruos, con gente extraña, policías, personajes de Peanuts y los precursores de Bart Simpson.

Y no sólo eso, había subrayado con un plumón amarillo los pasajes de la Biblia que me parecían más confusos, sexys o simplemente extraños. Por ejemplo, la mayor parte del Cantar de los Cantares, diversos Proverbios extraños y algunas historias insólitas, como aquella donde Jesús mandó a los demonios a una manada de cerdos y después los cerdos se despeñaron por un barranco.

Teníamos instrucciones de llevar nuestra Biblia a todas las juntas de los Scouts, pero nadie las había mencionado con anterioridad. Y ahora yo estaba ahí sentado frente al director intentando ocultar mi rayada Biblia y rezando para que a él no se le ocurriera mirar en el interior de ella.

Primero me dijo que me arrodillara junto a su silla, y entonces tomó mi

Biblia y la colocó sobre la rodilla. El director me dijo que si aceptaba a Jesús dentro de mi corazón podría tener lo que deseara.

Yo continué mirando mi Biblia nerviosamente.

Entonces el director me puso a rezar. Le pedí a Jesús obtener buenas notas, una nueva bicicleta, tenis Converse y otras cosas.

Cuando terminé, el director me recordó que me había olvidado de aceptar a Jesús en mi corazón.

Abrió mi Biblia y frunció el ceño.

—¿Tú hiciste esto? –preguntó, señalando a un dibujo de Frankenstein.

—No –mentí.

El director comenzó a darle vuelta a las páginas y se detenía a leer los pasajes que yo había subrayado. Llegó a Isaías 36:12 y se quedó muy callado. Es el pasaje que dice: *"Y dijo el Rabsaces: ¿Es que mi señor me ha enviado a comunicar esto a tu señor y a ti, y no más bien a los hombres que están tras la muralla y que con vosotros están condenados a comer sus excrementos y a beber sus orines?"*.

El director cerró la Biblia y permaneció en silencio mucho rato.

—Dime dónde conseguiste esta Biblia –finalmente dijo.

Yo no sabía qué contestarle. ¿Sería una pregunta capciosa?

—Me la dieron en Disneylandia –tartamudeé–. Cuando fui de vacaciones ahí con mi familia el verano pasado. Nos quedamos en un motel. Allí estaba esta Biblia en el cajón; era gratis.

El director se limitó a menear la cabeza:

—Matt –me dijo con mucha seriedad–, tanto tú como yo sabemos, y en especial Dios, que *¡tú te robaste una Biblia de los Gedeones!*

Me quedé boquiabierto. ¿Me había robado una Biblia? No lo sabía. ¡Creí que eran gratuitas!

El director se puso de pie.

—Tú –continuó con sarcasmo– eres el peor Boy Scout en toda la historia de los Scouts.

Yo también me puse de pie. Tenía ganas de hacerme un ovillo, de que mis ojos se salieran de sus órbitas, de caer a sus pies e implorar su perdón.

Pero en vez de esto lo miré a los ojos y le dije:

—Bueno, alguien tiene que ser el peor.

Y en vez de que la tierra se abriera y me tragara, en vez de que los pilares de la iglesia cayeran sobre mi cabeza, en vez de que las llamas del infierno chisporrotearan alrededor de mis rodillas: no ocurrió nada.

Y me sentí liberado.

MATT GROENING

Uta Hagen

Actriz y maestra

El momento de mi vida que recuerdo con más orgullo fue en el que invité a mis padres a mi debut en Broadway. Hasta les compré los boletos. Tenía yo dieciocho años.

Era el año 1937, y la obra era *La gaviota* de Chéjov, con la estrella Lynn Fontanne. Tan sólo dos años antes, yo había realizado mi primera comedia en Cape Cod, una producción de teatro de verano de *Hamlet*, donde la estrella fue Eva Le Gallienne. Yo tuve el papel de Ofelia, y la señorita Le Gallienne fue mi Hamlet. Cuando la producción terminó, la señorita Le Gallienne formó una compañía y yo me uní a ella. Esto me preparó bastante bien para mi debut en Broadway en *La gaviota*. La señorita Fontanne tenía el papel de Arkadina y yo el de Nina.

Llegó la noche del estreno y nos recibieron muy bien. Algunas funciones más tarde, mis padres vinieron a ver la obra. Yo les había conseguido buenos asientos, en la zona de la orquesta, pero no en la primera fila. Nunca les hubiera hecho eso, ni a mí. Es muy difícil actuar bien cuando alguien a quien amas se encuentra tan cerca.

La función de esa noche salió bien y, al terminar, mis padres fueron tras bambalinas a verme. Estábamos conversando tranquilamente cuando de pronto entró la estrella más importante: Lynn Fontanne.

Llegó con una pose un poco altanera y comenzó a hablar en un tono que sólo podría describir como demasiado dulzón y algo maternal. La señorita Fontanne miró a mi madre directamente y dijo:

—¿No está usted orgullosa de su hija?

En lugar de responderle de igual manera, mi madre sonrió con cortesía y le dijo:

—Me siento muy orgullosa, pero ella aún tiene mucho que aprender.

La señorita Fontanne se sorprendió. Evidentemente, esperaba que mi madre le respondiera: "Por supuesto que sí, ¿no actúa de maravilla?", incluyendo los *oohs* y *ahs* respectivos. En vez de eso, el comentario de mi madre, "Ella aún tiene mucho que aprender" sorprendió a las claras a la señorita Fontanne, quien de repente guardó silencio. Más tarde salió de la habitación.

Tras haber sido testigo de todo esto, no podía sentirme más emocionada. Por extraño que parezca, las palabras de mi madre eran justo lo que necesitaba escuchar en ese momento tan importante de mi vida. Como escribí posteriormente en mi libro *A Challenge for the Actor (Un reto para el actor),* ninguna obra de arte es terminada jamás. Nada permanece estático todo el tiempo, ninguna representación es para siempre.

Por su parte, mi madre fue una maravillosa artista y cantante de ópera y maestra, tan humilde como talentosa. Sabía mejor que nadie que el buen arte constituye un proceso, no un destino. A lo largo de su carrera, siempre que los críticos la aclamaban –y eso sucedió con bastante frecuencia– ella les decía simplemente:

—Bueno, pero apenas estoy empezando.

Incluso en los éxitos que tuve a lo largo de mi carrera, nunca me engañé a mí misma pensando que había alcanzando la perfección y que ya sabía todo lo que era necesario aprender. Siempre tuve en cuenta la posibilidad de avanzar mucho, pero mucho más.

Esta idea –que el trabajo de un actor nunca termina– me quedó muy en claro nuevamente cuatro años después, cuando recibí la que finalmente sería considerada la mejor crítica de mi carrera artística. En ese momento yo estaba actuando en una obra de Broadway llamada *The Happiest Days (Los días más felices),* de Mark Connelly.

Para ese entonces ya había actuado en cinco obras de Broadway, y aunque no era una gran estrella, había comenzado a tener un lugar en la comunidad artística. La obra era un drama de la época actual y yo representaba a una jovencita de Brooklyn que se enamoraba de un joven. Ambos tuvieron un *affaire* y después de eso, ella quedó embarazada. En esos días, por supuesto, eso constituía el beso de la muerte para la familia de la joven, y todo un desprestigio en su vecindario y en su vida.

Así que el chico y la chica hicieron un pacto suicida, pero cuando llegó la noche fatal, él fue incapaz de dispararle como habían planeado, y en vez de esto, se disparó a sí mismo. Embargada por la pena, ella también se disparó a sí misma.

Se parecía un poco a *Romeo y Julieta*, pero ¿no se parecen siempre todas las historias de amor a *Romeo y Julieta*?

En cualquier caso, la semana del estreno yo hojeé el *New Yorker* y encontré una crítica de Alexander Woollcott, quien tenía fama de ser un crítico muy duro. El artículo llevaba el encabezado DUSE EN BROOKLYN. Por supuesto, Woollcott se refería a Eleonora Duse, quien, junto con Sarah Bernhardt, fue probablemente la más grande actriz que haya existido jamás. A continuación elogiaba mi actuación ampliamente.

Aunque me sentí muy agradecida por esos elogios, no perdí el piso; de hecho, me sentí más bien aliviada. Éste era un drama contemporáneo después de todo, y como yo gustaba tanto de las hermosas obras clásicas y tenía más experiencia en ellas, me había preocupado de cómo actuaría en una producción comercial moderna. ¿Sería capaz de actuar tan natural como en las obras de Shakespeare, por ejemplo? ¿Sería capaz de impartir credibilidad a una obra que no tenía el sello original de una tragedia griega?

Piensen un poco en esto: la mayoría de las actrices se sentirían encantadas de recibir una crítica tan favorable por una actuación. Pero en cambio, yo simplemente me sentí agradecida de haber desempeñado bien mi papel. Esto constituye una diferencia sutil, estoy consciente, pero al recordarlo ahora, comprendo que fui suficientemente afortunada para comprender las palabras de mi madre y transformarlas en una filosofía de vida que llevaría conmigo el resto de mi carrera artística: los grandes éxitos de un artista no se alcanzan por una sola representación maravillosa, sino más bien por la manera en que utiliza su experiencia para continuar avanzando, evolucionando, aprendiendo y trabajando.

Seis años más tarde conocí a Herbert Berghof, un brillante director y maestro con quien pasaría los siguientes cuarenta y tres años de mi vida: como amigo, colaborador, consorte y cofundador de nuestra escuela de actuación, el HB Studio de Nueva York. Desde el inicio, Herbert asumió la misma posición que mi madre y me recordaba todo el tiempo que la tarea de un artista nunca termina. Por ejemplo, cuando me daba pereza y decidía quedarme a cocinar y no ir a actuar, Herbert sabía decirme las palabras idóneas:

—Cuando alguien tiene un don –decía– es su *obligación* utilizarlo.

Herbert constituyó un milagro en mi vida. Y aunque estuvieron ausentes los elementos trágicos de Shakespeare, la nuestra fue una relación no muy distinta a la de Romeo y Julieta. ¿Y no lo es siempre toda historia de amor?

Scott Hamilton

Patinador

Mi madre Dorothy ejerció una profunda influencia en mi vida. Fui adoptado y por pura casualidad me parecía a ella. Ella me decía que las personas suelen parecerse a aquellos que las aman. Siempre pensé que ésa era una manera maravillosa de explicar las cosas y me ha proporcionado unos cimientos invaluables.

Perdí a mi mamá en 1977 a causa del cáncer. Ella tenía una filosofía respecto a la batalla que libró, la cual a menudo he aplicado en mi propia vida. "Tú tienes sólo tantos minutos", me decía. "Desde el día en que naces, te asignan tantos minutos para vivir y tú tienes que aprovecharlos bien. Algunas personas reciben más minutos que otras, pero lo importante es que aproveches al máximo los minutos que a ti te dan."

En el caso de mi mamá, se trataba más que de simples palabras; ella realmente vivía su vida de ese modo. Era maestra de segundo año; al final llegó a ser catedrática asociada sobre matrimonio y relaciones familiares en la Universidad Bowling Green y compartía su manera de ver la vida con sus estudiantes. Era un vivo ejemplo de cómo aprovechar al máximo el tiempo con que uno cuenta y su vida siempre constituirá una fuente de inspiración para mí.

He tenido la fortuna de conocer a diversas personas a lo largo de mi vida que me han ofrecido su sabiduría y apoyo, y me han ayudado a transformarme en la persona que soy ahora. Recuerdo los comienzos de mi carrera, cuando necesitaba apoyo financiero para poder continuar patinando. Una familia a quien conocí me ofreció gentilmente patrocinar mi entrenamiento sin pedirme nada a cambio. Frank McLoraine era un hombre sorprendente que siempre tenía las palabras oportunas en el momento en que se necesitaban. Yo estaba compitiendo en el campeonato local del Medio Oeste en Chicago y me alojaba en su casa. Estaba hecho un manojo de nervios y él me dijo que me sentara y se limitó a decir: "Patina sobre el hielo". Esas tres palabras se me quedaron grabadas muchos años, y las he aplicado en muchas situaciones distintas. Lo que él trataba de decirme era que hiciera aquello de que era capaz. Siempre hay que hacer lo mejor que se pueda con lo que uno tiene. Guardé esas palabras en mi corazón.

Yo era el único patinador de esa época que ejecutaba el difícil triple *lutz* en el programa corto en el que todos tenían que hacer ciertos movimientos obligatorios; era una estrategia arriesgada, pues te restan puntos por cada error que cometas. Con las palabras del señor McLoraine resonándome en los oídos logré realizar el salto y dije para mis adentros: "Muy bien, esto funciona". Estaba preparado. Había hecho mi tarea y mi actuación iba a ser grandiosa o no tanto. Me había entrenado al máximo, y sólo dejé que sucedieran las cosas. Me dediqué a "patinar sobre el hielo".

Mi entrenador se refería a esa manera de pensar como "indiferencia refinada". La indiferencia refinada constituye un precepto de la psicología deportiva: "Entrena como si no hubiera un mañana, y después acepta lo que ocurra". Una vez que uno se encuentra sobre el hielo, se da cuenta de que sucederá lo que tiene que suceder. Esto también es válido a todos los aspectos de la vida cotidiana. La manera en que uno se prepara en cada caso determinará lo que obtenga a cambio.

Las personas asisten a un evento como las Olimpiadas y piensan que la Medalla de Oro constituye el máximo galardón; pero en realidad no lo es. El proceso para obtenerla es algo mucho más importante. Mientras más lejos me encuentro de esa etapa de mi vida, más me doy cuenta de que esto es cierto. No me malinterpreten. Me siento muy orgulloso de lo que pude lograr, pero ahora me doy cuenta de que los mayores resultados que obtuve fueron consecuencia de mi entrenamiento para llegar a la posición de tener la oportunidad de competir. Se trata de presentarse a los entrenamientos y rendir el máximo todos los días. Se trata de presentarse aunque uno no se sienta bien o de arrastrarse hasta la pista aunque uno haya dormido poco la noche anterior, y de estar dispuesto a realizar el mismo esfuerzo que cuando uno se siente muy bien. Recuerdo aquellos días en que me era difícil colocar un pie delante del otro, pero esos días son necesarios en la carrera de todo campeón. Se trata de aprovechar al máximo los minutos con los que uno cuenta.

Esto se hizo aún más notorio para mí cuando, en 1997, me diagnosticaron cáncer en los testículos. Al principio vi mi situación como una tragedia terrible, pero a medida que iba progresando con mi tratamiento, me di cuenta de que se trataba de una bendición. Aprendí que se puede luchar contra el cáncer y he intentado dar esperanza a otros mediante las lecciones que aprendí de aquellas personas que están luchando contra la enfermedad.

Recientemente fundé una organización llamada The Fourth Angel (El Cuarto Ángel), la cual incluye un programa de mentores para centros de tratamiento contra el cáncer y permite a las personas que han sobrevivido a la enfermedad compartir sus experiencias con aquellos que están luchando por vencer la enfermedad en la actualidad. The Fourth Angel también suministra información práctica sobre la enfermedad en términos comprensibles para personas que no pertenezcan a la profesión médica.

En la vida siempre surgen adversidades. Es el grado y la manera en que uno las afronta lo que hace la diferencia. ¿Recuerdan el viejo cliché que dice que algunas personas ven el vaso medio lleno, y otras lo ven medio vacío? Es cierto que ahí hay un vaso medio lleno, pero junto está un vaso lleno. Y ése es el más importante. Mientras estés vivito y coleando, mientras tengas un día más, tendrás un vaso lleno. Todos estamos participando en esta carrera y cada quien puede decidir qué es lo que desea hacer con los minutos que se le han concedido. Igual que mi madre, yo siempre intento aprovechar los míos al máximo.

Mia Hamm

Futbolista

Las pláticas con tu entrenador acerca de tus metas deportivas se parecen un poco a las reuniones que tienes con tu papá para discutir qué carrera vas a seguir, excepto que en el primer caso no hay amor incondicional. Es algo muy intenso.

Mi entrenador de futbol en la Universidad de Carolina del Norte, Anson Dorrance, también era entrenador del equipo nacional de Estados Unidos. Éramos un grupo de mujeres competitivas; muchas de nosotros jugábamos en ambos equipos, y algo fundamental para moverse en ese medio era tener metas claramente definidas. Cada semestre teníamos que reportarnos a su oficina y explicarle qué era lo que nos proponíamos. Nosotras mismas nos fijábamos nuestras metas y el entrenador Dorrance nos ayudaba a alcanzarlas.

Esas juntas siempre me ponían un poco nerviosa. Yo deseaba decir las cosas correctas y esperaba que mis metas fuesen suficientemente ambiciosas como para que fueran un reto, pero también suficientemente realistas como para que las pudiera alcanzar. Eso no era sólo un ejercicio para mí. Me lo tomaba muy en serio y sabía que mi entrenador también se lo tomaba en serio.

Anson Dorrance es un gran entrenador. Nos da apoyo, nos alienta y nos motiva. También es directo y dice las cosas con claridad: sabe cuándo uno no hace todo aquello de que es capaz. Yo ya había tenido un par de estas juntas con él. Había jugado para los Tar Heels durante un año y para el equipo nacional durante algunos años. Ciertamente entendía ese deporte, pero por algún motivo, un año antes de graduarme no podía identificar qué era lo que quería hacer después. En contra de mis deseos, fui a la junta sin haberme preparado. Me daba miedo el infierno que tenía a mi alrededor.

Estuvimos sentados en silencio durante un minuto; yo frente a su escritorio lleno de papeles y él del otro lado, aguardando a que yo comenzara a hablar, así que lo hice. Dije cosas sin sentido, revelé mi incertidumbre, di vueltas en torno al tema. Él me escuchó con paciencia, asintiendo ocasionalmente y esperó a que dejara de decir sandeces. Cuando terminé se inclinó hacia delante, me miró y me dijo:

—¿Qué es lo que realmente quieres?

Para mi sorpresa le respondí:

—Ser la mejor.

No podía creer que yo había dicho eso. Me pareció totalmente absurdo. "Este semestre una de mis metas es ser la mejor".

Pero también era algo cierto. Me quedé sentada allí, en estado de shock y en silencio, aguardando a que me dijera que necesitaba pensar las cosas con seriedad. Pero en vez de eso me dijo:

—¿Y sabes en qué consiste ser la mejor?

Dediqué un minuto a pensar al respecto:

—Ser la Mejor.

Era como una fantasía, algo que sólo había considerado de manera abstracta y cuando me hizo esa pregunta me di cuenta de que realmente no sabía qué significaba y comencé a sudar. Evité mirarlo a los ojos y me puse a jugar con el brazo del sillón.

Por último, se puso de pie y dio la vuelta al escritorio, dirigiéndose hasta el interruptor que estaba en la pared, detrás de mí.

Apagó la luz y durante un segundo nos quedamos a oscuras; después la volvió a encender.

—Es tan sólo una decisión —me dijo–.

Pero tienes que tomarla todos los días.

Me estaba diciendo que debía elegir entre la mediocridad y la excelencia cada vez que me despertara, y si me decidía por la excelencia, entonces tendría que trabajar duro para que mis sueños se transformaran en realidad.

En los últimos diez años he comprendido la verdad que encerraban sus palabras. Ser la mejor constituye una decisión simple, como encender el interruptor de la luz. No es algo elegante; no se trata de alcanzar la gloria ni de tener algún talento que Dios nos concedió. Se trata de un compromiso, de manera llana y simple. Pero desear encontrarse en la parte más alta del propio campo de juego es algo muy diferente a hacerlo realmente. Decirlo es muy emocionante y asusta un poco, porque uno está tomando la decisión de destacar entre la multitud; y para ello se requiere muchísimo trabajo. No basta conformarse con ser "suficientemente bueno". A veces decidir ser el mejor hace que uno se sienta bien. A veces es algo desalentador y casi siempre es agotador. Para decirlo en pocas palabras, si uno no se entrega todos los días a lo que quiere, no obtendrá ningún resultado.

Lo que mi entrenador trataba de decirme era que él buscaría que mi entorno fuese el correcto para que yo pudiera ser la mejor, pero que tenía que desearlo realmente para que se volviera realidad. Me hizo ver mi responsabilidad y dijo también que tenía fe en que yo podría alcanzar mis metas. Al decirme que tenía que comprometerme, transformó una fantasía abstracta (ser la mejor) en algo posible: un gran compromiso hecho de pequeños esfuerzos. Así, los días en que las cosas se ponen difíciles y no juego bien, me concentro en una o dos cosas –equilibrarme o alcanzar alguna meta específica–, en vez de intentar que todo me salga bien. Las demás cosas se acomodan. No importa lo que haga, yo tomo esa decisión día tras día.

Doctor David Ho

Director del Centro de Investigación para el Sida Aaron Diamond

La esperanza fue un tema recurrente durante toda mi niñez. Hasta los doce años viví en Taiwan con mi madre y mi hermano menor. Mi padre era ingeniero y mi tío era químico. Pudieron haberse quedado en Taiwan y haber seguido carreras profesionales a través de la red burocrática, pero ellos soñaban con afrontar retos intelectuales y profesionales mayores. Viajaron a Estados Unidos para realizar sus estudios de posgrado, con el fin de lograr un mejor futuro para nuestras familias: mi madre, mi hermano y yo. Nosotros lo entendimos y esperamos pacientemente volverlos a ver.

Durante ocho años no vi a mi padre. Cuando finalmente nos reunimos con él en California, todo en mi vida cambió. Mi nombre cambió de Ho Da-i a David Ho. En mi casa en Taiwan teníamos bicicletas, no automóviles, una radio, pero no televisión. Cuando llegamos a Estados Unidos yo no hablaba inglés, pero tanto mi hermano como yo éramos jóvenes y aprendimos rápido. Terminé asistiendo al Massachusetts Institute of Technology, después a Caltech, y me especialicé en física y biología. Continué mi educación en la Escuela Médica de Harvard. Esto fue como el Sueño Americano vuelto realidad y colmó todas las esperanzas de mi padre.

Pero entonces llegó una época de mi vida donde la esperanza me pareció algo muy distante.

En 1978 regresé a Los Ángeles como médico residente en el Centro Médico Cedars Sinaí. En 1981, mientras prestaba servicios como jefe de médicos residentes en ese hospital, me encontré con el implacable virus que posteriormente resultó ser el agente causal del sida.

Estábamos viendo a pacientes con infecciones tan graves, que era evidente que sus sistemas inmunitarios habían dejado de funcionar. Para un científico, esta nueva enfermedad constituía un acertijo médico fascinante, pero a medida que me involucré más en el asunto, fui testigo de numerosas tragedias y de muchísimas muertes. Esto me afectó profundamente desde el punto de vista emocional. Los pacientes morían uno tras otro y nuestras intervenciones hacían muy poco para modificar este impacto. Durante década y media afrontamos a un enemigo que nos vencía una y otra vez.

El VIH puede permanecer latente o replicarse a un ritmo más o menos rápido. En el curso de una infección típica de diez años, quizá haya una producción total de casi 10 mil billones de viriones. Lo que hace al VIH tan mortal y difícil de combatir es que el virus se incorpora a los cromosomas de la persona y llega a formar parte de la persona infectada. Además, este virus muta tan aceleradamente que el tratamiento tipo "monoterapia" –con un solo fármaco como AZT– está destinado al fracaso. Cuando comprendimos esto, pudimos enfocar el problema de distinto modo.

Comenzamos a probar combinaciones de potentes agentes antirretrovirales, que en la actualidad se conocen como un "coctel". Primero administramos inhibidores de proteasa junto con inhibidores de la transcriptasa inversa a los pacientes en 1995. Cuando constatamos los resultados, nos sentimos abrumados al ver el asombro y la alegría de nuestros pacientes cuando les dijimos que la cantidad de virus en su sangre había disminuido tanto que era imposible medirla. Desconocíamos cuánto tiempo durarían estos efectos, pero en 1996 comenzamos a ver el "Síndrome de Lázaro". Algunos pacientes que estaban cerca de la muerte volvieron a ser funcionales y aún continúan vivos. Desde 1996, ninguno de los pacientes a quienes hemos dado seguimiento en nuestros estudios clínicos ha fallecido.

Pero a pesar de todas las excepcionales estadísticas, nada me conmovió tanto como lo que una paciente me dijo un día. Habíamos estado discutiendo los increíbles datos que acabábamos de recibir sobre sus niveles de VIH. "Voy a comprar una casa", me dijo ella. "Creí que jamás podría hacerlo. Ahora estoy planeando terminar mis estudios. Había estado preparándome para la muerte, pero ahora estoy preparándome para vivir."

En ese momento me di cuenta de que la esperanza no puede perderse para siempre. Todas las investigaciones que había dirigido y todos los millones de dólares invertidos en luchar contra esta enfermedad habían dado como resultado esta extraordinaria afirmación: un hermoso testamento de vida que emergía de lo que me había parecido una total desolación. Me di cuenta de que había estado equivocado al dudar de la persistencia de la esperanza. Comencé a oír cada vez a más personas bajo nuestro tratamiento expresar los sentimientos que mi paciente había compartido conmigo.

En 1996, cuando la revista *Times* sorpresivamente me nombró el "Hombre del Año", lo que llamó la atención del público fue la posibilidad de que pudiéramos lograr algo contra ese enemigo tan resistente, que la esperanza hubiera surgido del desastre. Aún no hemos terminado nuestra tarea. En Estados Unidos y Europa Occidental el índice de mortalidad es ahora la quinta parte de lo que era antes. Desafortunadamente, nuestra labor no es útil al 95 por ciento de las personas infectadas en el mundo, ya que carecen de los fondos necesarios para recibir este tratamiento. Eso es algo trágico y este problema nos ha llevado a hacer inversiones cuantiosas para el desarrollo de las vacunas.

Tengo la esperanza de que también lograremos ganar esa batalla.

Arianna Huffington

Escritora y maestra

El viaje hacia el descubrimiento personal constituye la aventura más grande de nuestras vidas. Inicié esta gran aventura con mucho entusiasmo cuando tenía veinticuatro años. Estaba realizando un *tour* por todo el mundo para promover mi primer libro, *The Female Woman (La mujer de sexo femenino)* y, hasta ese momento, el dinero –específicamente su ausencia– siempre había desempeñado un papel prominente en mi vida. Nunca estaba muy segura de dónde sacaría el dinero para pagar mi colegiatura universitaria o la renta. ¿Podría mi padre mandarme lo necesario para este mes? ¿O tendría que pedir de nuevo ayuda a los hermanos de mi madre?

Entonces, diversos hechos ocurrieron de manera muy rápida: resulté autora de un *best seller*, lo cual me permitió alcanzar, desde los comienzos de mi carrera, cosas que en ocasiones requieren toda una vida para lograrlas: independencia financiera, ofertas para dar conferencias y escribir otros libros, y para salir en programas de televisión. Se ha dicho que el valor consiste en saber a qué cosas no hay que temer. Saber eso siempre me han servido de sostén, pero antes de los veinticinco años mi valor se basaba casi exclusivamente en una actitud de ingenuidad. Dicen que lo que no sabes, no puede lastimarte. En mi caso, eso pudo haberme ayudado.

Sin embargo, detrás de toda mi aparente confianza, había una nube de confusión, resultado de una lucha interna entre seducciones seculares y anhelos espirituales relacionados con esperanzas acerca de lo efímero y vistazos a lo eterno. Recuerdo el momento en que la lucha dio paso a la comprensión –y después a la resolución– como si hubiera sido ayer.

Estaba sentada en mi habitación en algún hotel europeo poco conocido durante un viaje que hice para promocionar el libro. La habitación estaba hermosamente decorada, parecía una naturaleza muerta. Había rosas amarillas en el escritorio, chocolates suizos junto a la cama y champaña francesa sobre hielo. El único ruido de la habitación era el crujido del hielo que se disolvía con lentitud.

La voz que escuché dentro de mi cabeza era mucho más fuerte. Provenía de mí misma, pero sonaba como la de Peggy Lee. "¿Es esto todo lo que hay?", cantaba Peggy una y otra vez como disco rayado. "¿Es esto todo lo que hay?" Esa pregunta musical continuó reverberando en mi cerebro y robándome todo el gozo que había esperado derivar de mi éxito inusitado. "¿Es esto *realmente* todo lo que hay?" Quería saberlo, y quería saberlo ya. Si esto es "vivir", entonces, ¿qué es la vida? ¿Será posible que la meta de la vida sea únicamente el dinero y el reconocimiento, seguidos de luchas para tener más dinero y más fama?

En un sitio muy profundo de mi interior escuché un "No" resonante, una respuesta que modificó mi vida y me permitió declinar ofertas lucrativas para hablar, y escribir una y otra vez, sobre el mismo tema que había cubierto en mi primer libro, y me permitió en vez de eso dar el primer paso con el cual se iniciaba un viaje de mil kilómetros.

En los comienzos de mi vida profesional me alejé del dinero fácil que podría obtener escribiendo más libros sobre el mismo tema, y en lugar de eso me encerré a escribir mi primer libro sobre política, *After Reason*. Definitivamente éste fue el camino más difícil y mi libro fue rechazado por treinta y seis editoriales antes de conseguir por fin que lo publicaran, pero así inicié una aventura en el mundo de la política que continúa hasta la actualidad. De manera personal, hice el fuerte compromiso de seguir más de cerca mi voz interior, aunque no siempre me señalara los senderos más fáciles.

La meta de la vida no es ver qué podemos lograr de ella, sino lo que puede ella lograr de nosotros. Y siempre estaré agradecida con Peggy Lee por haberme recordado eso.

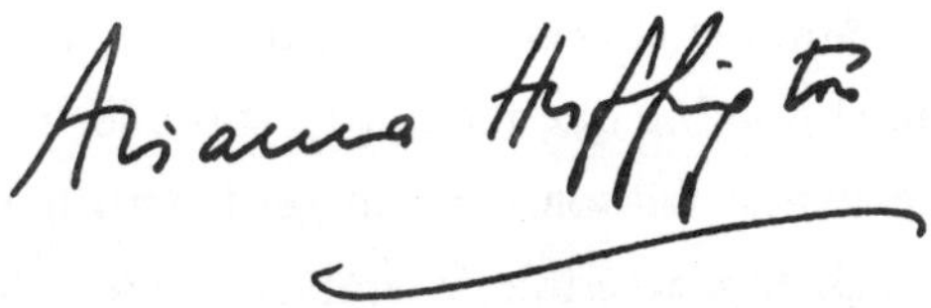

James Jeffords

Senador de Estados Unidos

Cuando yo era joven, mi padre era presidente de la Suprema Corte en Vermont. A mí me criaron básicamente con la idea de que las leyes eran imprescindibles para todo. Los seres humanos podían ser frágiles y emotivos, pero las leyes eran lógicas y claras y debían ponerse muy por encima de cualquier tontería que los humanos pudieran decidir como individuos.

En mi juventud, a través de mi padre conocí a muchos hombres de sentimientos nobles y llenos de valor. El primero de ellos fue un caballero –en el sentido más tradicional de la palabra– llamado Leonard Wing. Era socio de mi padre, pero también servía en la Guardia Nacional de Vermont. Cuando comenzó la Segunda Guerra Mundial, la guardia fue movilizada al Pacífico, y Wing fue nombrado general de división. Durante la guerra, le escribía a menudo a mi padre, y siempre incluía una pequeña nota para mí. A pesar de que sólo tenía siete años, estaba realmente impresionado con él y con su fuerza de carácter, y se convirtió en un héroe para mí. Cuando regresó de la guerra hubo una gran celebración, y los Boy Scouts éramos los principales responsables de la organización del desfile, y aunque yo sólo era Cub Scout, me permitieron llevar la bandera de Estados Unidos por mi relación especial con el general Wing. Cuando pasé frente al puesto de revisión cargando la bandera, él se inclinó hacia mí y me dijo: "¡Hola, Jimmy!" Ese simple saludo constituyó un momento de orgullo en mi vida, porque yo sabía que él era un verdadero héroe.

Aunque el general Wing dejó una fuerte huella de patriotismo y valor en mí, el hombre que me ilustró sobre lo que significa ser un patriota de verdad fue Ernest Gibson. Era un verdadero héroe de la Segunda Guerra Mundial sumamente accesible, y también fue senador de Estados Unidos y gobernador de Vermont en 1946. Como ferviente y crítico que era, una vez se burló de su oponente al calificarlo como un "estudio de naturaleza muerta". En 1950 renunció para ser juez de la Corte Federal del Distrito, y lo conocí cuando yo tenía doce años. Cada vez que mi padre iba al Tribunal a ver al juez Gibson, me llevaba con él y yo escuchaba a este juez de firmes convicciones explicar una diversidad de temas.

Asistí a la Escuela de Leyes de Harvard y justo después de graduarme me contrataron como ayudante de Gibson. Ese año en que trabajé con él, empecé a ver que había momentos en los que, incluso las personas a quienes las leyes les encantan pueden poner en tela de juicio la sabiduría de las reglas inscritas en los polvorientos libros de la biblioteca. Las leyes a menudo resultan poco prácticas y el juez Gibson era un hombre pragmático, de modo que con frecuencia disentía respecto a la ley. Creía que a veces la justicia no se adapta bien a todos los casos, por lo que en esas ocasiones es necesario tener en cuenta el sentido común, no sólo asumir un punto de vista legal rígido para lograr la verdadera justicia. Una vez, el juez Gibson estaba a punto de emitir una decisión sobre un extraño caso que tenía que ver con la actividad de esquiar. Para mi sorpresa, él pasó la ley total y descaradamente por alto. Defendió su decisión diciendo: "Nunca hay que permitir que la ley interfiera con la justicia; la justicia es lo que cuenta".

Esa frase, la justicia es lo que cuenta, se me quedó muy grabada. Como hijo de un juez, con varios años de educación legal a cuestas, y con la posibilidad de convertirme en fiscal general del Estado en breve, esa afirmación me cimbró. Era un hombre a quien yo respetaba muchísimo y me estaba diciendo que no siempre había que respetar la ley.

A medida que pensaba más acerca de eso, comprendía mejor que él tenía razón. Guardé esa observación en las profundidades de mi mente y desde entonces y en mi labor como senador de Estados Unidos la he aplicado en todas mis decisiones legislativas importantes. Aunque resulte extraño, esas palabras que dijo cuando ocurrió el caso del esquí se convirtieron en los fundamentos para basar la decisión que tomé en el año 2001, cuando cambié de partido político y de manera histórica hice que la balanza del poder del Senado estadounidense se inclinara del lado de los demócratas, y no de los republicanos.

En los principios de la administración del presidente George W. Bush, yo trabajé intensamente con el senador Harkin para organizar el paquete educativo de 450 mil millones de dólares e introducirlo como parte del primer presupuesto. Este dinero se destinaría a las escuelas públicas y en su mayor parte a niños con problemas de aprendizaje. En marzo de 2001, el presupuesto fue aprobado por el Senado y después pasó a lo que se llama Comité de Conferencias. Ahí los líderes de la Cámara y el Senado se juntan y con el insumo de la Casa Blanca concilian los gastos aprobados en cada Cámara del Congreso. Cuatro republicanos conservadores, incluyendo los senadores Trent Lott y Pete Domenici, representaban al Senado.

Cuando el presupuesto salió del Comité de Conferencias, los 450 mil millones de dólares destinados a gastos educativos se habían transformado en cero. Esos republicanos conservadores habían ignorado totalmente nuestra opinión de moderados, y yo estaba impactado. Nada de ese dinero pudo regresar al presupuesto, porque los votos sobre resoluciones del presupuesto posconferencia sólo son afirmativos o negativos. Era imposible que siete senadores desaprobaran todo el presupuesto de Estados Unidos con el simple objetivo de restaurar la cantidad asignada a la educación.

Esto ocurrió en el momento más inusitado de la historia del gobierno estadounidense. Por primera vez desde la década de 1950, los republicanos controlaban la Casa Blanca, la Cámara de Representantes y el Senado. El Senado en realidad estaba dividido al 50 por ciento, y el vicepresidente Dick Cheney tenía el voto decisivo. (El Senado estaba dividido equitativamente entre los partidos desde 1853.) El efecto neto impartió a los republicanos –y en particular al liderazgo conservador que formaba el Comité de Conferencias– control sobre la versión final de los presupuestos sin necesidad de debates. Los republicanos moderados, de los cuales yo era miembro, no sólo estaban siendo marginados, sino erradicados.

Actué como me dictó la conciencia, y ella me indicó que cuando uno sabe que algo es incorrecto, entonces debe hacer lo que es correcto o vivir con las consecuencias de lo ocurrido el resto de la vida. Las palabras de Ernest Gibson resonaban en mi cabeza esas semanas mientras decidía lo que haría. Si me cambiaba del Partido Republicano al Independiente, el Senado se inclinaría hacia la mayoría Demócrata, y ellos podrían equilibrar el poder de los Republicanos conservadores.

Esa trayectoria no sería nada fácil. Cuando tomé la decisión tuve que hacérsela saber a mis colaboradores. El senador John Warner me pidió que asistiera a una junta con diez republicanos moderados quienes me rogaron que cambiara de opinión. Esto fue algo muy emotivo para mí, porque todos habíamos trabajado juntos durante bastante tiempo. Chuck Grassley, uno de los mejores amigos desde nuestros días en la Cámara, rompió a llorar, y cuando me di cuenta, yo también comencé a llorar. Pero había decidido que tenía que cambiar de partido y si no lo hacía, me hubiese sentido miserable, porque no habría colaborado a que ocurriera lo más justo, y habría sido exclusivamente por mi culpa.

Philip Johnson

Arquitecto

Cuando escuché en un inicio acerca de este proyecto, mi primer pensamiento fue: "Tengo noventa y cinco años, y soy un hombre mayor. ¿Por qué querrán hablar conmigo? Mi trabajo ha terminado, gracias a Dios. Nada me preocupa". Y después pensé: "Eso es". Aunque resulte poco poético, las palabras que me han inspirado a lo largo de toda mi vida son muy sencillas: *Me tiene sin cuidado.*

Pienso que cuando uno es artista puede darse el lujo de actuar de ese modo. Es necesario confiar en uno mismo y en los propios instintos. La creatividad es un proceso intuitivo y es necesario aprender a confiar en esa intuición. Afortunadamente, a través de la arquitectura encontré un método para expresarme. Sin embargo, no me dediqué a eso desde un principio.

Cuando comencé a estudiar en Harvard, en 1924, deseaba dedicarme a un campo que consideraba muy intelectual: la filosofía. Por suerte tuve un profesor en Harvard que veía las cosas de manera distinta; se llamaba Alfred North Whitehead, y junto con Bertrand Russell, había escrito un libro obscenamente grueso llamado *Principia Mathematica (Principios matemáticos)*. Recuerdo que el profesor Whitehead me dijo:

—Tengo dos tipos de estudiantes, Philip: los estudiantes A y los estudiantes B.

Los estudiantes A son aquellos que entienden y son capaces de sintetizar las sutilezas y complejidades de la lógica filosófica. También hay estudiantes que son incapaces de ello, y ésos son los tipo B. Y recuerdo bien que el profesor Whitehead me dijo:

—Philip, tú eres un estudiante tipo B.

Le doy gracias a Dios por eso. Yo era un mal filósofo. Bueno, nada me preocupaba. Ciertamente deseaba destacar en lo que emprendía, pero en realidad no había mucho espacio para la expresión artística dentro de la filosofía. De modo que tuve la fortuna en esa época de reconocer que mi futuro se encontraba en otro sitio.

Cuando tenía trece años mi madre me llevó a Europa. Aún recuerdo con claridad haber visto el Partenón y haber estado a punto de llorar. Sentí escalofríos. Haciendo memoria de ese evento, me doy cuenta de que deseaba estudiar algo que me produjera escalofríos. Para mí, eso es la arquitectura. El desplazamiento de la filosofía a la arquitectura me resultó muy lógico, pues fue un tipo de fusión entre la mentalidad matemática y la artística, así que acabé por encontrar mi meta en la vida.

Para que alguien siga las palabras "Nada me preocupa" como filosofía, es necesario que confíe en sí mismo, y yo siempre he hecho eso. Cada quien llega al mundo con una perspectiva distinta de la vida y es necesario comprenderlo, y nutrir esa singularidad. Por ejemplo, me gusta pasar parte del año en una casa en Big Sur, la cual tiene una buena vista al océano y a las interminables colinas. Desde la terraza puedo ver entre la vegetación de poca altura, como a tres montículos de distancia, la figura de una cruz dorada. Cuando intento enseñársela a algunos de mis invitados no logran verla. ¿Y saben qué? No me preocupa.

No comento esto con el ánimo de molestar, sino más bien con el ánimo de reconocer que cada quien percibe el mundo de distinta manera. Y gracias a Dios por eso, de lo contrario el mundo sería un sitio muy aburrido.

Robert Johnson

Fundador de Black Entertainment Television (Televisión dirigida a las personas de color)

La idea de ir o no a la universidad no fue un problema para mí, porque nadie de mi familia había ido a la universidad. Tanto mi padre como mi madre eran obreros, y yo era el noveno de diez hijos. Eso significaba que mis padres no estaban en posición de pagar mis estudios.

Las calificaciones tampoco me preocupaban. Yo esperaba graduarme con honores; el problema era que simplemente no podía pagar la universidad, de modo que nunca consideré la posibilidad de asistir a ella. Yo creía que mi destino ya estaba escrito: seguiría los pasos de mi hermano y me inscribiría a la Fuerza Aérea. Deseaba convertirme en piloto de un avión de caza.

Vivíamos en Freeport, Illinois, una comunidad agrícola y de industria ligera, a una hora y media al noroeste de Chicago. De las treinta mil personas que allí vivían, cerca del 10 por ciento eran de raza negra. Sólo la tercera parte de los graduados de preparatoria (blancos, negros, hispanos, asiáticos o de cualquier raza) asistían a la universidad, lo cual significaba que había tan sólo tres o cuatro estudiantes de raza negra por año. Yo sabía perfectamente que no sería uno de esos tres o cuatro estudiantes negros. En mis planes no estaba ir a la universidad. Sin embargo, un día, se me vino una pregunta aparentemente inocente.

Estábamos en la clase de inglés avanzado de mi último año de preparatoria. La maestra estaba parada al frente del salón, recargada en su escritorio.

—¿Cuántos de ustedes irán a la universidad? –preguntó repetinamente.

Todos a mi alrededor levantaron la mano. En seguida me di cuenta de que todos tenían la mano alzada, todos, menos yo. Yo era el único negro del salón, de modo que en todas las filas había manos blancas elevadas muy alto, con la expectativa del brillante futuro que les aguardaba. Miré a mi alrededor y observé que todos me estaban mirando; me sentí totalmente avergonzado. Sería el único que no asistiría a la universidad; el único estudiante negro del salón.

Como no deseaba ser diferente, también levanté la mano.

No pensé demasiado en las posibles consecuencias. Me imaginé que el maestro estaba simplemente realizando una encuesta casual y se olvidaría de todo a la mañana siguiente. Pero un mes después, volvió a tocar el tema de la universidad. Dijo que como todos habíamos levantado la mano hacía algunas semanas, suponía que todos habíamos concertado una cita con un orientador profesional y habíamos comenzado a llenar nuestras solicitudes. A continuación pidió que levantaran la mano aquellas personas que habían iniciado ese proceso. De nuevo se alzaron sólo manos blancas.

En esta ocasión, por segunda vez y contra mi voluntad, alcé la mano. En ese momento me di cuenta de que el profesor no dejaría de molestarnos. Si no quería sentirme avergonzado cada dos o tres semanas tendría que, por lo menos, llevar a cabo lo necesario para solicitar el ingreso a alguna universidad. El hecho de que el profesor preguntara de nuevo quién iría a la universidad y nos preguntara acerca del proceso de solicitud, forzó a este miembro de la familia Johnson a considerar otra opción para su vida.

La única persona que me podía ayudar a elegir una universidad era un amigo llamado Preston Pearson, quien se graduó un año antes que yo. Preston, que más tarde jugó en la NFL para los Dallas Cowboys y los Pittsburg Steelers, no era el deportista estrella de la escuela. Sin embargo, había asistido a la Universidad de Illinois en Champaign-Urbana gracias a una beca de básquetbol. Fui a visitar a Preston y él me enseñó el campus.

Presenté mi solicitud en esa universidad y fue aceptada, pero no me sorprendió mucho, ya que tenía muy buenas calificaciones. Sabía que la parte más difícil sería pensar cómo pagaría para no perder esta oportunidad.

La colegiatura en la Universidad de Illinois era de 224 dólares por semestre para los estudiantes del estado, y para mí era mucho dinero. Pero además tendría que sumarle el costo de la habitación, los alimentos y los libros. Yo era sólo un adolescente, pero comencé a hacer números por mí mismo. Acudí a una institución (Nacional Defense Students Loan), la cual prestaba dinero a intereses bajos a cualquier persona que quisiera estudiar una licenciatura. También conseguí un trabajo para hacer la limpieza en un laboratorio de microbiología.

La parte más difícil para mí, en realidad fue saber cómo manejar el dinero. Cuando cambié mi primer cheque del préstamo, puse el dinero en una caja de pasta dental dentro mi armario. Un día olvidé que había dinero en esa caja y la tiré. Afortunadamente pude recuperarla antes de que se llevaran la basura. Esa tarde abrí mi primera cuenta bancaria.

Asistir a la universidad me cambió todo el panorama. No sólo me encantaba aprender y socializar, sino que la universidad me abrió los ojos a las oportunidades ilimitadas para las personas dispuestas a tomarlas. Durante mi primer año, la Fundación Ford y una institución estadounidense (U.S. State Department) iniciaron un programa con el fin de captar minorías para el servicio del exterior. Si uno completaba con éxito el programa del servicio del exterior, la Fundación Ford pagaba los estudios de posgrado. Terminé yendo a la Escuela Woodrow Wilson de la Universidad de Princeton a cursar una maestría en asuntos internacionales.

Recordando lo ocurrido, pienso que obtener los 224 dólares para financiar mi universidad fue la primera de muchas transacciones. La más reciente fue la venta del consorcio BET (la matriz de Black Entertainment Television) a Viacom por casi 3 mil millones de dólares. Y todo eso comenzó porque un maestro nos hizo una pregunta, y yo no la quise dejar escapar.

Quincy Jones

Músico

Si eres negro, te adaptas al racismo cuando tienes como dos años. Te salen antenas para eso desde que eres muy joven. Por eso tienes que aprender rápidamente cómo afrontarlo. Primero es necesario comprender de qué se trata y después buscar algún método para conservar la cordura.

Nací en Chicago durante la Depresión, en uno de los guetos negros más grandes de Estados Unidos. Allí no encontré mucho racismo en realidad: estábamos demasiado preocupados luchando contra las pandillas de otras calles. Pero cuando tenía diez años, mi padre me llevó, junto con mi hermano, a otro sitio. Tomamos un autobús para ir a Seattle, y de camino nos detuvimos en Idaho para comer algo.

Ni siquiera nos permitieron entrar al restaurante.

Había ido a lugares como Louisville y St. Louis de pequeño, pero nunca había estado expuesto a un trato tan severo.

Posteriormente, cuando me dediqué a la música, quedé expuesto al racismo todo el tiempo. Hice un *tour* con Lionel Hampton en la década de 1950, época en la cual no existían hoteles integrados, así que por lo regular nos quedábamos con las Brown Skin Girls, que eran bailarinas como las Cotton Club Girls. Estaban por todos lados, en Oklahoma, Texas, por todos lados. Siempre tenían una habitación para rentar por siete u ocho dólares, y además incluían alimentos.

Pero a veces no las encontrábamos y teníamos que buscar otro sitio para dormir. Recuerdo que una noche el cantante Jimmy Scott y yo tuvimos que dormir en una capilla funeraria, junto a los ataúdes.

Pero eso era algo bastante común en aquellos días. Las bandas de negros debían viajar en camiones con conductores blancos, para poder comer. Era la única manera de hacerlo en el sur: los conductores se bajaban, entraban al restaurante y pedían la comida. Una noche nos detuvimos en Texas a eso de la 1:30 de la madrugada, y todo el mundo tenía hambre, pero había muy pocas probabilidades de obtener alimentos a esa hora; y por ser tan tarde, no pudimos encontrar ningún restaurante donde *el conductor* pudiera solicitarlos.

El sol salió como a las 6:00 a.m. Cuando llegamos a la siguiente parada, un opulento pueblo de Texas, teníamos una *hambre del demonio.* El camión pasó frente a la iglesia más grande del pueblo, y del campanario, colgando de una cuerda, observamos una efigie de un mono negro. Para nosotros eso significaba: NO SE DETENGAN AQUÍ, así que continuamos nuestro camino.

Eso era lo que ocurría en ese entonces a quienes trabajaban en el negocio de la actuación y eran negros. En la década de 1950, Nat King Cole fue el primer afroamericano que vivió en Hancock Park, en Los Ángeles. Ya se había convertido en su propia industria (así de grande fue) y *aún* le quemaban cruces en su jardín. En Las Vegas, las personas como Lena Horne, Harry Belafonte y Sammy Davis Jr. actuaban en enormes auditorios y después tenían que comer en la cocina y dormir en otro sitio del pueblo. Era algo ridículo. Tengo que dar crédito a Frank Sinatra: él rompió con esa tradición casi sin ayuda. Cuando Count Basie y yo tocamos con él en el Sands en 1964, Frank contrató a diecisiete guardaespaldas para protegernos, convocó a una junta y dijo:

—Si alguna persona se atreve a mirar raro a los miembros de la banda, rómpanles las dos piernas.

Aproximadamente un año después, otro amigo mío, Henry Mancini, también me ayudó. Yo no era muy conocido, pero iba a aparecer como director en mi primera película de Hollywood, *The Mirage,* con Gregory Peck y Walter Matthau. El productor no sabía que yo era negro y cuando me vio no supo qué hacer. Recuperó la compostura y me dijo:

—Aguarda aquí un minuto, ahora regreso.

Afortunadamente llamó a Henry y él le dijo:

—¡Estamos en el siglo XX, hombre!

Este hombre estudió con Nadia Boulanger, quien en ese entonces era una maestra muy famosa. Henry dejó en claro al productor que albergar ese tipo de pensamientos estereotipados (agrupar a todos los negros dentro de la misma categoría) era completamente absurdo.

Nadie sabe cómo vencer esa clase de racismo, pero la mejor orientación que he recibido en términos de hacerle frente fue de unos ilustres músicos que tuve el placer de conocer cuando mi carrera recién había empezado. Count Basie, Nat Cole, Ben Webster y Clark Terry fueron como unos hermanos mayores para mí. Me aconsejaron que intentara desarrollar un centro espiritual y que no permitiera que los elementos externos definieran quién era yo. Cuando pensamos en ello con cuidado, vemos que las personas racistas son aquellas que no se sienten bien consigo mismas: intentan sentirse como gigantes, haciendo que todos los demás se sientan como enanos y prefieren tener a quien despreciar para poder sentirse bien consigo mismos.

Se siente muy mal saberse despreciado y saber que todas las personas que te están viendo desde una distancia de dos cuadras ya tienen de antemano una opinión de ti, te tienen clasificado con antelación. Así que es fundamental no permitir que nadie defina quién eres tú. *Tú mismo* eres quien debe autodefinirse; desarrollar tu propia fuerza interna para no reaccionar a la defensiva cuando esas fuerzas externas intenten minar tus bases. Nat Cole, Count Basie y los hermanos me enseñaron exactamente qué decir al entrar a un restaurante con muchísima hambre por llevar varias horas en la carretera.

Entrábamos y el propietario del restaurante nos decía:

—Lo siento, aquí no servimos a negros.

—Está bien, no importa –le contestábamos–. Nosotros no comemos "negros".

Andrea Jung

Directora ejecutiva de Avon

Yo crecí en una familia asiática tradicional, donde la creencia en la igualdad de oportunidades para la mujer era algo novedoso. Sin embargo, mi madre construyó un mundo para mí dentro de esa cultura, un universo sin límites.

Era un ser extraordinario y deseaba que yo también lo fuera. Nació en Shanghai y estudió en una escuela de misioneros en China. Como demostró verdaderas dotes para la ciencia y las matemáticas, unas personas a quienes conoció cuando estuvo en la escuela de misioneros hicieron arreglos para que fuera a un internado en Toronto. Terminados sus estudios, se quedó en Canadá para realizar estudios de posgrado y fue la única mujer de su salón que estudió ingeniería química, en la Universidad de Toronto. Mi padre también logró grandes cosas, incluso desde joven. Estudió arquitectura en el Massachusetts Institute of Technology; yo era adolescente y él ya tenía una buena clientela. Ambos esperaban que a mi hermano y a mí también nos fuera bien, y nos premiaban cuando obteníamos buenas notas. Recuerdo que en cuarto grado deseaba un estuche de sesenta y cuatro lápices de colores que venía en una caja de terciopelo y mis padres me lo compraron porque saqué siempre diez.

Cuando era pequeña ciertamente nunca soñé con llegar a ocupar un cargo ejecutivo de importancia, pero las palabras de mamá me mostraron que yo tenía el potencial para llegar a convertirme en lo que yo quisiera.

—Andrea –me decía–, las niñas pueden hacer exactamente lo mismo que los niños. Una mujer puede llegar a ocupar cualquier puesto en cualquier disciplina si trabaja con el suficiente ahínco.

Yo guardé esas palabras en mi corazón. Como lo que me importaba era que mis padres se sintieran orgullosos de mí, en realidad me daba igual si otras personas creían que podía lograr o no algo. Mis padres entendieron muy bien que tanto mi hermano como yo habíamos hecho nuestras sus palabras de aliento; sin embargo, también sabían que cuando saliéramos al mundo necesitaríamos fuerzas para perseverar a pesar de las dudas de los demás. En particular, mi madre sabía que sería muy difícil que una mujer rompiera esas barreras.

A medida que he ascendido por la escalera del éxito corporativo, he encontrado algunas dificultades (por ejemplo, que no me tomen en serio, por ser joven y por ser mujer), pero siempre me ha ayudado recordar la profunda confianza que mi madre tenía en sí misma, en mí y en las mujeres en general. Considero que fue una bendición contar con esa herencia familiar tan sólida. Mis padres me han enseñado hasta este día a no creer que las cosas se darán solas y a darme cuenta de que cada pequeña cosa que hago, la que sea, es importante. Sabía que mi llegada a este país era un regalo, y que sería necesario trabajar y nunca flojear: Mis padres me habían puesto un obstáculo muy alto para que yo lo saltara. Pero los que yo me he puesto son mucho más difíciles de salvar. Soy más exigente conmigo misma que con cualquier otra persona. Considero que al fijarme expectativas tan altas, aunque no las alcance, habré logrado más de lo que otras personas esperaban de mí.

Mi mejor amiga en la vida sigue siendo mi madre. Aunque ya tengo más de cuarenta años, me sigue impulsando. Es mi mayor fuente de inspiración, mi crítica más dura, y hablo con ella todos los días.

Ahora tengo una hija de doce años y le estoy transmitiendo los consejos que mi madre me dio. Creo verdaderamente que ella será capaz de hacer lo que desee y quiero que esté convencida de ello. Sin duda tendrá que trabajar con ahínco. Solamente hay seis directoras ejecutivas de sexo femenino en las compañías de Fortune 500.

Creo que los próximos diez años van a ser definitivos para las mujeres. Pronto el hecho de que una mujer sea directora de una corporación no resultará extraño; tan sólo será otra realidad. Espero que todos se den cuenta de que la satisfacción profesional y personal consiste en saber que no sólo importa lo que se gane por las propias acciones, sino también asegurarse de dar algo a los demás y ayudarlos a progresar. Por la tragedia del 11 de septiembre, pienso que la generación de mi hija va a ser más bondadosa, menos rígida y mucho más orientada hacia la comunidad. Y por las mujeres que como mi madre estuvieron dispuestas a romper todas las barreras, esta generación será reforzada tanto por el talento de los varones como por el de las mujeres, y unidos lograrán un mundo mejor.

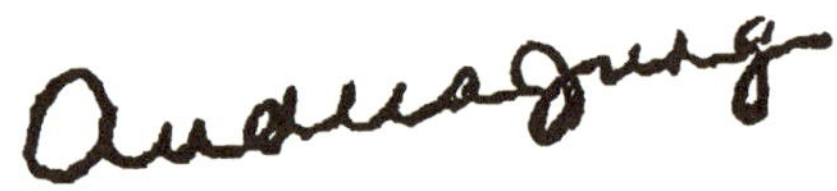

David E. Kelley

Guionista de televisión

A veces no hacen falta las palabras.

En la década de 1970, Bobby Orr era indiscutiblemente el mejor jugador de hockey del mundo. Era un hombre de voz dulce y de pocas palabras; de hecho, siempre dejó que sus acciones hablaran por él.

Como cualquier jovencito que vivía en Boston en esa época, yo deseaba ser como Bobby Orr. Tanto, que un verano, a los once años, me aventuré a ir a Orillia, Ontario, durante dos semanas para asistir a su campamento de hockey. Me decepcioné un poco aunque no me sorprendí del todo: Bobby casi no estuvo presente, pero sí logré conocerlo. Tuve la breve alegría de poder hablar con él, de patinar con él... de que me golpeara en los protectores de la pierna con su palo... de ser tocado por su bondad.

Esas dos semanas transcurrieron muy rápido, y cuando llegó la hora de irme, le prometí ir a saludarlo cuando jugara con los Bruins en Boston, y él me alentó con amabilidad. "Hazlo", me dijo, aunque estoy seguro de que también le dijo eso a muchos otros niños que lo miraban con ilusión.

Bueno, tres meses después conseguí mi boleto y me dirigí a ese juego de Bruins. Me aseguré de llegar temprano para poder conseguir un lugar entre el vestidor de los Bruins y la pista de hielo. Aguardé allí durante más de una hora, entre otros cientos de admiradores que estaban allí por el mismo motivo: ver de cerca al mejor jugador de hockey del mundo.

Finalmente, llegó la hora del juego, se abrieron las puertas de los vestidores y salieron los Bruins de Boston. De inmediato, todos se pusieron a gritar su nombre. Hice mi mayor esfuerzo para que mi voz se escuchara por encima de los demás, pero no lo logré. Miren, a la hora del juego, la concentración de

Bobby Orr era muy alta, y no prestaba atención a los fanáticos histéricos que se desgañitaban gritando su nombre. Lo único que le importaba era la próxima contienda, y Bobby Orr siguió de frente con la cabeza hacia abajo, dejando en claro que él y yo no intercambiaríamos palabras.

Sin embargo no se perdió nada, porque desde ese lugar tan cercano alcancé a ver algo más: la cara que Bobby Orr ponía antes del juego. Alcancé a ver su ética en el trabajo, su mirada, la intensidad, la concentración total... el valor mental que lo ayudaba a hacer cosas tan grandiosas. De un vistazo vi al competidor, al guerrero, y me quedé como hipnotizado, tanto, que dejé de gritar su nombre. Simplemente me quedé allí parado, mientras él pasaba hacia la pista.

Al principio ni siquiera me fijé en el balón de hockey que lanzó. Percibí la marea de manos que se alzaron para intentar atraparlo, pero el guante que contenía la mano de Bobby Orr se dirigió a una persona, hacia a mí. No sé cómo logró verme o escucharme dentro de ese tumulto de gente, en particular porque yo estaba parcialmente bloqueado y él iba con la cabeza hacia abajo, pero cuando pasó junto a mí me tomó de la mano y me la apretó antes de subir a la pista. Todo eso ocurrió en tan sólo un segundo. En ese apretón de manos me dijo: "Hola, te recuerdo." También me dijo: "Qué bueno que viniste". Pero lo que me resultó más revelador en ese momento... fue comprender quién era Bobby Orr y cómo actuaba. El mejor jugador de hockey del mundo me había tocado de nuevo con bondad. Con un suave apretón me enseñó que no siempre es importante lo que uno dice en la vida ni lo que hace, sino más bien... lo que uno "es".

Ese apretón de manos tuvo lugar hace más de treinta años, pero aún puedo sentirlo. Ahora tengo hijos pequeños y, como cualquier padre, tengo ilusiones para ellos; en particular, espero que cuando crezcan sean como Bobby Orr, ya sea que decidan o no jugar al hockey.

Billie Jean King

Tenista

Mis padres siempre concedieron mucha importancia al carácter, y no a la reputación; por lo tanto, he sabido diferenciarlos muy bien desde que era niña. La reputación es lo que las otras personas piensan acerca de ti; el carácter es algo mucho más importante, porque es lo que tú piensas de ti mismo.

Esto me quedó muy claro cuando comencé a practicar tenis. Muchas personas creen que soy extrovertida, pero en realidad siempre he sido increíblemente tímida. En la primaria tenía tanto miedo de pasar al frente a dar mis reportes de lo que había leído, que estuve en peligro de reprobar quinto año. Mi maestro, el señor Bamrick, habló con mis padres acerca de este problema y después me puso en un programa de presentaciones informales ante el salón, hasta que logré vencer mi temor al público.

Ese mismo año tomé mi primera lección de tenis y en el momento en que golpeé la pelota supe que el tenis sería mi destino. Aún recuerdo ese día con todo detalle. El cielo era de un azul brillante, los árboles de eucalipto arrojaban sombra a la cancha, y cuando mi madre me recogió en su DeSoto Fluid Drive verde, yo me subí de un salto al automóvil y le dije que ya sabía qué quería hacer en la vida. Comencé a ahorrar dinero de tareas que hacía en el vecindario para pagar las lecciones y el equipo, y cuando compré mi primera raqueta Wilson de color púrpura y blanco por 9.28 dólares le tomé tanto cariño, que dormía con ella en las noches.

Sin embargo, la experiencia más significativa se produjo cuando por fin salí en la primera página de la sección deportiva del periódico de mi ciudad natal, el *Long Beach Press Telegram*. Tenía catorce años y cada juego era importantísimo para mí, por eso me dolió tanto ver la primera página ese día y leer el artículo sobre cómo había perdido 6-0, 6-0. Ni siquiera había podido ganar un solo juego. Me sentí devastada.

Entonces mi padre me llamó y me dijo algo que nunca he olvidado. Me dijo que él no creía que leer los reportajes en la prensa era una buena idea, y me recomendó abstenerme de hacerlo. Me advirtió que encontraría distorsiones y exageraciones. El peligro, me dijo, no era tanto el hecho de leer o escuchar algo malo acerca de mí, sino que me creyera demasiado los artículos en que me alabaran o vanagloriaran. Él no deseaba que las adulaciones influyeran en mí. Después me dijo una cosa que realmente se me grabó: me dijo que leer acerca de los resultados de un partido era leer sobre el ayer. Como deportista, uno sólo es tan bueno como su desempeño el día de hoy. Es necesario vivir en el ahora para dar forma al futuro.

Vivir el momento fue algo que mi padre hizo toda su vida. Como entrenador de atletismo de la marina, tenía valor y determinación. Fue bombero durante más de treinta años y, aunque no le preocupaba lo peligroso de su empleo, en nuestro fuero interno albergábamos el temor de que algún día no regresara a casa. De él aprendí la importancia de valorar cada momento; de llevar a cabo las cosas lo mejor posible y continuar haciéndolo sin importar las dificultades. Para vencer los retos es necesario tener un concepto muy claro de uno mismo, y si uno está escuchando todo lo que las personas opinan, no puede adquirirlo. Por eso no acostumbro leer los reportajes en la prensa que hablan sobre mí.

Pero hace cinco años, finalmente vi un reportaje que me hicieron en la televisión. Era la cinta de un partido llamado la "Batalla de los sexos" contra Bobby Riggs en 1973. Necesitaba revisar esa cinta, para así poder responder a quienes me entrevistaran. Lo que me llamó la atención mientras la miraba fueron los comentarios de Howard Cosell cuando me llevaron a la pista en esa litera egipcia. Dijo que si me quitara los lentes y me dejara crecer el pelo, podría ser una estrella. ¿Pueden creerlo? Ya había obtenido varios premios en mi carrera, gracias a Dios, y fui la primera deportista de sexo femenino que ganó más de 100,000 dólares, y él no habló sobre mí como deportista, sólo hizo comentarios sobre mi apariencia. ¿Saben lo molesta que estaba?

El partido fue bueno y entretenido y yo comprendí el valor de eso; pero también sabía que el partido sería motivante para las mujeres que hacían deporte y todo un instrumento para el cambio social. Por eso jugué contra Bobby. La gente creía que una mujer se asfixiaba más que un hombre, y que las mujeres no podían caminar y masticar un chicle al mismo tiempo. No había ni una sola mujer reportera cubriendo el partido.

Pero al otro día que gané, me fui a Filadelfia a promover la franquicia mundial de tenis Philadelphia Freedoms y vi con mis propios ojos lo que ese partido significó. Un grupo de mujeres que trabajaban en el *Philadelphia Bulletin* se me acercó y comentó que en los últimos diez años habían tenido temor de pedir un aumento de sueldo a su jefe, pero que después de haber visto el partido, se habían decidido a hacerlo. Y lo habían conseguido.

Por eso ahora entiendo que la importancia de escuchar las críticas más importantes de lo que yo hago, las escucharé de primera mano. No tuve que leer los reportes de la prensa para comprender cuánto ayudó a las mujeres el hecho de que yo hubiese jugado contra Bobby Riggs. No necesité que Howard Cosell me lo dijera. Me bastó mirar a mi alrededor y observar que mi victoria había contribuido a modificar la vida de otras mujeres.

Ted Koppel

Reportero de televisión

Cuando estás en una zona de combate y el motor de tu jeep comienza a fallar, la persona que puede arreglarlo es para ti la más inteligente del mundo. Si los recursos básicos escasean, poco importa lo que hayas aprendido en la escuela si no sabes cómo conseguir agua y alimentos. En Estados Unidos consideramos que la educación es sumamente importante ("obtén buenas calificaciones en preparatoria y después haz una carrera universitaria"), pero también son importantes otras clases de conocimiento, cada uno por distinto motivo.

Will Rogers una vez dijo: "Todo el mundo es ignorante, sólo que sobre diferentes temas". Ese concepto y su contraparte natural, el hecho de que todos seamos expertos en algo, ha constituido una herramienta muy valiosa para mí. Todos tenemos algo que aprender y también tenemos experiencia en algo, y si reconocemos eso, no sólo afectará la manera en que recibimos la información, sino también la manera en que la difundimos.

Uno de los mejores ejemplos de esta filosofía en el trabajo es el *Wide World of Sports* de ABC. En 1961, ABC era la cuarta cadena de televisión más importante. Teníamos pocos o ningún contrato de deportes, y luchábamos para permanecer a flote en ese campo. Para adquirir prestigio, Roone Arledge, entonces presidente de ABC Sports, decidió dar un enfoque totalmente distinto al programa. El *Wide World of Sports* se transformaría en un programa en el que se hablaría de "todo lo demás".

Arledge sabía que se llevaban a cabo eventos deportivos en todo el mundo –ciclismo, atletismo, futbol, levantamiento de pesas– docenas de deportes sobre los cuales los estadounidenses no sabían nada. También reconoció la relación entre los conocimientos y el interés. Era poco probable que las personas miraran un programa sobre algún deporte que desconocían porque no les importaría. Así que creó "Up Close and Personal" ("De cerca y de manera personal"), un segmento de dos a tres minutos dedicado a un determinado deportista y en el que se relataba su historia. Presentaba a los espectadores el tema valiéndose de una anécdota personal, para despertar su interés en el segmento deportivo que después se incluía.

Utilizamos un formato similar en la cobertura de los 444 días que los estadounidenses fueron mantenidos como rehenes en Irán, la cual abarcó desde noviembre de 1979 hasta enero de 1981. Inicialmente en el programa que se llamó *America Held Hostage (Estados Unidos como rehén),* comenzamos los programas dando a los televidentes una combinación de actualización de noticias y antecedentes sobre Irán y sobre las personas que tenían prisioneros estadounidenses. Tanto el proceso como el programa evolucionaron, y el 24 de marzo de 1980 se transformó en *Nightline.*

Por regla general, suponíamos que la gente desconocía el tema que les estábamos presentando. Consideramos que para que el programa tuviera éxito, sería necesario aportar información de manera comprensible y accesible para todo el público, desde novatos hasta expertos, sin que resultara incómodo para nadie.

Decidimos que cada programa iniciaría con un fragmento que explicara el contenido, de cuatro a seis minutos, seguido por una serie de invitados. El breve resumen en principio instruiría a los televidentes novatos y actualizaría a los expertos, de modo que cualquier persona que estuviese viendo *Nightline* podría enterarse con rapidez del tema de esa noche y después disfrutar el comentario experto que se incluiría. La suposición de que nuestro público desconocería el tema nos permitió presentar información de forma inclusiva y universal.

Éste es un método eficaz para relatar una historia y ha tenido bastante impacto. Les compartiré uno de mis ejemplos favoritos: en 1995 tuve la oportunidad de conocer y entrevistar a Morrie Schwartz, la persona que posteriormente sería inmortalizada en el *best seller: Tuesdays with Morrie (Los martes con Morrie).*

Morrie era un profesor de sociología jubilado de la Universidad Brandeis, y víctima de la ALS o enfermedad de Lou Gehrig. A diferencia de muchos de nuestros invitados en *Nightline*, Morrie no tenía fama, ni buena ni mala. Sin embargo, estuvo de acuerdo en salir en *Nightline* para hablar sobre un tema de interés universal: la muerte y el hecho de morir.

Comencé el primero de los tres programas formulando una simple pregunta: "¿Quién es Morrie Schwartz, y por qué cuando termine el programa muchos de ustedes se van a interesar en él?" Di una breve introducción y después incluí la entrevista con Morrie. Hablaba con mucha pasión, con calidez y con mucho candor. Por ser un profesor consumado, tenía intensas lecciones de la vida para compartir y nos relató de primera mano lo que se siente afrontar la propia muerte. Fue algo muy conmovedor, y al final de los tres programas, la gente se interesó en Morris Schwartz. También habían adquirido más conocimientos y probablemente se interesaban más en la ALS (esclerosis lateral amiotrófica). Hemos recibido más solicitudes de copias de "Lecciones acerca de la vida", el título de esa serie, que de cualquier otra transmisión en *Nightline*.

En el año 2000, *Nightline* celebró su aniversario número veinte. Varios miles de programas después, aún recuerdo las palabras de Will Rogers y creo que pensar en ellas provoca un sentimiento de humildad: "Todos ignoramos algo". Pero el hecho de haber reconocido eso nos permite algo más que poder suministrar información de tipo general; también nos permite abrir la puerta para recibir información. Si somos capaces de reconocer nuestra propia ignorancia, podemos reconocer la experiencia de alguien más. Aprendemos cómo escuchar a los demás.

Y esto constituye el fundamento de la comprensión humana.

Ralph Lauren

Diseñador

De niño crecí en el Bronx y mis héroes eran tipos como Mickey Mantle y Joe DiMaggio, pero la persona que más me inspiró a lo largo de mi vida fue Frank Sinatra. Lo que me impresionó no fue su cara ni su porte, ni siquiera la ropa que usaba, sino su música y su fuerza interior. Sinatra era un tipo que lo tenía todo, luego al parecer lo perdió, y después, con integridad, resolución y dedicación logró recuperarlo de nuevo.

El Frank Sinatra que recuerdo no era nada popular en mi juventud. Era un tipo que alguna vez había sido adorado por sus fanáticos y ahora, de repente, era tan sólo una noticia del pasado. Sus canciones ya no se tocaban en la radio. Leí que había perdido la voz y tenía problemas emocionales en su matrimonio con Ava Gardner. Nunca supe exactamente qué le había ocurrido, pero parecía que a nadie le interesaba ya. Esta gran estrella de pronto se había vuelto un cero a la izquierda y ahora ni siquiera podía conseguir trabajo.

De niño me encantaban las canciones de Sinatra y las escuchaba mientras otros chicos de mi edad preferían el rock and roll. Cuando él interpretaba una canción romántica me llenaba de confianza, y cuando lo escuchaba cantando alguna de sus melancólicas baladas me sentía triste, como si acabara de romper con mi novia. Cuando Frank Sinatra cantaba el público realmente se conmovía y se volvía parte de sus vidas.

Lo maravilloso del regreso de Frank Sinatra fue que nunca se dio por vencido. En vez de intentar ser como alguien más, conservó su estilo; nunca perdió fe en su propio estilo, y siempre fue fiel a sí mismo. Así lo dicen las palabras de su canción más famosa, "My Way": "Hice lo que tenía qué hacer y lo hice hasta sus últimas consecuencias, sin excepción". Así vivió su vida Frank Sinatra, y en los comienzos de mi carrera profesional su autenticidad fue una fuente de gran inspiración para mí.

Aún recuerdo un día en 1967 en que llevé unas muestras de mi primera colección de corbatas para hombres a Bloomingdale's. Ese día llevaba puesta una chaqueta de bombero y unos jeans, y estaba muy emocionado de mostrar estas anchas corbatas al comprador de la tienda.

El comprador se tomó algún tiempo para examinarlas, y después me dijo:

—Ralph, son bonitas, pero nos gustaría que las hicieras algo más angostas y les quitaras tu nombre para que pudiéramos venderlas con la marca Bloomingdale's.

Yo sabía que las corbatas angostas estaban "de moda" en ese entonces, pero no me interesaba hacer lo mismo que los demás diseñadores; realmente creía que mis diseños eran buenos, y aunque me moría porque vendieran mis corbatas en Bloomingdale's –pues sabía lo importante que sería para mi carrera profesional– le di las gracias, cerré mis maletas y me fui. Yo creía en mí mismo y estaba convencido de que estaba haciendo lo correcto y por eso no cedí en ese momento.

Seis meses después el mismo comprador me llamó diciendo que a Bloomingdale's le gustaría vender mis corbatas anchas con mi propia marca.

Siempre he intentado ser fiel a mí mismo y seguir mi propio camino en este negocio. Igual que Sinatra, no cambio con cada nueva tendencia. El cambio forma parte esencial del negocio de las modas, y aunque siempre hay nuevos diseñadores y presiones para crear algún nuevo *look*, eso no es importante para mí. La congruencia e integridad de mis productos son mucho más importantes para mí que "seguir a la manada".

El éxito no se basa en "¡Miren lo que puedo hacer!", sino más bien conocerse a uno mismo y saber que uno tiene algo que decir a su propia manera. Y creo que todos tenemos que luchar por conservar nuestros propios estilos y gustos en un mundo que quisiera que nos sometiéramos a sus reglas.

Ang Lee

Director de cine

Las palabras que más me impresionaron no las escuché de boca de nadie, son el título de un libro: *Sense and Sensibility (Sentido y sensibilidad)*.

Me di cuenta de estas palabras por primera vez cuando una productora, Lindsay Doran, que estaba haciendo una película sobre ese libro, me lo prestó. Me dijo que el guión había sido escrito por Emma Thompson y que creía que yo sería la persona indicada para dirigirlo.

Hasta ese momento nunca había hecho películas en inglés. Acababa de realizar tres películas en chino: dramas familiares –porque fundamentalmente soy una persona familiar– sobre las tensiones que surgen entre el mundo de las obligaciones sociales y el mundo de la libertad personal. Fue el mundo en el que crecí: una sociedad donde siempre hay una lucha entre las rígidas tradiciones clásicas chinas y las ideas sociales liberales (en particular, con respecto a las mujeres) introducidas al país cuando los comunistas invadieron China. Este gran choque de tradiciones puede ocasionar problemas; y en la actualidad provoca problemas aún mayores, porque China se está abriendo a Occidente y está cambiando aún más.

Así que yo cavilaba sobre la manera de preservar la propia cultura durante ese choque de tradiciones. Esto no constituye la vida en sí propiamente, sino una subcorriente dentro de la vida. Es lo que forma la textura de la vida en mi país y también en las personas de otros sitios. Fue entonces que hice películas acerca de este choque cultural y algo de este concepto siempre estuvo presente en todos los trabajos que realicé. Pero lo extraño fue que en ese momento me era imposible decir con exactitud de qué se trataba mi trabajo.

Quizá estaba demasiado involucrado en él, pero me era imposible explicar, incluso a mí mismo, un tema que ahora me parece tan evidente y claro.

Pero de pronto, con sólo leer el título *Sense and Sensility* me di cuenta de qué era lo que había estado haciendo. Estaba investigando la diferencia entre la forma en que actuamos de acuerdo con lo que la sociedad espera de nosotros y la forma en que actuamos porque así lo deseamos. Me di cuenta de que mi trabajo describía una lucha entre los deseos personales y las obligaciones culturales. Eso fue muy esclarecedor para mí: pues me aclaró la esencia de mi lucha.

Las palabras de esa dama inglesa me permitieron comprender otra cosa importante: me demostraron que en cierta forma "el sentido común" y la "sensibilidad" constituyen dos enfoques distintos respecto al mundo. Para un director asiático como yo, lo más notable fue que esas palabras expresan una dualidad. Creo que la mayoría de las personas saben que el ying y el yang forman parte muy importante de la vida en Oriente. Las palabras de Jane Austen me revelaron que en el mundo occidental también se percibe esa dualidad. Y eso me indica (ya sea en Oriente o en Occidente) que la dualidad es fundamental en la vida, constituye la fuente de nuestras luchas. Es algo que está arraigado muy profundamente en nuestra naturaleza. Esto me aclaró muchísimas cosas.

Al principio pensé que la palabra "sentido" significaba racionalidad y la palabra "sensibilidad" significaba emoción. Son conceptos muy distintos. Sin embargo, mientras estaba dirigiendo la película *Sense and Sensibility,* comprendí que esas palabras describen algo mucho más amplio. De hecho, constituyen ideas muy distintas, pero no son ideas opuestas. Se relacionan profundamente una con otra; y en consecuencia son bastante complejas. La palabra "sensibilidad" se deriva en realidad de la palabra "sentido"; y en el libro la sensibilidad se ilustra como algo más que emociones. De hecho, el libro habla acerca del descubrimiento sensible de la sensibilidad.

Jane Austen lo expresó muy bien. Sus palabras tienen un significado muy fuerte, aunque han transcurrido varios siglos desde que fueron escritas. Muchas cosas cambian, pero muchas otras no lo hacen. Es algo muy natural para un chino en este siglo, como yo, tener que confrontar choques culturales todo el tiempo y, por lo tanto, me conmueven mucho las palabras que esta autora escribió hace tantos años.

John Leguizamo

Actor y comediante

En la preparatoria yo era un *matado*. No hacía otra cosa más que estudiar. En un principio, mi padre nos inscribió a mi hermano y a mí en una escuela católica, pero cuando tenía trece años se fue de la casa y ya no nos alcanzó el dinero para seguir en esa escuela. Entonces mi mamá decidió mandarnos a una escuela pública. Me moría de ganas por entrar.

Sin embargo, una vez allí, supe que no tenía mucho en común con esos niños, particularmente por la manera en que iba vestido. Cuando eres pobre y vas a una escuela para pobres, te preocupa mucho cómo te ves, cuánto dinero gastas en ropa y todo eso. Estaba en problemas: mis pantalones me quedaban muy cortos, y ¿mis zapatos?, ni qué decir. Calzaba tenis corrientes, ya saben, del tipo que la madre de uno encuentra en esos enormes contenedores de metal.

—Oye, John, ¡aquí hay uno que me gusta! Busca el compañero.

—Ya lo encontré, ma, pero es más grande.

—No te preocupes, podemos cortarle la punta.

Ya estaba yo con el pantalón de brincacharcos, unos tenis demasiado apretados, ropa interior sin huecos para las piernas. Era el Quasimodo de Jackson Heights. De repente caí en la cuenta de algo: ninguna chica se fijaría en mí. Así que tenía una misión: transformarme en alguien elegante.

Cambié totalmente: me juntaba con gánsteres; no asistía a clases; fumaba mariguana; comencé a acostarme con las chicas desde los trece años, hice de todo. En el momento en que pasé a la preparatoria, todo el tiempo estaba en problemas.

En ese entonces iba a un sitio llamado The Murray Bergtraum High School for Business Careers (Preparatoria Murray Bergtraum para Carreras Comerciales) en el centro de Manhattan. Era una escuela vocacional y ahí llegaban niños de todos los guetos. En un principio, la escuela no quería aceptarme porque en secundaria había salido muy mal, pero mamá les escribió toneladas de cartas hasta que finalmente me aceptaron. Mi hermano había asistido a Bergtraum y había sacado calificaciones increíbles, de modo que supusieron que a mí también me serviría de algo.

Craso error. Seguí portándome igual de mal que en la secundaria; cerraba la puerta del salón con llave para que los profesores no pudieran entrar; organizaba manifestaciones estudiantiles masivas a mediodía; manipulaba los bebederos para que inundaran el corredor. Y seguí portándome todavía peor cuando terminé la preparatoria. Una vez, una amiga y yo entramos al compartimiento vacío del conductor de un tren subterráneo e hicimos una rutina de comedias sobre sexo encima del tablero. Creímos que era muy divertido. La policía no lo pensó así.

Lo que más me gustaba era contar chistes en la escuela. Me gustaba que los niños se rieran todo el tiempo; incluso los maestros se reían en ocasiones y eso era la mejor parte. Como yo en realidad no encajaba en ningún grupo –demasiado alivianado para juntarme con los *matados*, pero no lo suficiente para juntarme con los verdaderamente alivianados– pensé que el único camino para mí era ser gracioso. Disfrutaba haciendo reír a la gente.

De cualquier modo, un día durante mi primer año de preparatoria, yo estaba caminando por el pasillo y haciendo los chistes de costumbre, cuando el señor Zufa, profesor de matemáticas, me llamó un momento. Los profesores me llamaban todo el tiempo, así que no le di mucha importancia. El señor Zufa me miró y comenzó a hablar.

—Oye –me dijo–, en vez de estar molestando todo el tiempo (en vez de desperdiciar toda esa energía en el salón), ¿por qué no canalizas tu hostilidad y tu humor hacia algo productivo? ¿Has pensado alguna vez en la posibilidad de dedicarte a ser comediante?

No le hice ningún comentario desfachatado al señor Zufa como acostumbraba hacerlo. Me quedé en silencio y probablemente dije algo como:

—Sí, tal vez tenga razón –pero el resto del día no pude dejar de escuchar sus palabras dentro de mi cabeza.

No es que el señor Zufa me hubiese dicho algo que no supiera ya. Quiero decir, todos los demás chicos de la escuela habían comenzado a hacer planes acerca del futuro, y yo me daba cuenta de que no tenía ninguno. Trabajaba en el Kentucky Fried Chicken y tenía pesadillas pensando que quizá ése fuese mi destino final. Ya saben, me imaginaba que tenía 102 años y aún seguiría diciendo:

—¿Lo desea crujiente? ¿Desea un poco de salsa de barbacoa?

Comencé a torturarme con pensamientos, como: "Guau, voy a ser un fracasado toda mi vida". Y en realidad, no quería ser un fracasado; quería llegar a ser alguien.

Pero ese momento en que el señor Zufa me detuvo fue un parteaguas en mi vida. Todas las cosas convergieron, ¿me entienden? Los planetas se alinearon.

El gran cambio se produjo de la noche a la mañana. Sabía que tendría que asistir a una escuela de actuación, pero tardé casi un mes en pensar cómo hacerlo. No sabía nada acerca de clases de drama ni conocía a nadie con quien hablar. Finalmente decidí hojear la Sección Amarilla. Busqué debajo de la palabra TEATRO y encontré el nombre, "Sylvia Leigh's Showcase Theatre" ("Escuela de Teatro de Silvia Leigh"). Marqué ese teléfono por la palabra *showcase*, que me pareció algo llamativa.

Así que asistí a una clase de Sylvia y resultó ser bastante extraña. Ella creía que era Vivien Leigh, o algo así. Quizá pensaba que era Blanche DuBois. De todas formas, durante los dos años siguientes todos trabajamos en nuestros montajes, hicimos representaciones e invitamos a un público de verdad para que las vieran.

Fuera de clase hice mucho teatro para niños y me encantó: era de lo más divertido. Acostumbrábamos ir al Harlem hispano (y al Harlem normal) a representar cosas locas y graciosas para los niños. Argumentos de los Tres Chiflados, imitaciones de Jerry Lewis. Nos alocábamos y los niños lo disfrutaban mucho.

Acabé por ir a la Universidad de Nueva York, en donde actué en películas estudiantiles. Una de ellas ganó el premio Spielberg Focus Award, y de pronto mi vida cambió. Conseguí un agente y terminé como villano invitado en *Miami Vice*. Así se inició mi carrera profesional.

Me he encontrado al señor Zufa muchísimas veces desde la preparatoria y siempre le digo que su consejo hizo que mi vida cambiara. Y no sólo le digo eso. Sé que él supo ver, detrás de todas las tonterías que hice en clase, una cualidad en mí, algo que valía la pena llevar a cabo. ¿No es eso algo bastante "alivianado"?

Jay Leno

Conductor de programas de televisión

Las palabras que mayor impacto me causaron no fueron dichas por ninguna persona. Fueron unas palabras del primer libro que leí, ***Mike Mulligan and His Steam Shovel.*** Yo tenía cinco o seis años en ese entonces, y las palabras de ese libro me dejaron algo muy en claro: me permitieron entenderme a mí mismo.

De niño lo que más me gustaba hacer era ir al supermercado. Siempre me escapaba y me iba lejos. Después algún gerente me encontraba y me preguntaba si estaba perdido, y yo le contestaba:

—No puedo encontrar a mi madre.

Entonces se dirigía al altavoz y se ponía a decir:

—SEÑORA LENO... SEÑORA LENO... –su voz retumbaba en el aire–, SEÑORA LENO...

Mi madre se sentía muy avergonzada. Oír su nombre en el altavoz era lo que la apenaba más. ¡Oír cómo anunciaban su nombre en público! Nada le resultaba más humillante que el hecho de ser señalada entre la multitud, y oír su nombre resonando por todo el supermercado. Ella es de Escocia, y para una escocesa no hay nada más embarazoso que llamar la atención de los demás. Por eso mi programa se llama ***The Tonight Show with Jay Leno,*** no ***estelarizado*** por Jay Leno.

Por supuesto, para mí eso era lo máximo, y hacía que ella corriera detrás de mí en los pasillos como un pequeño tanque.

En realidad no quería portarme mal pero no podía evitarlo. Seguí haciendo cosas así, aunque nunca pude entender por qué. Cuando eres pequeño quieres obedecer a tu mamá. Pero yo era un niño muy feliz y extrovertido, y supongo que también era algo latoso, porque siempre estaba tratando de ser gracioso. Me gustaba que todos me mirarán, en particular mis parientes. Los parientes te alientan y celebran que seas gracioso todo el tiempo. Sin embargo, parece que a mi madre nunca le agradó. Siempre me decía:

—¡No hagas eso ahora! ¡Estate quieto!

Y entonces leí ese libro. Un niño normal simplemente se sentaría en el sofá a leerlo, pero yo no lo hice así. Hice toda una ceremonia al respecto. Lo leí en el sótano de uno de los vecinos. Sé que les pareceré anticuado, pero teníamos un vecino con una chimenea de carbón. El camión del carbón venía todas las semanas y lo vaciaba por la tolva hasta que quedaba una gran pila de estos pedacitos negros en el sótano. Había algo de romántico en eso. Era una cosa obsoleta. Como a todos los niños, supongo, a mí me encantaba eso, pues me hacía pensar en los tiempos de la Colonia, en David Crockett.

Así que tomé mi libro y me senté sobre una pila de carbón y leí estas palabras que me explicaron tantas cosas. El libro se trata de una pequeña pala de vapor en la ciudad de Nueva York. No sé si lo recuerden, pero cuando yo era pequeño los contratistas construían una cerca de madera en torno al sitio donde construirían un rascacielos. Había muchos huecos en la cerca y si uno deseaba saber qué estaba ocurriendo ahí adentro, simplemente bastaba con encontrar un hueco y mirar al interior.

En el libro, todas las personas están observando a Mike Mulligan y a Mary Ann, que es la pala de vapor. Cuantas más personas los observan, Mike y Mary Ann excavan más rápido; y aun mejor. Yo pensaba que así era yo, porque cuantas más personas me ven hacer algo, mejor lo hago.

Por ejemplo, yo no era muy buen estudiante. Si hacía algo cuando estaba solo, no me salía muy bien. Pero cuando había otras personas mirándome o yo tenía interés en que se dieran cuenta de mi trabajo, lograba hacerlo muchísimo mejor. Después de haber leído ese libro para niños, entendí por qué me portaba así, lo entendí con cierta lógica infantil, ¿saben? Uno no procesa las cosas conscientemente, pero sí le llegan *muy adentro.*

No me había acordado de *Mike Mulligan and His Steam Shovel* en mucho tiempo, pero en cierta ocasión asistí a una feria de libros y vi una antigua edición y pensé: "Voy a leerla de nuevo". Aun cuando habían pasado tantos años, comprendí de nuevo por qué las palabras de ese libro ejercieron tal efecto en mí. Y me parece muy sorprendente ahora haberme entendido a mí mismo y cuál era mi lugar en el mundo mientras estaba sentado sobre un montón de carbón en el sótano del vecino, leyendo acerca de Mike Mulligan. Evidentemente en ese entonces yo no sabía que lograría tener un programa nocturno de televisión visto por muchos millones de personas en todo el mundo. Sin embargo, sabía que igual que Mike Mulligan y Mary Ann, siempre me salían mejor las cosas cuando la gente me estaba mirando.

Maya Lin

Artista y arquitecta

Me educaron para entender que explorar, observar y percibir es algo crucial para poder llevar una vida artística e intelectual completa. Mi padre y mi madre fueron mis mentores, no tanto por lo que me dijeron, sino por la manera en que vivieron sus vidas y cómo afrontaron el mundo. Vivíamos en Ohio y mis padres enseñaban en una universidad de un pueblo pequeño, la Universidad de Ohio. Mi madre era profesora de literatura y mi padre era decano de la Escuela de Artes. Sus talentos representaban el lado izquierdo y el lado derecho del cerebro: lo académico y lo artístico.

Éramos los únicos chino-estadounidenses de la comunidad, y por ese motivo estuve muy aislada durante mi niñez. Mis padres y mi hermano ejercieron una profunda influencia en mi educación y en mi vida. Creo que la imagen que influyó más en mí como artista es el recuerdo de mi padre en su estudio de cerámica. Todos los días después de clases, mi hermano y yo acudíamos a observar cómo creaba su material de cerámica. Tenía una destreza increíble. Era capaz de hacer una vasija del largo de su brazo y después, en el momento perfecto, tocar el borde de cierta manera para que todo eso se abriera formando un platón o para darle cualquier otra forma. La espontaneidad de ese proceso creativo ha influido muchísimo en mi trabajo.

La única presión que mis padres ejercieron sobre mi hermano y sobre mí fue para orientarnos a encontrar algo en la vida que nos hiciera felices, con el concepto inherente de que debíamos aprovechar nuestro intelecto. Nunca discutimos sobre *cómo* encontrarlo. Mi hermano y yo llegamos a ello por intuición. Sin embargo, mis padres nos dieron algunas herramientas que nos ayudaron a elegir la trayectoria que seguiríamos: aprendimos de ellos que nunca se debe suponer nada, que es necesario hacer preguntas, y que es necesario mantener una actitud abierta ante lo que estamos observando. Aprendimos a tener un ojo crítico.

Todavía no me graduaba en la universidad cuando mi diseño para el Monumento a la Guerra de Vietnam en Washington fue premiado en un concurso nacional y lo construyeron. Después de completar ese proyecto, regresé a Yale a continuar mis estudios de arquitectura.

La arquitectura, como disciplina, requiere de un proceso que ningún tipo de arte necesita. Es preciso realizar un proceso creativo (el cual siempre es misterioso), y combinarlo con una explicación razonable de la trayectoria que se sigue. Encontré que este procedimiento era algo problemático. A un pintor nunca se le pide que le haga una disección a su trabajo, que relate cómo tomó cada decisión, que justifique cada punto de su composición. La inspiración y el resultado final es suficiente. Si se analizara una pintura al grado como se escudriña la arquitectura durante una presentación, si se le sometiera a una crítica formal, el arte desaparecería.

Mis profesores no entendían por qué yo procesaba las cosas de manera tan "irracional". En determinado momento, una de mis maestras me dijo:

—No sé cómo responder a esto. Me resulta demasiado intuitivo—. Creyó que yo me revelaba a propósito. Recuerdo que un día me visitó en mi estudio y me pidió que me sentara.

—Mira, Maya –me dijo–, es imposible ser ambas cosas. Tienes que decidirte por una. ¿Vas a ser arquitecta o deseas ser artista?

Yo no tenía ni la más remota idea de cómo tomar esa decisión.

Poco después, uno de mis profesores favoritos se me acercó.

—Maya –me dijo–, hay una palabra que usas para hablar acerca de tu arquitectura y no creo que sea la adecuada.

La palabra era "jugar". Mi profesor creía que la arquitectura era algo demasiado serio como para compararla con un juego. Eso realmente me molestó.

Los profesores no trataban de lastimarme al decir eso; irónicamente, trataban de ayudarme. Pensaban que yo tenía uno de los inicios más increíbles para un arquitecto, pero creían que lo estaba arruinando. Comencé a pensar por qué me habían perturbado tanto las palabras de mi profesor y me di cuenta de que la palabra "jugar" era algo fundamental para mi trabajo.

Luché durante mucho tiempo para intentar comprender mi relación con el arte y la arquitectura. En el arte se hace más énfasis en la búsqueda y la intensidad personal. La arquitectura, por otra parte, se aplica dentro de un mundo funcional; trata de resolver problemas. Aprendí a equilibrar ambas disciplinas apenas hace unos diez años. El libro que más me ayudó fue el estudio de Lawrence Weschler sobre el artista Robert Irwin, *Seeing is Forgetting the Name of the Thing One Sees (Ver algo consiste en olvidar el nombre de lo que se está viendo).* Weschler describe el proceso creativo de un artista: cómo fabrica cosas, e incluso antes de eso, cómo es su visión del mundo. El artista debe ver las cosas como un niño, sin el bagaje de emociones y predisposiciones. Recuerdo que leí este libro dos o tres veces y prácticamente lloré todo el tiempo.

Me parece mucho más lógico ocupar un espacio entre el arte y el diseño, mezclar lo artístico y lo académico, como si reflejara la parte académica de mi madre y la parte artística de mi padre que llevo dentro. Me siento ahora mucho más feliz al considerarme una artista que resulta que construye edificios.

La imagen de mi padre haciendo objetos de cerámica me afectó no sólo por el material similar al barro con el que trabajo ahora, o porque como artista mi trabajo me conecta de manera integral con la tierra y el suelo, sino porque me recuerda que en ocasiones es necesario que el arte sea intuitivo y espontáneo. Me visualizo frente al material, tratando de imaginar lo que es, y el material, a su vez, tratando de decírmelo. Nunca supongo nada hasta que he jugado con él y le he permitido ser aquello que realmente desea ser.

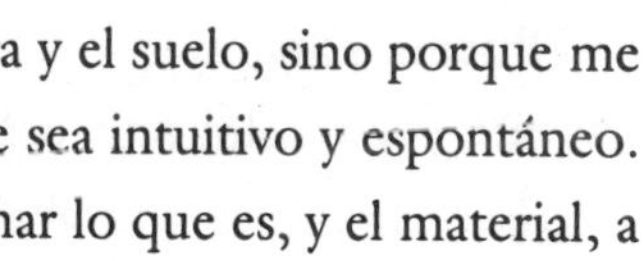

David Mamet

Escritor

Tenía un maestro de danza en la universidad, se llamaba Mark Ryder. Había sido miembro de la compañía original de Martha Graham en Nueva York y por lo tanto tenía buena escuela. Además, fue el primer ejemplo que tuve de un auténtico bailarín, y era un hombre muy agradable.

Cuando escribí mi primera obra (en realidad fue un conjunto de apuntes) se la mostré, pues constituía mi única conexión con el mundo del espectáculo.

La leyó y me dijo que era maravillosa.

—Pero no estoy seguro de que sea una comedia –le dije.

—No te preocupes de si es o no una comedia –me contestó–. Es grandiosa.

Después me dijo que era tan buena como *27 Wagons Full of Cotton (27 vagones llenos de algodón).*

Bueno, para mí que nunca había tenido éxito, y a quien siempre le había ido mal, me resultó muy halagador que un miembro respetado de la profesión artística comparara mi trabajo con el de Tennessee Williams. Aunque no pude asimilar y agradecer por completo esa alabanza, entendí que se trataba de algo importante. Simplemente tuve que vivir con ello; y terminé esa junta sintiéndome abrumado por la responsabilidad de lograr que su comentario se hiciese realidad.

El segundo conjunto de palabras proviene de mi vida personal. Yo estaba trabajando en un teatro de Londres; estaban poniendo en escena una de mis obras y una joven actriz actuaba en ella.

Nuestros diversos trabajos nos impidieron entablar algo más que una respetuosa relación profesional, de modo que me resigné filosóficamente a albergar un amor inmediato pero imposible hacia ella.

La obra se inició y la vi brevemente de nuevo en la fiesta de gala. Le dije cuánto había disfrutado trabajar con ella y que esperaba poderlo hacer de nuevo. Hubo una pausa y dijo: “No creo que vaya a ausentarme”.

Me disculpé y me puse a un lado de ella sólo para darme cuenta de que había malintepretado sus palabras en su totalidad.

Wilma Mankiller

Ex jefa de la Nación Cherokee

Los mohawk tienen un dicho que particularmente me agrada: "Es difícil mirar al futuro con lágrimas en los ojos". En muchas ocasiones he aplicado estas palabras de sabiduría en mi vida.

En 1978, mientras estaba en la escuela de posgrado, me vi involucrada en una horrenda colisión frontal de vehículos. La persona que conducía el otro automóvil era, por coincidencia, mi mejor amiga, Sherry Morris. Ella murió y yo sufrí heridas graves. Pasé varios meses en el hospital, en una silla de ruedas y con ambas piernas enyesadas, afligida por la muerte de mi amada amiga. Me dijeron que nunca lograría caminar de nuevo.

A pesar de haber perdido a mi amiga, y de mis lesiones graves, realicé un esfuerzo para encontrarle algo bueno a la situación. Aún continuaba con vida, así que sentí la responsabilidad especial de vivir el resto de mis días de una manera plena y auténtica. Me di cuenta de que para ello tendría que aprender muchas cosas. Siempre había deseado leer literatura clásica, de modo que mi año de confinamiento lo dediqué a leer a los clásicos y a escribir a viejos amigos. Este periodo de estudio y reflexión constituyó un fundamento importante para mi desarrollo personal.

Antes del accidente había trabajado de manera activa en el movimiento de derechos para los americanos nativos. Ahora conjunté las lecciones obtenidas durante mi etapa de contemplación, para reflejarlas en mi trabajo político. Cuatro años después del terrible accidente fui elegida como la primera jefa mujer de la Nación Cherokee. Cuatro años después de eso, fui elegida para el primero de dos periodos como jefa de sexo femenino. Ahora recuerdo aquel terrible accidente y el periodo de recuperación como un regalo: un tiempo para crecer y prepararme para el liderazgo.

Esas campañas fueron sumamente difíciles, pero yo conservé un punto de vista positivo a pesar de la considerable oposición que tuve que afrontar por ser mujer. Si yo me hubiera enfocado únicamente en los aspectos negativos de la campaña, habría desperdiciado mi energía en argumentos sin sentido sobre si las mujeres merecían o no posiciones de liderazgo y quizá hubiera perdido la elección por haberme distraído en eso. Lo que hice fue orar para que mi mente se mantuviera clara y funcional, y para conservar una actitud positiva, e incluso oré por mis enemigos políticos. Al tener una mentalidad positiva en medio de los momentos difíciles de mis campañas políticas, logré mantenerme concentrada en los aspectos relacionados con el pueblo Cherokee y su futuro, y finalmente, gané las elecciones.

Luego, en 1996, después de haber participado en tres periodos electorales de la Nación Cherokee, fui nombrada Montgomery Fellow en Dartmouth College. Ése fue otro periodo de prueba para mí. Un día comencé a sentirme mal y al poco tiempo me diagnosticaron linfoma no Hodgkins sistémico ya en su segunda fase. Como yo tenía al sistema inmunitario afectado debido a un antiguo trasplante renal, mis opciones de tratamiento para el linfoma eran escasas. Tuve que mudarme a Boston para recibir tratamiento médico, muy lejos de mi familia y de mis amigos.

Durante los cuidados médicos, usé mi mente para resolver una cantidad abrumadora de problemas físicos y personales. Nunca me permití caer en la depresión ni que los pensamientos negativos me controlaran. Sabía que si eso ocurría, yo comenzaría un descenso muy difícil de detener. En todo momento intenté mantener en mi mente imágenes de fuerza y bienestar; me rodeé de flores y colores. Cantaba, tocaba la guitarra y hasta bailaba. Una vez me quedé atónita cuando me vi de reojo en el espejo mientras bailaba: pálida, totalmente calva y con algo de náuseas. Mi apariencia no reflejaba mi espíritu, el cual se encontraba exaltado.

La enfermedad continuó poniendo a prueba mi fuerza y mi voluntad. Mi plegaria cherokee favorita comienza así: "Primero, vamos a retirar todos los pensamientos negativos de nuestra mente para poder formar una unidad...". Esta plegaria tan sencilla me ha ayudado a comprender a fondo que soy capaz de controlar mi mente y la manera en que respondo, aunque no siempre pueda controlar lo que ocurre en mi vida o incluso en mi propio cuerpo, y me ha ayudado a encontrar valor hasta en las situaciones más difíciles.

Reconocer lo bueno, no sólo en las propias circunstancias personales, sino en el mundo que nos rodea, hace que cualquier cosa sea posible. Cuando me preguntan sobre las características importantes del liderazgo, lo primero que menciono es que hay que tener una mente clara y positiva. Si un líder puede concentrarse en las cualidades de otros y trata de aprovechar sus puntos fuertes y además encuentra valor hasta en la situación más difícil, podrá inspirar esperanza y fe en los demás y motivarlos a seguir adelante. Pocas personas de buena voluntad se sienten inspiradas a seguir a líderes negativos o pesimistas. Las personas con mentalidad clara son como imanes.

Aunque es importante reconocer y tener en cuenta los problemas históricos o contemporáneos, es igualmente importante no permitir que resulten tan abrumadores como para que impidan ver el futuro. Con ojos secos y fe, la esperanza y el optimismo que han sostenido a nuestra gente desde tiempos inmemoriales, puedo anticipar el futuro con emoción.

Mary Matalin

Consejera política

Mi esposo James Carville y yo en ocasiones perdemos los estribos o nos comportamos de manera irracional. Así que él ha adoptado dos reglas que se aplican a las peleas dentro de un matrimonio, y además tienen aplicación universal fuera del hogar. Una de ellas es: "Tú piensas como piensas tú; necesitas pensar como *ellos* piensan". Esto significa que no puedes llegar al fondo del problema hasta que comprendas qué pasa en la mente del otro. También dice: "No importa si todo lo que dices es correcto y todo lo que yo digo es incorrecto. El hecho es que aún *siento* de esta manera y eso cuenta". Más de una vez, esta brillante lógica ha logrado impedir que se inicie una pelea. Es una observación que va muy de acuerdo con mi marido.

En el transcurso de los años, muchas personas han expresado sus opiniones para bien o para mal y en diversos tonos. Por ejemplo, mi padre acostumbraba recordarme constantemente que sólo hay una cosa que diferencia a las personas exitosas de las que no logran nada.

—No se trata de dinero o inteligencia –me decía–. Se trata de confianza. Y para tener confianza, se requieren tres cosas: estar preparado, tener experiencia y nunca darse por vencido.

Recuerdo una ocasión en particular cuando estas palabras ejercieron un impacto enorme en mí. Fue a fines de la década de los años setenta y yo acababa de terminar mis estudios universitarios. Mi primer empleo fue en una fábrica de acero; toda la gente del sur de Chicago trabajaba en las fábricas de acero en un momento dado, y como el mundo aún estaba dominado por los hombres, yo era la única mujer en el programa de entrenamiento de la compañía. Fue una experiencia difícil y desgarradora desde el punto de vista emotivo; me sentía totalmente aislada. Pero de nuevo mi padre me dijo:

—La única diferencia entre ellos y tú es que llevan más tiempo haciendo eso. Trabaja duro, haz las cosas a conciencia y te prometo que sacarás más provecho que ellos.

Sus palabras fueron como una bofetada, y propinada con bastante fuerza.

Mi madre, por otra parte, era un parangón de persistencia y amor, y a fin de cuentas eso es más importante que cualquier otra cosa. A pesar de que trabajaba (en una época en que no era común que las madres trabajaran), siempre me decía:

—No importa lo que estés haciendo o en dónde estés (ya sea preparando pan o saliendo de la universidad), no hay nada más importante que la familia.

Recuerdo que era muy pequeña cuando me dijo esto por primera vez; tendría unos siete u ocho años. Sin embargo, casi tardé treinta años, hasta que tuve mi propia familia, para comprender a fondo a qué se refería.

El ámbito laboral también me ha dejado buenas experiencias. Mi primer empleo político fue trabajando durante las elecciones del Senado de 1980. Era extraño en esa época que una mujer fuese directora de campaña, pero Maxene Fernstrom la supo dirigir con finura y sabiduría. Después de un inicio bastante bueno –ganamos las elecciones primarias– ocurrió algo tonto y la campaña se fue a pique. Todos estaban enojados y desalentados. Maxene nos dijo algo que más bien fue una lección de vida que una estrategia de campaña.

—Te conviertes en tu comportamiento –nos dijo.

Quería decir que si nos comportábamos como perdedores, perderíamos tarde o temprano. Y tuvo razón; de hecho, perdimos. Un fracaso fortuito nos transformó precisamente en aquello que no deseábamos ser.

Ahora, cada vez que me siento mal o desalentada pienso en las palabras de Maxene e intento romper el ciclo descendente, y recuerdo todo el tiempo que los éxitos dan lugar a más éxitos. No es algo sencillo, pero es fundamental.

Doce años después también escuché otras palabras sencillas y valiosas, esta vez, por parte del Presidente de Estados Unidos. Fue durante la campaña de 1992 y yo estaba en el avión *Air Force One* con el Presidente Bush. Estábamos conversando sobre algo desagradable acontecido durante la campaña, y le pregunté:

—¿Cómo puede usted tolerar esto? ¿Por qué continúa?

El presidente simplemente me miró y me contestó:

—Por el deber, por el honor, por el país.

Ahora bien, él a menudo citaba estas palabras en sus discursos, pero éste no era un discurso; ni tampoco esperaba que yo repitiera sus comentarios a los medios. Una observación personal y genuina que reflejó su verdadero sentido del patriotismo y su responsabilidad cívica.

"Por el deber, por el honor, por el país" parece constituir un ideal muy exagerado, pero para mí fue y continúa siendo un ideal cotidiano.

Pero fue la madre de James quien me dijo una frase que se me quedó muy grabada y que jamás olvidaré. James proviene de una familia católica. Su mamá tuvo ocho hijos y James era el mayor. Durante toda su vida ella les dijo algo a sus hijas, quienes a su vez se lo transmitieron a James, y él a mí cuando tuvimos hijos. Les decía:

—Una vez que tienes hijos, nunca volverás a pensar en ti otra vez. Jamás.

Nada podría haber resultado más cierto en mi vida. Desde que fui madre, mis hijas han ocupado mis primeros pensamientos de la mañana y los últimos de la noche. Este concepto que ejerció tanto impacto en mi vida nunca fue más tangible para mí que el 11 de septiembre de 2001, en los primeros momentos del ataque a Estados Unidos, cuando nos llevaron con toda prontitud al PEOC (Centro Presidencial de Operaciones de Emergencia) en la Casa Blanca. Una vez que estuvimos seguros en el resguardo antiaéreo, todos comenzaron a trabajar, pero a mí me fue imposible concentrarme en lo que tenía qué hacer hasta que supe dónde estaban mis hijas. Incluso después de enterarme de que estaban seguras, los mismos pensamientos continuaron sonando en mi cabeza todo el día: "¿Dónde estarán las niñas? ¿Cómo estarán las niñas? ¿Estarán bien?" Fue exactamente como la madre de James me lo había dicho.

Esto me recuerda otra de mis citas favoritas. En 1990, la primera dama Barbara Bush dio una conferencia en Wellesley College, en donde mencionó la ahora famosa frase:

—Al final de la vida, no importa si uno no aprobó algún examen o no logró ganar determinado caso en la corte o no cerró determinado negocio. Lo que importa es el tiempo que haya dedicado a su esposo, a sus hijos, a sus amigos o a sus padres.

Este comentario causó mucha agitación, en particular entre los miembros de mi generación, tan llena de excéntricas feministas. No hay que olvidar que eran los comienzos de la década de los noventa y en esa época nadie deseaba casarse, ni tampoco deseaba tener hijos, y yo menos que nadie.

Sin embargo, la observación de la señora Bush constituyó una revelación para mí. Yo no acostumbraba leer las crónicas de sus conferencias, pero cuando leí esa cita en el periódico, me llegó muy adentro.

A finales de esa década, comencé a poner sus palabras en práctica.

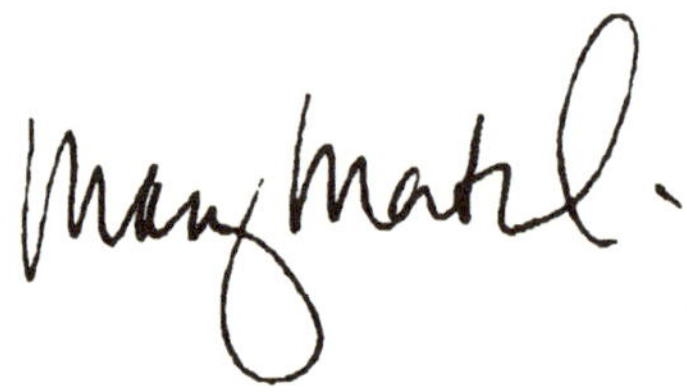

Dave Matthews

Músico

Cuando yo tenía siete u ocho años, tenía un almacén de álbumes de los Beatles y la parafernalia que avergonzaría a un coleccionista. Estaba, y todavía estoy, obsesionado por la música. Pero no fue sino hasta una cena familiar muy especial, y algunos sabios comentarios de mi padre, que pensé en la música como algo que yo podría hacer y no sólo apreciar.

Estábamos sentados a la mesa mis dos hermanas, mi hermano, mis padres y yo, y yo estaba cantando en tono desafinado a propósito. La cena era algo sagrado en nuestro hogar. Sin importar dónde estuviéramos o lo que estuviéramos haciendo, siempre nos reuníamos a cenar. Esa noche en particular deliberadamente yo estaba interrumpiendo la cena tonteando y molestando a todos. Pero en vez de regañarme o decirme que me callara, mi padre le dirigió una mirada a mi madre y dijo:

—Mira, es capaz de cantar tan bien, que puede darse el lujo de cantar *desafinado.*

Qué cumplido tan inteligente de su parte: por un lado me alabó y por otro me llamó la atención. Como yo era un niño, sólo tomé en cuenta la alabanza. Nadie me había dicho que era capaz de cantar bien y me sentí muy orgulloso. En consecuencia, cerré la boca.

Mi padre me ensalzó y me humilló al mismo tiempo. Fue como si hubiera dicho:

—Se ve que tienes mucho talento, pero ahora, cállate.

Dejé de cantar desafinadamente y todos continuaron cenando en paz, pero para mí las cosas habían cambiado. Había recibido una opinión muy importante: podía cantar.

Poco tiempo después, mi padre murió, y sus palabras se revistieron de importancia. No eran profundas, pero provenían de él y como mucho de él se me ha borrado, las atesoro.

Varios años después comencé a pensar en la posibilidad de tocar música en otros sitios, además de la sala de mi madre, y una parte de mí me decía: "¿Quién te crees que eres para ponerte a tocar frente a otras personas?". Me sentía lleno de dudas; tenía pánico escénico. Me preguntaba si escribir música sería algo ridículo y autoindulgente, pero permití que las palabras de mi padre me inspiraran. Me hicieron pensar lo siguiente: *A lo mejor la música no es simplemente algo que me gusta; tal vez yo formo parte de ella.*

Del mismo modo que cuando era niño, sólo tomé la alabanza de las palabras de mi padre. Suena tonto ahora eso de: "Mi papá dijo que soy capaz de cantar", pero al comienzo de mi carrera artística, esas palabras constituyeron exactamente el tipo de aliento que necesitaba.

Hoy en día me doy cuenta de que mi padre también me regañó de manera sutil y empleó las palabras "es mejor que te calles" para mantenerme ubicado y con los pies sobre la tierra. Tengo suerte de haber descubierto que poseo ese talento, pero ésa es sólo una cosa que descubrí, no la única. Cuando necesito ánimos, recuerdo la primera parte de lo que papá me dijo, y cuando necesito recordar que cenar en paz con la familia es más importante que grabar discos, recuerdo la segunda.

John McCain

Senador de Estados Unidos

Nada socava más el ánimo que estar confinado en la soledad. Cuando no cuentas con alguien, cuando no tienes a nadie en quien confiar, a nadie a quien pedirle consejo comienzas a dudar de tu propio juicio y de tu valor. La soledad te roba todo: todo, excepto el tiempo. Pero cuando estás confinado en la soledad no tienes otra cosa en qué pensar más que en el tiempo y cómo transcurrirá otro día. Así que no hace falta decir que llevar la cuenta de las fechas no resulta difícil para un hombre que se encuentra confinado en la soledad.

Hacía cinco años y medio que yo era un prisionero de guerra en Vietnam. La Navidad siempre fue el momento más difícil del año para mí. Recuerdo con claridad la víspera de Navidad de 1969. Había sido un prisioneros de guerra *(POW, Prisioner of War)* durante más de dos años, y la mayor parte ellos los había pasado solo en mi celda. Como muchas otras celdas del Hanoi Hilton, la mía era una habitación pequeña y vacía, más o menos de 2.20 x 3 metros, y con una plancha de concreto en el piso, la cual me servía de cama. Las paredes tenían 45 centímetros de espesor y las ventanas de todas las celdas estaban cubiertas de madera para que los prisioneros de guerra no pudieran comunicarse entre sí. Recuerdo que había un solo foco colgando de un cable en el centro del techo y un pequeño altavoz en la esquina, a través del cual los vietnamitas nos tocaban diversas piezas de propaganda.

Eran aproximadamente las ocho de la noche la víspera de la Navidad de 1969 y yo no me encontraba nada bien: habíamos sido severamente atacados por los vietnamitas del norte. Encima de eso, no me había recuperado de las lesiones por disparos sufridos dos años antes. Tenía frío. Estaba herido. Y mientras estaba recostado en mi celda escuchando el reporte Hanoi Hanna sobre "la última victoria heroica contra los imperialistas norteamericanos", tuve muy serias dudas acerca de mis probabilidades de supervivencia.

Luego los guardias de la prisión comenzaron a tocar una serie de canciones navideñas en el sistema de comunicación pública del campo, y la última de ellas la cantaba Dinah Shore: "*I'll Be Home for Christmas*" (Regresaré a casa en Navidad). Mientras estaba allí recostado escuchando esa canción en particular, mi estado de ánimo descendió hasta el punto más bajo posible. No estaba seguro si lograría sobrevivir otra noche y, por lo tanto, no tenía ninguna esperanza de volver a casa para pasar la Navidad con mi familia.

Entonces escuché los golpecitos en la pared.

A pesar de las estrictas reglas, los prisioneros de guerra se comunicaban entre sí golpeando las paredes de las celdas. El código secreto de golpeteo era un sistema simple. El alfabeto se dividía en cinco columnas, de cinco letras cada una. La letra K no se utilizaba. Las letras claves eran A, F, L, Q y V. Simplemente se tocaba una vez para las cinco letras de la columna A, dos veces para la columna F, tres veces para las de la columna L y así sucesivamente. Tras indicar la columna, se hacía pausa antes de tocar, después se tocaba de una a cinco veces para indicar la letra correcta. Por ejemplo, la letra C se expresaba como sigue: *tap...tap tap tap.*

Adquirimos tanta destreza en el código de golpeteo, que al poco tiempo todo el sistema de la prisión se transformó en una red compleja de información. A la llegada de un nuevo prisionero, se transmitían con rapidez palabras de una a otra celda sobre las circunstancias de los prisioneros de guerra y noticias de casa. Ese código de golpecitos constituyó para mí una tabla de salvación. El contacto personal cotidiano a través de golpecitos en la pared me hizo tolerar mejor el aislamiento. Afirmó mi condición de ser humano y me ayudó a seguir viviendo.

La celda de uno de mis vecinos estaba vacía, pero en la otra celda adyacente había un hombre llamado Ernie Brace. Ernie era un antiguo marino con condecoraciones por haber volado en más de cien misiones de combate durante la Guerra de Corea. Se había ofrecido como piloto voluntario civil para volar unidades militares apoyadas por suministros secretos de la CIA en la jungla de Laos. Durante una de esas operaciones, en 1965, fue capturado y entregado a los vietnamitas del norte. Lo torturaron brutalmente y lo mantuvieron aislado durante tres años en un puesto remoto cerca de Dien Bien Phu, antes de que lo llevaran de regreso al Hanoi Hilton, en 1968.

Tan pronto escuché los golpeteos esa víspera de Navidad, supe que se trataba de Ernie. Me paré y puse el oído junto a la fría pared de piedra de mi celda. En un principio me fue difícil distinguir el débil golpeteo de mi vecino, pero poco a poco se hizo muy claro.

"Iremos a casa en Navidad", golpeteaba Ernie. "Dios bendiga a Estados Unidos".

Al escuchar esas palabras, comencé a llorar.

Cuando eres prisionero, el enemigo puede quitarte casi todo, excepto el ánimo. Esas palabras de aliento provenientes de Ernie –quien, debido a su trabajo con la CIA, tenía un mínimo de probabilidades de salir vivo del campo– constituían una notable afirmación de que, como norteamericanos, poseíamos esa chispa divina que nuestros enemigos no podrían extinguir: la esperanza.

"Iremos a casa en Navidad. Dios bendiga a Estados Unidos."

Ese mensaje tan simple que recibí, en mi hora más oscura, reforzó mi voluntad de vivir. Ernie me ayudó a comprender que algún día volveríamos a casa y, hasta entonces, tendríamos que soportar las dificultades de la mejor manera posible. Sin estas palabras de aliento, creo que no habría logrado sobrevivir al aislamiento conservando intactos mi raciocinio y mi autorrespeto.

Eso fue hace muchos años y en un sitio muy distante. Pero cuando llegan las navidades y escucho la canción "*I'll Be Home for Christmas*", siempre recuerdo ese momento, ese lugar, y las palabras de aliento de mi amigo Ernie Brace. Fue algo muy profundo y que reforzó mi espíritu cuando más lo necesitaba. Siempre que escucho esa canción recuerdo a Ernie, recuerdo a mis amigos que nunca regresaron a casa para pasar otra Navidad, y estoy consciente de la bendición que constituye ser estadounidense.

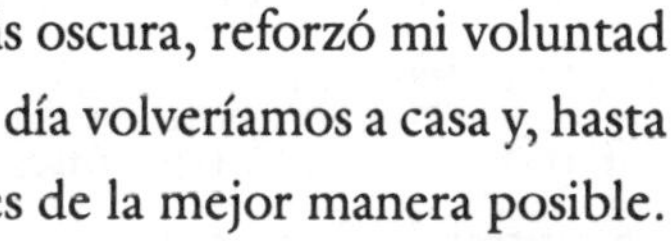

Paul McCartney

Músico

En el otoño de 1968 estaba yo pasando por momentos realmente difíciles. Era la época tardía de la carrera de los Beatles y habíamos comenzado un nuevo álbum que era una continuación del *White Album (El álbum blanco).* Habíamos comenzado a tener problemas como grupo. Creo que yo percibía que los Beatles se estaban desintegrando, por lo que me quedaba despierto hasta altas horas de la noche, bebiendo, consumiendo drogas, visitando clubes nocturnos y haciendo lo que muchos hacíamos en esa época. Realmente estaba viviendo de una manera muy intensa.

Los demás integrantes del grupo tenían compañeras, pero yo todavía era soltero y vivía en Londres, en mi propia casa en St. John's Wood. Y también eso me molestaba un poco, pues pensaba que quizá había llegado el momento de encontrar a alguien para compartir mi vida; pero aún no había conocido a Linda.

De modo que ¡me sentía exhausto! Algunas noches me iba a la cama y mi cabeza caía pesadamente sobre la almohada; cuando despertaba tenía dificultades para levantarla y pensaba: "Qué bueno que me desperté en este momento o quizá hubiera muerto asfixiado".

Cierta noche, en algún momento entre el sueño más profundo y el insomnio, tuve el sueño más reconfortante acerca de mi madre, quien murió cuando yo sólo tenía catorce años. Era enfermera, y trabajaba muy duro porque quería darnos lo mejor. No éramos una familia acomodada –no teníamos automóvil, y a duras penas compramos una televisión–, por lo que mis padres trabajaban, y mamá aportaba una buena parte de las entradas de la familia. Por la noche, cuando llegaba a casa tenía que cocinar, así que no pasábamos mucho tiempo juntos. Pero fue una presencia muy reconfortante en mi vida. Y cuando murió, uno de las dificultades que tuve, con el correr de los años, era que no lograba recordar su cara tan fácilmente. Creo que eso le pasa a todos. A medida que transcurren los días ya no se acuerda uno con claridad cómo eran los rostros de otras personas, y es necesario recurrir a fotografías y recuerdos de ese tipo.

Entonces, doce años después tuve un sueño en el que apareció mi madre y pude ver su cara con total claridad, particularmente sus ojos; me dijo muy despacio y dándome mucha tranquilidad: "Déjalo ser".

Fue algo hermoso. Me desperté con un sentimiento muy profundo. Fue como si en realidad me hubiera visitado en ese momento tan difícil de mi vida y me hubiera dado ese mensaje: "Sé dócil, no luches contra las cosas, sólo trata de fluir con la corriente y todo saldrá bien".

Entonces, como músico que era, me fui directamente al piano y comencé a escribir la canción "*Let it Be*" (Déjalo ser). *When I find myself in times of trouble, Mother Mary comes to me...* (Cuando paso por momentos difíciles, mi madre María me visita...) Mi madre se llamaba María. *Speaking words of wisdom, let it be. There will be an answer, let it be* (Y me dice palabras de sabiduría, déjalo ser. Pronto te llegará la respuesta, déjalo ser.) No tardé mucho. Escribí la parte principal de un golpe y de ahí se desprendieron después los versos subsecuentes: *When all the broken-hearted people living in the world agree, there will be an answer, let it be* (Cuando toda la gente que tiene el corazón destrozado viva en el mundo de acuerdo, habrá una respuesta, déjalo ser).

Pensé que era algo especial, así que la toqué para mis compañeros y para muchas otras personas, y posteriormente utilicé esas palabras como título del álbum, porque eran tan valiosas para mí, y porque esas sencillas sílabas me parecía que decían mucho. Además, cuando a uno le ocurre algo de este tipo, algo mágico, creo que adquiere una resonancia que los demás también perciben.

Poco después de tener ese sueño encontré a Linda, quien fue mi tabla de salvación. Y fue como si mamá me la hubiese enviado, casi podría jurarlo. Esa canción fue además una de las primeras cosas que Linda y yo hicimos juntos en el terreno de la música. Un día, mientras estábamos en unas sesiones de grabación, fuimos a los estudios Abbey Road. Yo vivía cerca, y a menudo me detenía en el estudio cuando sabía que habría algún ingeniero de sonido, y grababa pequeños fragmentos. Y sólo pensé: "Desearía ponerle una melodía a esto". Pero la música que tenía en mente tenía unos acordes muy altos para mí, y aunque Linda no era una cantante profesional, la había escuchado cantando por la casa y sabía que afinaba y podía cantar notas altas. De modo que lo intentó, y salió bien y lo dejamos así en nuestro disco. Aún pueden escucharlo hasta la fecha.

En esos días, la canción me parecía casi como un himno. La cantamos en el funeral de Linda. Y después del 11 de septiembre, la tocaron mucho en la radio, por lo cual la elegí para cantarla en el concierto de beneficencia en la ciudad de Nueva York. Incluso antes del 11 de septiembre, era común que personas que iban en sus automóviles y en los camiones se asomaran por la ventanilla y me dijeran: "Hola, Paul, déjalo ser".

De modo que esas palabras son realmente especiales para mí, porque no sólo vino mi madre a visitarme en un sueño para reconfortarme al decírmelas en un momento tan difícil de mi vida (y tuvo razón, las cosas mejoraron después de eso), sino que además, al convertirlas en canción y grabarlas con los Beatles, se transformaron en una declaración curativa y reconfortante también para otras personas.

Dennis Miller

Comediante

Cuando inicié mi carrera de comediante ensayaba con regularidad en el club de comedia de Pittsburgh. Muchos comediantes destacados de la ciudad asistían a ese sitio, pero les faltaba, digamos, un poco de orientación. Entonces llegó Jay Leno a la ciudad. Leno siempre había desempeñado funciones de figura patriarcal para los cómicos más jóvenes y daba muchos consejos. Encontré que algunos de ellos yo no los podía poner en práctica, porque como para cualquier persona del mundo, la ética en mi trabajo no se parecía a la de Jay. Él es como el gran tiburón blanco de la novela de Peter Benchley: una perfecta máquina de hacer comedia. Sin embargo, recuerdo en particular una advertencia que nos hizo, y siempre está dentro de mí: "Simplemente manténganse en el camino". Leno sabía que muchos simplemente se daban por vencidos y abandonaban el convoy, de modo que cada vez quedaríamos menos. Esas palabras se me quedaron muy grabadas. Y siguiendo los consejos de mi amigo Jay, he tratado de "mantenerme en el camino", en el cual a menudo veo a Leno, quien, para mi sorpresa, generalmente está al volante de un auto mejor. Muchas gracias, Jay.

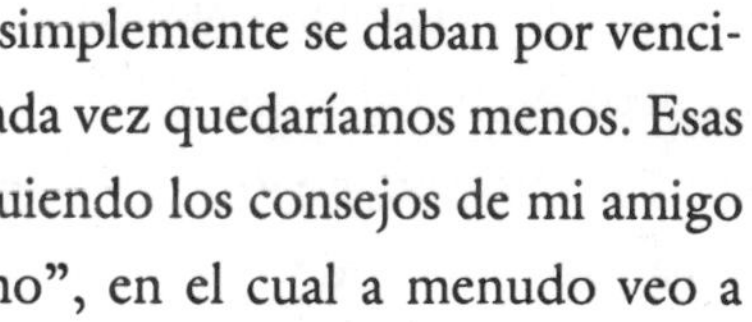

Toni Morrison

Escritora

En esa época lo mejor que podía pasarme era recibir dos dólares con cincuenta centavos. Todos los viernes la señora me daba ese dinero (yo tenía doce años), que me alcanzaba para ver dieciséis películas o adquirir cincuenta barras de dulce Baby Ruth. Y lo único que tenía que hacer para obtenerlos era limpiar su casa unas cuantas horas después de clases. Era una hermosa casa, con sofá y sillas que cubría con plástico, estaba toda alfombrada de azul y blanco, tenía una estufa de esmalte blanco, y una lavadora automática, cosas comunes en su vecindario y poco comunes en el mío. En ese periodo de guerra, la señora tenía mantequilla, azúcar y bistecs, y medias de costura atrás. Alrededor de su casa, el prado estaba siempre bien cortado y los arbustos tenían forma redondeada, como enormes globos. Contenta y feliz, yo siempre me dirigía velozmente a mi trabajo, que fue el primero que tuve.

Sin embargo, no lo hacía muy bien. Sabía lavar los pisos de rodillas, pero no sabía usar el mechudo y no conocía las aspiradoras Hoover, ni había empleado jamás una plancha que no se calentara con carbón. De modo que comprendía su impaciencia, sus exigencias, sus suspiros de desilusión y cada vez intentaba con más ahínco hacerme acreedora a esas moneditas que recibía los viernes. La señora me las dejaba sobre el mostrador, junto a la puerta trasera. La satisfacción que me daba ganar dinero era que, además de que podía derrocharlo si quería, le daba a mi mamá la mitad. Con ello mi satisfacción aumentaba. Parte de mi sueldo se empleaba para asuntos importantes: el pago de una póliza de seguros quizá, o algún abono al lechero. A mi edad, el ser capaz de pagarme mis gustos y de colaborar con el gasto familiar era algo muy importante para mí. No era como las niñas de los cuentos: una boca más que alimentar, un problema que resolver, una molestia que corregir. Había adquirido un estatus que las tareas rutinarias del hogar no hubieran podido proporcionarme: los adultos me veían con una sonrisa y me daban señales de aprobación. Y todo eso me indicaba que pronto ocuparía un lugar entre ellos.

Aprendí a limpiar bien la casa de la señora; tan bien que me subió el sueldo mucho más. Recuerdo que una vez me pidió que moviera un piano de un extremo a otro de la habitación, y en otra ocasión me pidió que llevara los libreros al piso de arriba. Los brazos y las piernas me dolían, y tenía ganas de quejarme, pero no tenía con quien hablar, excepto con mi hermana. Si me negaba, mi patrona me despediría y si se lo comentaba a mi madre, me obligaría a abandonar mi empleo. Cualquiera de las dos opciones haría que me quedara en bancarrota y perdería mi posición en mi familia. Se estaba desgastando de todos modos, porque la señora comenzó a ofrecerme su ropa: por dinero. Yo me quedaba boquiabierta ante estas cosas usadas que me parecían hermosísimas, pues era una jovencita con sólo dos vestidos para asistir a la escuela y las compraba con mucho gusto. Hasta que cierto día mi madre me preguntó si deseaba seguir trabajando para comprar ropa usada. Entonces aprendí a decir: "No, gracias" ante la oferta de un suéter desteñido que podía adquirir con la mitad de mi sueldo semanal. Aún tenía problemas para armarme de valor y rehusarme a hacer lo que me pedía, que cada vez era más.

Un día, cuando estaba sola en la cocina con mi padre, me quejé un poco acerca de mi trabajo. Le di algunos detalles y ejemplos, y mientras él me escuchaba con atención, percibí desaprobación en su mirada. No me compadeció. Quizá comprendió que deseaba encontrar alguna solución y no simplemente dejar de trabajar. De cualquier manera colocó su taza de café en la mesa y me dijo: "Mira. Tú no vives con la señora. Vives con nosotros. Aquí, en casa, con tu familia. Limítate a asistir a tu trabajo, a ganar dinero y volver a casa".

Eso fue lo que dijo. Esto fue a lo que yo llegué:

1. Cualquiera que sea el trabajo, hazlo bien; no por tu patrona, sino por ti misma.
2. Tú haces el trabajo; el trabajo no te hace a ti.
3. Tu verdadera vida es aquí, con nosotros, con tu familia.

4. El trabajo que haces no es lo que te define; tú eres una persona por derecho propio.

Desde entonces he trabajado para toda clase de gente, genios, retrasados mentales, inteligentes, tontos, personas generosas o egoístas y he tenido muchos tipos de empleos, pero desde ese momento, nunca consideré que en lo que yo me desempeñaba fuera una definición de mí misma, ni tampoco puse la seguridad de un trabajo por encima del valor de mi hogar.

Ralph Nader

Activista

Recuerdo que esa tarde empezaron a fastidiarme en el salón de clases. Los niños de cuarto año comenzaron a molestarme por la manera en que iba vestido. A esa edad, a los niños les gusta vestir igual que todos y cualquier diferencia resalta mucho. Y allí estaba yo, el único niño del salón que aún llevaba pantaloncillo corto.

Era el otoño de 1941, y en esa época los niños de primero, segundo y tercer año usaban pantaloncillo corto, pero para los de cuarto año era una historia distinta. En cuarto año todos los niños de mi escuela llevaban pantalón largo. La diferencia entre los pantaloncillos cortos y los pantalones largos era mucho más que un par de pulgadas. Llevar pantalón largo implicaba ser un niño mayor, alguien que ya había crecido. Pero si seguías usando pantaloncillos en cuarto grado, los demás te veían como niñito, incluso como un mariquita.

Al salir del edificio rojo de la escuela esa tarde, estaba seguro de que sólo tendría que tolerar las humillaciones diez minutos más. Todo en Winsted, Connecticut, mi pueblo natal –la biblioteca, la tienda de abarrotes, la estación de bomberos y la escuela– se encontraba a diez minutos de distancia de mi casa. Pero esa tarde los niños de mi salón decidieron no dejar de molestarme y esa caminata de diez minutos me pareció como de varias horas.

No necesito decirles que estaba bastante molesto cuando llegué a casa.

Puedo recordar que entré por la puerta principal y me senté en la mesa de la cocina con mi madre. En nuestra casa, la habitación más importante era la cocina. Mis padres emigraron a Estados Unidos procedentes de Líbano, y desde temprana edad habían inculcado a sus hijos la importancia de que la familia comiera junta. Mi madre solía decir que la hora de los alimentos no sólo constituía el sustento para el cuerpo, sino un momento de comunicación, de aprendizaje. En nuestra familia nos encantaba reír y narrar historias y todo esto tenía lugar en la cocina. En ese sitio también aprendí una de las lecciones más valiosas de mi vida.

Así que allí estaba yo, sentado a la mesa de la cocina, a punto de llorar mientras le contaba a mi madre lo ocurrido y cómo todos los demás niños de cuarto año usaban pantalón largo.

—¿Por qué yo no tengo pantalones largos? Todos los niños se ríen de mí –le dije.

Mi madre tenía opiniones bien definidas sobre la crianza de los hijos y creía –y aún lo sigue creyendo– que aunque yo había pasado a cuarto año era todavía demasiado chico para llevar pantalones largos. Recuerdo que me preguntó dulcemente:

—Dime, ¿por qué quieres usar pantalones largos?

Lo pensé por un momento y después le respondí:

—Porque todos los demás niños llevan pantalones largos.

Evidentemente ésa no era la respuesta que mi madre quería escuchar. Se levantó de la mesa de la cocina y me dijo:

—Ralph, ¿deseas convertirte en un líder o en un borrego? –y después salió de la cocina sin que yo tuviera tiempo de responderle.

Me quedé sentado allí, en silencio, pensando en lo que me había dicho. Era bastante avispado para mi edad y comprendí lo que había tratado de decirme. Quería que aprendiera a pensar de manera independiente, a ser yo mismo. Noche tras noche, mientras cenábamos, mi madre nos inculcaba responsabilidad e independencia. Nos educó a mi hermano, a mis hermanas y a mí para ser capaces de responder por nuestros propios actos y para saber pensar de manera independiente.

Comprendí exactamente lo que intentaba decirme al preguntarme si quería ser un líder o un borrego, y decidí que sí quería ser un líder. Simplemente quería ser un líder que usara pantalones largos.

La mañana siguiente, cuando me levanté, me puse mis pantaloncillos color azul oscuro y fui a la escuela. Algunos de los niños del salón continuaron molestándome, pero yo traté de que no me afectara. Sin embargo, aún me dolía.

Esa tarde, en el campo de juegos detrás de la escuela, un grupo de niños había organizado unas carreras de para ver quién era el más rápido del salón. Yo me formé para la carrera, aunque algunos se burlaron de mí. Todos llevaban pantalones largos y yo llevaba mis pantaloncillos cortos.

¡En sus marcas... Listos... FUERA!

Lleno de adrenalina, corrí tan rápido como pude. Simplemente corrí sin parar. Mis pantaloncillos resultaron ser mucho más cómodos que los pantalones largos de los otros niños. Al principio, el único sonido que escuché fue el de los latidos de mi corazón. Después, la respiración jadeante de los niños que me seguían de cerca y, más tarde, los gritos de felicitación del grupo de niños que se había reunido a un lado del campo.

Y, ¿adivinan quién ganó?

Ése fue un momento muy importante en mi vida. Haber ganado la carrera me convenció de que mi madre tenía razón. Adquirí confianza en mí mismo y comencé a comprender que ser diferente podía constituir una fuente de fortaleza.

Ahí me tenían, un niño de tan sólo nueve años, intentando a toda costa ser un líder, no un borrego. Esforzarme por ser un líder me hizo más asertivo con mis compañeros. Decidí tomar la iniciativa cuando nadie más se animaba a hacerlo. Comprendí que era una debilidad conformarse y seguir a los demás.

A lo largo de los años he recordado el consejo de mi madre de vez en cuando, y siempre he procurado ponerlo en práctica. Ella me ayudó a entender que a un líder no le importa que lo critiquen por tener opiniones distintas de los demás, y que una persona puede ser diferente. Si quieres cambiar el mundo, o tan sólo tu comunidad, debes ser el tipo de persona que está dispuesta a competir en la carrera de la vida llevando pantaloncillos cortos.

Willie Nelson

Músico

Me crié en un pueblo de Texas llamado Abbott. Es un pequeño pueblo agrícola y todas las personas que allí viven trabajan en el campo. Algunos tienen un rancho propio o trabajan en uno de ellos conduciendo cortadoras de algodón o maquinaria de ese tipo. Nadie tenía mucho dinero, pero todo el mundo cultivaba verduras en huertos detrás de su casa, donde también tenían algunas gallinas y un par de cerdos.

A medida que iba creciendo y conociendo a gente de otros lugares me decían: "Oye, sin duda tu niñez debió de haber sido muy difícil". Pero la vida no era difícil en Abbott; de hecho, fue muy divertido crecer allí. La población era de tan sólo tres mil personas (y aún continúa más o menos en esas cifras). La escuela era pequeña y no había muchos niños en el salón de clases, así que la profesora nos prestaba más atención y teníamos más oportunidad de aprender. El hecho de aprender o no dependía exclusivamente de cada uno de nosotros.

La escuela estaba bien, pero me gustaba más la iglesia. Desde que puedo recordar, entré a formar parte del coro de niños que cantaba los domingos. *Amazing Grace (Gracia sorprendente)* era el himno que cantábamos todas las semanas y fue una de las primeras melodías que escuché. Pasado el tiempo, el ministro de esa iglesia me dijo que fue la primera canción que recuerda haberme escuchado cantar. Y allí estaba yo, un niño de seis o siete años que caminaba por las calles de Abbott cantando *Amazing Grace*. Desde esa tierna edad, jamás tuve duda de lo que significaban esas palabras:

Gracia sorprendente,
qué dulce sonido

que salvó a un desgraciado como yo.
Anteriormente estaba perdido,
pero ahora me he encontrado,
estaba ciego, pero ahora veo.

Esas palabras hablan de la fe y del pensamiento positivo, que para mí son lo mismo.

Me parece que casi a diario el himno *Amazing Grace* me rescata en el momento oportuno. Miren, vivo y respiro negatividad a mi alrededor. Me envuelve, y siempre ha sido así desde que decidí ser músico. Comencé a escribir poemas desde los cinco años, y a tocar la guitarra desde los seis. Pero sin importar cuánto me gustara la música, decidí estudiar derecho en la Universidad de Baylor, porque pensé que quizá lo necesitara en caso de que la música no funcionara. Al poco tiempo me di cuenta de que había nacido para escribir, actuar y cantar canciones, aunque los demás no lo creyeran así.

Cerca del 99 por ciento de las personas que me rodeaban decían que no iba a "hacerla", pero toda esa adversidad y falta de fe simplemente sirvió para reforzar mis propias convicciones. Toda esa negatividad al final realmente me ayudó, porque no hay mejor inspiración para hacer algo que el hecho de que alguien te diga que no eres capaz de hacerlo. Entre eso y el mensaje positivo del himno *Amazing Grace* –la cual formaba parte de mí, como si estuviera grabada en mis genes– sentía que tenía algo que probar y la fuerza para probarlo.

Y aún continúa siendo así. Sin importar el éxito alcanzado, tengo que continuar probándome todo el tiempo. Tengo que enfrentarme a las personas que siempre proponen ideas distintas para mis discos compactos o para las canciones que escribo. He tenido que afrontar circunstancias desafortunadas, problemas financieros, fracasos matrimoniales. En ese sentido, es muy bueno que yo sea capaz de cantar el himno *Amazing Grace* en el escenario todas las noches. Esa canción me ha rescatado muchísimas veces. Me ayuda a creer que todo saldrá bien tarde o temprano, y a medida que creo más firmemente en ello, tengo más oportunidad de que mis problemas se solucionen. Si comienzas a *actuar* como si te sintieras bien –lo creas o no–, eso es el primer escalón. Sólo actúa durante algún tiempo como si lo creyeras, y algo bueno vendrá.

No soy la única persona para la cual ese himno es una inspiración, pues contiene un mensaje universal. *Todas las personas* saben cantar el coro de *Amazing Grace.* A todos los músicos que conozco les encanta esa canción y nadie se ha opuesto a que yo la cante durante mis presentaciones. Me he presentado por todo el mundo en lugares donde la gente ni siquiera habla inglés, pero aún así perciben la fuerza del himno *Amazing Grace.*

Hay un motivo para ello que quizá no podamos comprender con claridad. Ciertas notas llegan hasta el corazón de las personas. Las palabras y la melodía tienen una cualidad curativa. Hace que las personas sientan paz y les permite saber que hay otras personas en el mundo que también atraviesan por circunstancias difíciles.

En muchas ocasiones cuando canto esa canción, el público comienza a cantarla, como se hace en la iglesia. Y todos se benefician de esa atmósfera religiosa, sean practicantes o no. No es necesario estar sentado en la iglesia para experimentar una sensación de espiritualidad. Cada quien vive en su propio templo, pues nuestro cuerpo es un templo; o por lo menos, eso es lo que me dijeron cuando era niño. El himno *Amazing Grace* hace que las personas perciban una esperanza espiritual dondequiera que se encuentren. Yo intento transmitir algún sentimiento de ese himno en todas mis canciones, algún tipo de luz al final del túnel. Todas mis canciones hablan de la esperanza, y ésa ha sido mi intención. Siempre trato de encontrar un camino para atravesar los tiempos difíciles.

Paul Newman

Actor y filántropo

Durante la filmación de ***Butch Cassidy and the Sundance Kid***, una tarde estaba cenando con el director George Roy Hill, cuando le comenté que la "suerte" había sido el factor más significativo desde los comienzos de mi carrera artística.

—Estás equivocado –me respondió George–. Tener suerte constituye todo un arte. La mayoría de la gente podría tener suerte, pero son incapaces de reconocerla cuando pasa a su lado.

No presté más atención a ese comentario durante unos veinte años, la mayoría de los cuales la suerte me favoreció, particularmente en cuanto al improbable éxito de mi compañía de productos alimenticios, Newman's Own. Al parecer y de acuerdo con lo que decía George la suerte había caminado de mi lado en todo momento, y yo no la había dejado ir.

Cuando el negocio comenzó a dar buenas utilidades, me pareció bien destinar ese dinero a la ayuda de niños cuya suerte simplemente había sido terrible: niños con enfermedades que amenzaban su vida, cáncer, afecciones sanguíneas, tumores, situaciones difíciles de corregir. Era imposible cambiar su suerte, pero se me ocurrió que tal vez podríamos aligerar su carga.

Así que concebimos la idea de un campamento para niños enfermos. No contábamos con credenciales para construirlo o administrarlo, y hubo varios intentos frustrados. Fuimos a los lugares equivocados y vimos a las personas equivocadas. El momento de suerte más importante fue cuando encontramos al doctor Howard Pearson, un oncólogo pediatra de Yale que estuvo de acuerdo en administrar el lugar. Sin sus credenciales, seguro nunca habríamos logrado despegar.

Pero una vez iniciado el campamento, pocos padres estaban dispuestos a confiarnos a sus hijos, pues la mayoría de ellos nunca habían estado fuera de su hogar o del hospital. En la primera sesión sólo se inscribió la mitad del cupo. Estuve afuera en la calle esperando los camiones, pero llegaron muy pocos. Los padres temían llevar a sus hijos enfermos a un sitio no acreditado y sin experiencia. Para mí fue como si yo estuviera dando una fiesta y hubieran llegado muy pocos invitados.

Sin embargo, a finales del verano logramos que el campamento se llenara, porque se divulgó que era un sitio especial, un sitio seguro y donde se cuidaba bien a los niños. Por supuesto, al recordar ahora lo ocurrido, comprendo que si en esa primera sesión hubiéramos estado llenos, quizá se habrían producido desastres. Tuvimos la buena suerte de que acudieran pocos niños, lo cual nos permitió solucionar los problemas a medida que fueron surgiendo.

Había visitado otros campamentos para niños enfermos y nunca pude definir la diferencia entre el campamento y el hospital. Ambos tenían la misma apariencia: mucho acero y vidrio, lugares fríos, para expresarlo mejor. Así que intenté crear un lugar donde hubiera una sensación de romance, de aventura y de diversión para los niños. La Pandilla del Hueco en la Pared es de *Butch Cassidy;* el decorado es el de un pueblo del oeste a comienzos de siglo.

Tenemos un supervisor por cada dos niños "campistas", lo que nos permite que aquellos niños incapaces de asistir a un campamento tradicional puedan ir a un sitio en donde no sean diferentes de los demás, y en donde puedan portarse mal y gritar y hacer travesuras. Con el transcurso de los años, nuestro personal médico ha aumentado, lo cual incrementa nuestra capacidad para administrar quimioterapia y otros tratamientos. No hay actividades obligatorias y los niños tienen muchas tareas que escoger, desde manualidades hasta obras de teatro o ir de pesca. Contamos con un gimnasio, con cuerdas para escalar y con caballos. Cualquier niño que lo desee, sin importar su enfermedad, puede participar en todo. La mayor parte del tiempo gritan y hacen escándalo, y yo me siento muy contento.

Pero es preciso hacer un pequeño comentario.

Uno espera haber creado un santuario donde los niños se diviertan, pero por "suerte", el personal recibe tanto como da, o quizá más, porque los niños dan tal vez más de lo que reciben: hay un intercambio recíproco, para expresarlo mejor, hay personas al servicio de otras, lo que por supuesto constituye el mejor aspecto de este país donde vivimos.

He observado que es posible confrontar la suerte, hacerla más lenta, pelearse con ella y hasta rebasarla. Hace catorce años, sólo el 30 por ciento de los niños que asistieron a nuestra primera sesión de campamento sobrevivieron. Ahora el porcentaje se ha invertido: 70 por ciento de quienes asisten logran vencer el cáncer y tener vidas normales gracias a los avances médicos, lo cual no se debe a la suerte, sino a la perseverancia. Pero hay quien dice que la cualidad de la perseverancia es algo genético, lo cual es suerte de los genes, ¿comprenden? Y a eso es a lo que me refería desde el comienzo.

Mike Nichols

Director de cine

Cuando iba a la Universidad de Chicago en la década de los cincuenta, no era necesario asistir a clases o presentar exámenes sino hasta finalizar el año, cuando había que aprobar un examen completo, y uno podía aprobarlo o reprobarlo. Obviamente asistíamos a clase y nos hacían pruebas rápidas y nos daban notas cada trimestre, pero nada de esto era obligatorio. Uno era libre de decidir qué era lo que deseaba hacer. Este método fue propuesto por el gran educador Robert Maynard Hutchins, quien era rector de la universidad, durante el primer año que yo estuve allí. Era famoso por haber desbaratado el equipo de futbol americano diciendo que lo consideraba una distracción para el aprendizaje.

En esa época, la bomba atómica había sido construida en el mayor de los secretos en una cancha de squash bajo el campo deportivo de los Stagg. Enrico Fermi y sus colegas, el 2 de diciembre de 1942, habían logrado la primera reacción nuclear controlada. A comienzos de la década de los cincuenta se colocó una placa en el estadio que conmemoraba esto.

Todo esto me hacía sentir muy bien, y aunque comencé asistiendo a todas mis clases y leyendo lo que nos sugerían, después de algún tiempo dejé de ir. Prefería quedarme dormido y luego simplemente pasar el tiempo platicando con mis amigos en la cooperativa donde vivía.

Había una clase a la que continué asistiendo, pues me gustaba mucho. Se llamaba *Humanidades 3*, pues ése era el tipo de nombre que tenían las materias en esos días. Se cursaba después de *Humanidades 2*, que algunos habían tomado el año anterior. No había *Humanidades 4*. En la actualidad las materias tienen nombres como *Directoras globales del movimiento de cine independiente* o *Imagen del imperio estadounidense: Raza, género y nación en los discursos del imperialismo y el antiimperialismo.* Sin embargo, para nosotros era simplemente *Humanidades 3*, y la llamábamos Huma 3. Nuestro maestro era el señor Rosenheim. Ned Rosenheim. Me encantaba. Era muy gracioso y nos estaba enseñando *Poética* de Aristóteles, un análisis de los elementos del drama.

Todavía no sabía que trabajaría en el teatro y en el cine, pero esos conceptos me atraían muchísimo. Sin ser consciente de ello, el teatro era lo que más me interesaba. Me sentí muy emocionado al leer a Dostoievsky y E.M. Forster, T.S. Eliot y Ezra Pound, y mis nuevos amigos y yo hablábamos de estos temas, a veces durante toda la noche, mientras los meseros de los restaurantes del lado sur de Chicago se enojaban porque nos quedábamos hasta las 5:00 a.m., sin ordenar más que una simple taza de café. Yo era diferente de la mayoría de mis amigos, porque también leía muchas obras de teatro. Cuando tenía catorce años ya había leído todo lo que Eugene O'Neill había escrito, aunque quizá ahora no podría hacerlo, como tampoco podría subirme al monte Everest. Aún no sabía que terminaría por dedicarme a ese campo que tanto me fascinaba.

Pero Ned Rosenheim era mi héroe. Durante el curso en que nos enseñó poética sus ejemplos quedaron guardados en mi mente, a veces para siempre. Era verdaderamente socrático, porque hacía que nuestras mentes trabajaran para encontrar la respuesta a sus preguntas y a las nuestras. Una vez que estábamos en el escenario discutiendo la estructura de una obra, la definición de Aristóteles del inicio, la parte intermedia y el final, nos presentó lo que llamaba "El *Otelo* de Rosenheim". Nos dijo:

—Éste es mi *Otelo*. En el primer acto Otelo descubre que su esposa lo engaña y entonces la asesina. Durante los tres actos siguientes se arrepiente de haberlo hecho. Ahora bien, díganme, ¿qué hay de malo en eso?

Cuando llegamos a la definición de tragedia y comedia él nos dijo:

—Muy bien, de acuerdo a Aristóteles, la tragedia es la caída de alguien más grande que nosotros. La comedia también es una caída, la caída de alguien dignificado sin que se produzcan daños graves. Les voy a dar un ejemplo –continuó–. Un hombre muy elegante, con sombrero de seda se resbala con una cáscara de plátano y cae al suelo. Esto es muy gracioso. Nos lo quedamos mirando sin sonreír.

—Pero –continuó–, imaginen –y se puso a caminar frente a todos hablando con una vocecita quebrada–, una pequeña viejecita...

Y como a Noël Coward le gustaba decir, todos nos desgañitamos de risa. Rosenheim se nos quedó mirando aparentemente molesto y nos regañó.

—¡Son ustedes unos monstruos!

Como había dicho me encantaba.

En algún sitio del inconsciente de las personas de cierta generación existe el concepto del estudiante y el alumno, como se ve en la obra y en la película de *The Corn Is Green (El maíz es verde)*, en la cual una maestra solterona en Gales (por supuesto interpretada por Bette Davis en la película) alienta a un niño que es minero a asistir a Oxford, y logra convertirse en un importante escritor. Ésta es la historia real de la persona que escribió la obra, Emlyn Williams. Cuando estuvo en Oxford, su compañero de habitación fue Richard Burton, también galés, como sabemos, lo demás es historia.

De cualquier manera yo asistía a esas clases que me fascinaban, con personas a quienes conocía y empezaba a amar, con quienes podía platicar y estaba absolutamente encantado con esa única clase que tomaba: Huma 3. Las personas que deseaban recibir una calificación al finalizar el trimestre presentaban pruebas optativas, pero como no eran obligatorias, yo nunca presenté ninguna.

Un día esperé a que saliera el profesor Rosenheim del salón, porque quería preguntarle algo. Cuando salió lo acompañé y le formulé mi pregunta. Ya no recuerdo de qué se trataba, sin embargo, recuerdo su respuesta y nunca la olvidaré. Me dijo:

—Nichols, eres un chico muy listo y encantador, pero lo siento mucho, mi tiempo está dedicado a las personas que vienen aquí a trabajar –y sin más, se alejó.

Dos o tres veces a lo largo de mi vida he leído o escuchado cosas que parecen cambiarme de manera tan palpable que casi he sentido como un "clic", un sonido de algo que se acomoda o algo así. Sin importar lo que sea, se trata de una sensación física; Freud la llama *Ahah Erlebnis*, una experiencia de "ajá". No es agradable o desagradable, es simplemente la experiencia de transformarse en ese preciso instante en alguien ligeramente distinto, en alguien nuevo. Y eso es lo que Ned Rosenheim hizo que me ocurriera al hablarme con la verdad.

En ese momento comencé a comprender que, no importa si tienes o no tienes buenos hábitos de estudio, la única manera de lograr hacer las cosas que te emocionan es aprendiendo todo lo posible acerca de ellas. Ése fue el comienzo de mi vida laboral. El regalo que Rosenheim me dio tuvo un valor incalculable: me cambió.

Por supuesto, hay otras cosas que han producido cambios en mí y otras personas también me han hablado con la verdad y me han hecho regalos, pero el profesor Rosenheim fue el primero y quizá el que logró el cambio más profundo. Y le debo, por lo menos en parte, el amor que adquirí por la verdad. Aunque en ocasiones sea horrible, o pueda ser muy hermosa, y todos los grados intermedios, sigue siendo la única verdad y, por lo tanto, es lo mejor que tenemos. Muchas gracias profesor. *The Corn Is Green* no se refiere a nosotros.

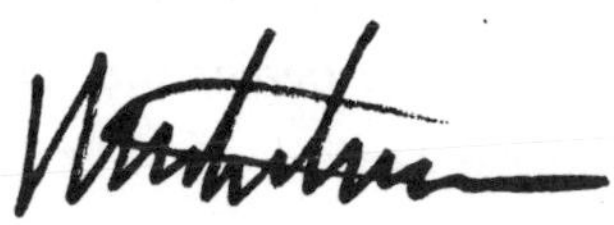

Jack Nicholson

Actor

A muchos tontos les gusta dar consejos. Yo los escucho cuando sé que quien los da no es el típico que siempre está aconsejando a todos.

Mi hermana Lorraine era la más callada de nuestra familia, pero era algo apasionada en su interior. Vivíamos en Neptune City, en Nueva Jersey, en lo que llamamos The Shore (La Playa). Yo tenía dieciséis años y había adelantado un año escolar, de modo que ya había terminado el bachillerato; sin embargo, no sabía a qué dedicarme. No estaba seguro de ir a la universidad, y no tenía muchas ganas de trabajar de tiempo completo. Deseaba ser deportista profesional, probablemente jugador de béisbol en segunda base, pero quizá en lo más profundo de mi mente sabía que no tendría éxito. Así que pensé dedicarme a ser reportero de deportes. Fue entonces cuando mi hermana Lorraine me dijo:

—Mira, Jack, tienes talento, pero si te quedas aquí siempre serás Jack Nicholson. Todos sabrán quién eres y, sin importar qué tan bueno seas, serás como un pez grande en un estanque pequeño. Pero si te aventuras y dejas el pueblo, las cosas podrían cambiar. Por lo menos podrás ser un pez en un estanque mayor.

Como estas palabras provenían de Lorraine, le hice caso y me fui a California para ver cómo me sentía. Pensé que regresaría en poco tiempo.

Recuerdo que en esa época yo era bastante alocado. Era un adolescente que no tenía nada con qué mantenerse. Hice una solicitud en los estudios MGM y mientras aguardaba la respuesta, gané algo de dinero en las carreras y jugando billar por las noches. En realidad eso no solucionaba nada. Pero el día en que estaba pensando regresar a casa, recibí una llamada sobre un trabajo en el departamento de caricaturistas en MGM. Hice de todo ahí: fui mensajero, trabajé en producción, apilaba papeles, les llevaba a los caricaturistas las cosas que necesitaban. Un día me encontré en el elevador con un tipo llamado Joe Pasternak, quien me preguntó si había pensado alguna vez en ser actor. De hecho sí lo había pensado, pero por algún motivo le dije que no. Regresé a mi trabajo y de pronto mi jefe Bill Hanna, de Hanna-Barbera, me llamó a su oficina y me dijo:

—¿Te preguntó Joe Pasternak si has pensado en convertirte en actor?

Le dije:

—Sí.

Y él me preguntó:

—Bueno, ¿y qué le dijiste? —Le dije que le había contestado que "no".

—Bueno, Jack –me dijo– quiero hacerte una pregunta. ¿Piensas dedicarte a ser mensajero toda tu vida?

Creo que ése fue el primer consejo de calidad profesional que he recibido.

La cuestión era que no había ido a Los Ángeles para convertirme en estrella de cine. Había ido para ver a las estrellas. Sin embargo, desde un principio, mi vida se relacionó mucho con el cine. Era aficionado a los programas *Thunderhead* y *My Friend Flicka (Mi amiga Flicka)*, y a esas películas de propaganda sobre la Segunda Guerra Mundial. Incluso recuerdo películas que nunca llegué a ver, pero que otros muchachos me contaron, como *Thirty Seconds Over Tokyo (Treinta segundos sobre Tokio)*. Bastó que me relataran que le habían cortado las manos a un tipo con todo y sus guantes negros, para que esa imagen se me quedara grabada para siempre. Durante mis dos últimos años de bachillerato fui asistente en una sala de cine. Hasta la fecha sé que si uno deseara saber si determinada película va a tener éxito, bastaría con llevarla a un cine pequeño en cualquier sitio. Y si el administrador del lugar te dice: "Esta película es muy buena", sin duda será un éxito de taquilla. Basta con ver a las personas que entran a la función y observar su rostro cuando salen. No se necesitan encuestas.

Tuve una carrera profesional afortunada desde el principio, aunque tardé mucho en comenzarla. Definitivamente hubo algunas personas que me dieron buenos consejos a lo largo del camino. Asistí a un curso en el teatro del Círculo de Actores con Joe Flynn, un maravilloso actor de carácter. Un día me llamó y me dijo:

—Mira, ya hemos llegado al final de las clases. Ya no aprenderás mucho más en lo poco que queda. Pero quiero decirte algo Jack, algo muy importante. Todas las personas que conozcas en este negocio te van a pedir que tomes lecciones de voz, pero no les hagas caso.

Ése fue el único consejo que me dio y yo lo seguí. Por supuesto todo el mundo intentó que yo modificara mi extraño tono de voz.

En ocasiones no es el consejo en sí lo importante, sino el hecho de que te llamen la atención sobre algo y medites al respecto. Yo tuve uno de los mejores maestros de actuación del negocio, Jeff Corey. A muchas personas con las que conviviré el resto de mi vida las conocí en la clase de Jeff. Trabajábamos por la noche, y lo hacíamos de manera constante. Una noche se enojó y dijo:

—Oye, no pasa absolutamente nada contigo. ¿Qué es lo que estás haciendo? ¿Para qué asistes a esta clase? No estás logrando nada. No veo ningún trabajo.

Lo miré y le respondí:

—Bueno, Jeff, déjame preguntarte algo. ¿No crees en la posibilidad de que yo esté logrando algo sin que tú te hayas dado cuenta?

Y ahora él también repite esa historia. Lo que estaba tratando de descubrir era cuánto debes mostrar de ti, cuál es el momento preciso para hacerlo, y cómo debes comportarte en realidad. Nunca he dejado de preguntármelo.

Por eso agradezco haber trabajado con John Huston. Filmamos juntos *Prizzi's Honor (El honor de los Prizzi)*, y es el director menos impositivo con quien he trabajado. Me acuerdo de lo que Truffaut siempre le decía a su editor:

—Recuerda que mejor es el enemigo de lo bueno.

Cuando John pensaba que había logrado algo suficientemente bueno, se detenía. Yo tenía una confianza ciega en él, y la confianza es fundamental. Puedes no estar de acuerdo con el director, pero tienes que tener confianza en él porque tiene sus razones.

Solía tener problemas con los directores, porque hablo lento. Si tenían o no razón, yo no hacía caso de lo que me decían. Cuando hice *Chinatown* con Roman Polanski, me dijo:

—Jack, ¿podrías decir esto más rápido?

Era mi amigo, y le contesté:

—Roman, ¿por qué? ¿Por qué quieres que diga las cosas más rápido? Dame chance.

Y él me dijo:

—Te voy a decir por qué. Tenemos un libreto de ciento veintitantas páginas que filmar. Es una película de detectives y tenemos que meter todos los hechos. Si continúas hablando tan despacio, la película tardará más de tres horas.

Fue la primera vez que escuché una razón legítima sobre el motivo por el cual deben hablar rápido los actores.

Parte de los consejos que he recibido se refieren a cosas fundamentales, esenciales. El actor Peter Lorre me dijo que si uno desea perdurar en este negocio, es mejor ser frugal. Aún vivo en la primera casa que compré. Ciertos consejos no pasan de moda. Cuando estábamos filmando *The Border*, el director Tony Richardson dijo:

—Recuerda que en la vida uno se arrepiente de lo que no hizo, no de lo que hizo.

Ése es un buen consejo. Supongo que eso fue lo que Lorraine me quiso decir aquella vez, hace tantos años.

Conan O'Brien

Conductor de programas de televisión

No es que sea fantoche, pero quizá yo sea la persona más inteligente con la he que vivido. Fui multilingüe desde el vientre, y mi cerebro cuando está sumergido en solución salina, desplaza más de ocho litros. En comparación, el cerebro de Einstein sólo desplaza seis litros y además huele mal. Igual que Uri Geller, puedo hacer que el acero se doble simplemente con el pensamiento, e igual que él, mi fama alcanzó su máximo a finales de la década de los setenta.

Aunque nada de lo anterior es cierto, lo que sí es un hecho es que la fuerza ha estado siempre en mi mente. No es que sea extraordinariamente brillante, sólo que carezco de destreza física y me visto con la gracia de un "deshollinador", por proceso de eliminación, he hecho de mi capacidad mental mi principal cualidad. Siempre he sido de mente ágil y esta cualidad me ayudó en los cuatro años de universidad y en mi carrera artística, en la que sólo me antecede Gerald Ford. Para abreviar, si los veintidós primeros años de mi vida me enseñaron algo, fue que tendría que usar la mente para sobrevivir.

Quizá por eso me sorprendí mucho cuando alguien me dijo: "Deja de pensarlo tanto".

Ésas fueron las palabras de una instructora de improvisación a quien conocí en 1985. Yo acababa de llegar a Los Ángeles para trabajar como escritor de comedia y me interesaba hacer algo de actuación. De modo que me inscribí en una clase que daba una mujer sabia y carismática de nombre Cynthia Szigeti. Sus palabras agregaron una dimensión totalmente nueva a mi vida y creo que acabaron siendo muy importantes para mi carrera profesional. Si no hubiera sido por ella, quizá yo estaría conduciendo un camión por ahí, y ganando lo mismo que hoy gano. (Realmente necesito hablar con mi representante...)

Honestamente considero que Cynthia me abrió una nueva puerta. Cuando me inscribí en su clase estaba decidido a dejar sorprendidos a todos con mi ingenio y mi agilidad verbal. Cuando me pidió que subiera al escenario y creara espontáneamente una escena con otro actor, intenté "escribir" el guión en mi cabeza y revelar así mi genio innato. Iba a valerme de mis puntos fuertes para no sufrir humillaciones.

Y allí estaba yo, meditando sobre lo que haría, cuando, de entre el público, alguien me gritó: "Deja de pensarlo tanto". Yo no sabía qué hacer. Ni siquiera sabía cómo bajarme del escenario sin escribir mi salida.

Cynthia comprendió que escribir era como una muleta para mí. La verdadera actuación es algo mucho más fluido que la tarea meticulosa, cuidadosa y dedicada de componer algo. Los escritores hacen bocetos y elaboran guiones; los escriben una y otra vez. Es algo exactamente igual a lo que se ve en el cine y la televisión: fruncen el entrecejo, arrancan hojas, ordenan comida china y satisfacen sexualmente a las mujeres como nadie más podría hacerlo. Pero este tipo de ideas obsesivas son como una maldición en cuanto al proceso de pensar rápidamente. Y actuar es esto último.

La filosofía oriental nos enseña que nuestra fuerza es nuestra debilidad y nuestra debilidad es nuestra fuerza. Mi capacidad mental me impedía reaccionar de manera espontánea, pero en vez de pensar en el escenario, necesitaba estar *en el escenario*. Para realmente actuar es necesario tener presente que uno no sabe en realidad lo que está creando hasta que ha terminado. Y si esto suena como demasiado "zen", no importa, ya he hecho las paces con ello.

Ahora cuando actúo, en ocasiones me siento intrigado si algún invitado hace algún comentario: me callo y lo escucho. Anteriormente, de manera instintiva, habría intentado decir algo gracioso, en vez de escuchar al invitado y determinar si el momento había sido gracioso o todo lo contrario. Desafortunadamente, tenemos muchos metros grabados con Conan O'Brien que no logra decir algo gracioso, pero uno de mis momentos favoritos en escena es cuando un chiste fracasa rotundamente, porque más tarde la recuperación hace de ese momento algo memorable. Estas "recuperaciones" no siempre funcionan, pero cuando lo hacen, el momento es tan agradable, que casi borra todos los errores.

"Deja de pensarlo tanto" demostró ser un mantra en mi carrera profesional, la cual se desarrolló de una manera extraña. La gente me pregunta cómo es que logré tener mi propio programa de entrevistas, o cómo es que lo he conservado durante nueve años. Y la verdad es que no puedo contestarles. Es como preguntarle a alguien: "¿Y cómo fue que te golpeó ese meteoro?" Mi trabajo en *Late Night* ha sido principalmente el resultado de reaccionar de manera honrada y espontánea ante las personas y problemas que me rodean. No sé cómo llegué aquí, y no sé con certeza hacia dónde voy: esto constituye la esencia de mi filosofía, y coincidentemente son palabras que se escuchan en la mayoría de las canciones de Jimmy Buffet.

Todo esto me recuerda, por último, unas sabias palabras que le oí decir a un jugador de futbol americano acerca de ese deporte. Dijo que a pesar de la mejor planeación y el mejor bloqueo: "El hueco nunca está donde uno supone". Lo que este hombre quería decirme es que en la vida real es necesario reaccionar con rapidez ante las oportunidades que se presentan, no las que uno visualiza. No hay que estar pensando y planeando el futuro, sino permitir que ocurra y reaccionar. En este aspecto, la vida se parece mucho al futbol americano, cuando llega la parte en que uno le da palmaditas al trasero del compañero.

"Deja de pensarlo tanto". Todavía ahora pienso en esas palabras: de hecho, pienso que pienso mucho en ellas. Lo cual quiere decir que no he aprendido nada. Lo cual no es lo que planeé; supongo que está bien.

Rosie O'Donnell

Conductora de programas de televisión

Durante años intenté expresar con palabras la tragedia que cambió mi vida cuando tenía tan sólo diez años. En la casa de mi padre las palabras que transmitían emociones dolorosas no eran bienvenidas, por lo que mi búsqueda fue algo solitaria, incluso furtiva. Pero ese entorno opresivo también me permitió comprender el poder de las palabras: para lastimar y para curar.

Me encontraba jugando en la casa de mi amiga Jackie la tarde de ese día invernal de 1973, cuando sonó el teléfono. La mamá de Jackie fue a la otra habitación para que no pudiera ver su cara, y después regresó y me dijo que me fuera a casa. Sabía que algo estaba mal, porque nunca me había dicho antes que me fuera a casa. Cuando llegué, estaban todos esos automóviles desconocidos en la entrada. Entré a casa y me acerqué a mis cuatro hermanos alrededor de la mesa de la cocina. Mi padre entró y nos dijo que mi madre había fallecido. Sus palabras sonaron horribles. Recuerdo que no comprendí con claridad qué quería decir con "fallecido".

Pero mi padre es un hombre de pocas palabras, y hasta la fecha. Así que fue todo lo que dijo. Luego la gente empezó a llorar. Recuerdo que salí a la calle y me puse a jugar al hockey. Continué mirando el sol y los árboles y pensando que algo cambiaría, pero estaba sola y nadie me explicó nada.

En la escuela colocaron una placa conmemorativa en memoria de mi madre, quien había sido presidenta de la asociación de padres. Decía ROSEANNE O'DONNELL: CUIDAREMOS LO QUE NOS ES DADO. Siempre pensé que la placa debería decir: "Simularé que nunca tuve aquello que me quitaron". Porque después de que murió, todas las personas que me rodeaban actuaron como si ella nunca hubiera existido.

Deseaba hablar con alguien acerca de esa pérdida; llorar y pintar, danzar y hacer esculturas. Pero nadie me alentó a expresar mis sentimientos en casa, por lo tanto los reprimí. Encontré solaz en la escritura, y llené innumerables diarios. Comencé a observar que cuando las emociones se ponen en palabras en una hoja en blanco, adquieren un poder que las hace peligrosas, incluso amenazadoras.

Pero fue necesario escuchar las palabras de otros para liberar mi dolor.

Asistí a la obra *Los Miserables* el día en que se estrenó en Broadway, seis años después de la muerte de mi madre. Valjean cantó: "Y mi nombre, cuando muera, ¿sólo se transformará en un apodo? ¿Es preciso que mienta? ¿Cómo podré mirar a mis compañeros a la cara? ¿Cómo podré estar orgulloso de mí mismo otra vez? Mi alma pertenece a Dios, lo sé desde hace mucho. Él me dio aliento cuando yo no tenía ninguna esperanza. Él me dio fortaleza para continuar mi viaje".

Para toda la negación y el dolor que había conocido, ahí encontré un mensaje muy simple: Hay que ser sincero con uno mismo, con lo que uno es y con lo que desea, con lo que le importa y con lo que necesita. Sencillamente me impactó y me dejó muy confundida.

Después de eso, me obsesioné un poco con los musicales, porque expresaban ampliamente y con detalle las emociones que yo había reprimido durante toda mi vida. En el teatro y también en la literatura he encontrado palabras que me producen escalofríos y me han servido de inspiración en momentos claves de mi vida.

Si bien la muerte de mi madre se llevó los colores de mi mundo, el nacimiento de mi hijo Parker en 1995, los restauró. Entre el torrente de emociones que me abrumaron al abrazarlo en esos primeros días de su vida, recuerdo una línea de los libros de Anne Rice acerca de un esclavo, quien a pesar de la degradación del cautiverio, "se comportaba con garbo y dignidad que sin duda provenían de que alguna vez alguien lo había amado". Mi objetivo como madre es que mis hijos se sientan plenamente amados, importantes, apreciados y cuidados para que sean capaces de vivir sus vidas con garbo y dignidad.

Y fue el propio Parker quien me dijo otras palabras el día de la devastadora tragedia del 11 de septiembre. Ese acontecimiento se me quedó tatuado en el alma, e hizo que me diera cuenta de que, a pesar de todos los esfuerzos para proteger a mis hijos, me es imposible controlar el mundo en el que habitan. Tampoco puedo vivir aterrada; es necesario soltar las riendas y vivir con amor. Parker me ayudó a comprender eso. Insistió en que lo llevara a la estación de bomberos, aunque yo temía que fuese demasiado joven para afrontar todo el dolor que ahí se vivía. Me dijo: "Mami, necesito ir". Así que lo llevé más tarde. Y allí vimos a estos bomberos vestidos de azul, con rostros polvorientos y de camino a otro funeral, enlutados por quince de sus compañeros que habían muerto en el World Trade Center. Vi que mi hijo se acercó a un bombero muy alto y le jaló la chaqueta. El hombre se detuvo y se inclinó, y Parker le dijo: "Siento mucho que sus amigos hayan muerto por tratar de salvarnos, pero sé que ahora están con Dios". Y mi hijo rompió a llorar y el bombero también. Después yo rompí en llanto, igual que todas las demás personas que escucharon esas palabras. Había tratado de proteger a mi hijo pensando que el acontecimiento sería demasiado devastador para él, pero acabó salvándome como lo ha hecho desde que él llegó a este mundo.

Shaquille O'Neal

Jugador de básquetbol

Tenía cerca de diecisiete años cuando mi madre dijo unas palabras que cambiaron mi vida. Era el verano anterior a mi último año de secundaria; yo jugaba al básquetbol en el Cole High School de San Antonio, Texas. Era un buen jugador para mi edad, y mi foto siempre aparecía en el periódico. Fui una estrella en la secundaria, podríamos decir que un niño superestrella.

El básquetbol era algo más que un simple juego para mí. Antes de que comenzara a practicarlo, los demás niños siempre me molestaban porque yo era muy alto. No había duda de que era diferente: medía 1.90 a los 11 años. Los niños siempre me ponían apodos; nombres desagradables como Shaquilla el Gorila. Cuando comencé a jugar al básquetbol todo cambió. Empezaron a admirarme, en vez de reírse de mí. El básquetbol fue mi salvación. No sólo quería jugar: necesitaba jugar. Y las cosas comenzaron a salirme muy bien.

Ese verano asistí a un campamento de básquetbol, al que van los muchachos que desean ser considerados para la NBA. Una vez allí, empecé a dudar de mí mismo. No estaba seguro de poder destacar en el básquetbol profesional, y no sabía si tenía las características necesarias.

Ese campamento es sumamente competitivo y a él asisten los mejores jugadores de secundaria del país. En Cole High siempre destaqué, pero en el campamento observé que otros muchachos jugaban mejor que yo. Siempre escogían primero a tipos como Alonzo Mourning y Jimmy Jackson. Ellos recibían más atención, más orientación individual del entrenador y los mejores shorts. Me parecía que la gente pensaba que eran mejores que yo y eso me produjo una gran conmoción. Mi primer instinto fue pensar: "Quizá no soy tan bueno como había pensado. Tal vez no logre calificar".

Siempre que he tenido problemas acudo a mis padres para que me orienten. Tenía amigos de más edad, pero no eran muy listos, y es imposible pedir lecciones de vida a personas poco inteligentes. Así que cuando necesitaba orientación siempre acudía a mi madre o a mi padre, y siempre me daban consejos que me permitían seguir el camino correcto.

Cada uno visualizó el problema desde dos perspectivas diferentes. Mi padre simplemente me dijo de manera brusca: "No andes por ahí con la cabeza agachada". Lo que quiso decir fue: "No te des por vencido, no te avergüences de ti mismo; levántate y lucha".

Mi madre tenía otro modo de ver las cosas. Era muy fuerte, como mi padre, pero también era cariñosa. Dijo: "Debes hacer que tus sueños se transformen en realidad, mientras tengas la oportunidad. Pon todo tu empeño en lograrlo. Ésta es tu oportunidad. Es tu momento de destacar".

No me sentía capaz de destacar entre esos jugadores e intenté explicárselo: "No soy capaz de eso ahora. A lo mejor después".

Y en ese momento mi madre dijo las palabras que cambiaron todo para mí: "No todas las personas pueden dejar las cosas para después".

Esas palabras me llegaron muy profundo; me hicieron volver a la realidad y elaborar un plan para trabajar duro en este momento. No hay que esperar. Si uno es perezoso o se queda sentado y no da toda su capacidad, no obtendrá nada a cambio. Pero si trabaja duro, obtendrá su recompensa. Todo fue más fácil para mí después de eso.

Durante el resto del verano tuve un objetivo. Trabajé realmente duro, y al finalizar el campamento nadie me dijo nada distinto de lo que ya sabía: yo era el mejor. Y cuando nos escogieron para la NBA a Jimmy Jackson, a Alonzo Mourning y a mí en 1992, Jackson fue el cuarto en ser elegido; Mourning fue el segundo y yo fui el primero.

No iba a esperar por un después.

Al Pacino

Actor

Era el año de 1977. Tenía la garganta seca, estaba muy nervioso. Eran demasiadas cosas. Mucha gente nueva. Demasiados contratos, demasiados proyectos, demasiados negocios, demasiadas exigencias, demasiadas mujeres hermosas y seductoras en todos lados. Me era imposible ir a ningún sitio sin que me reconocieran. Todo había ocurrido muy rápido y me sentía abrumado. Los representantes querían promocionarme, los directores querían dirigirme, los reporteros querían citar todo lo que yo decía, desde lo que opinaba acerca de la muerte de Mao hasta la persona con la que había estado la noche anterior. Los reflectores de la fama…

Era más de lo que podía aguantar.

Parecía que había sido ayer cuando estaba viviendo en un sótano, con un lavabo en vez de tina, y un escusado en el pasillo que compartía con otros inquilinos, actores que ensayaban monólogos de Shakespeare para algún grupo de teatro poco conocido en las entrañas de Brooklyn. ¿Qué había ocurrido?

Ya podía hacer obras de teatro y películas. Tenía todo frente a mí. Podía verlo, saborearlo, sentirlo, aunque no claramente. Lo que yo quería, lo que en realidad necesitaba era un trago. Un trago me ayudaría a relajarme; un trago me permitiría sobrevivir otro día. El alcohol embotaría mis sentidos y haría que disfrutara de todo por un momento: sólo un momento.

No hace mucho tiempo, yo estaba ayudando a mi amigo Charlie a reincorporarse, luego de que perdió el conocimiento a causa del alcohol, en un pasillo en donde había decidido tomar un descanso. ¿Cuándo ocurrió eso? ¿Dónde fue? No puedo recordarlo. ¿Fue hace un año? Ya había transcurrido un año desde que él había decidido estar sobrio, desde que había decidido pararle a esa vida tan agitada y tan alcoholizada que compartimos durante años. Charlie, mi profesor de actuación. Charlie mi mentor. Charlie, quien había atravesado el puente de Manhattan conmigo a altas horas de la madrugada en esos días tan fríos de febrero, repitiendo a voz en cuello monólogos de Villon y Shakespeare. Charlie, que siempre en el fondo vio lo que me convenía; Charlie, que veía en mí algo que yo no veía. Él había dejado de beber hacía un año y yo no podía creerlo. Me sentía muy solo. ¿A quién podría recurrir?

Decidí hablarle por teléfono para vernos. Nos sentamos en el café Lion's Head en Greenwich Village. Nunca olvidaré ese momento. Nos sentamos uno frente al otro en una mesa de madera y yo tenía un vaso lleno de vodka con raspadura de limón y un tarro de cerveza junto a mí. Charlie sólo se sentó del otro lado, sin nada en las manos, y con un vaso de Coca Cola al lado y me miró de una forma que nunca olvidaré. Jamás me había mirado así antes. Me sonrió, pero había una cierta tristeza en su sonrisa. Vio como me tambaleaba en mi silla. Se inclinó hacia mí y dijo: "Al, por favor, date cuenta de lo que estás haciendo". De alguna manera esas palabras se me quedaron grabadas. No sé en realidad por qué me impresionaron tanto. "Date cuenta de que tomas ese vaso, te lo llevas a los labios y tomas un sorbo. Mientras tanto, te balanceas en tu silla. Y eso es todo lo que haces", dijo Charlie. "Y continuarás haciéndolo si así lo deseas, pero date cuenta bien de lo que estás haciendo. No toda la gente hace eso. No es como respirar. Es una acción premeditada. No es algo natural. Piensa un poco en ello, por favor, Al." Quizá sus palabras me habrían sonado a sermón o a consejo, si no me las hubiera dicho con tanta compasión y con un sentido tan profundo de amor y miedo. Aunque yo pensaba que tenía el control, que era capaz de comportarme, de alguna manera lo escuché y aún lo recuerdo.

Puse el vaso sobre la mesa y mire a Charlie a los ojos. Realmente estaba interesado en mí. Estaba preocupado. Yo había hecho cinco películas y él quería que hiciera cinco más o quizá diez; tal vez cincuenta.

Miré mi vaso vacío y miré la botella medio llena. ¿Cómo es posible que una persona pueda hacer algo de manera tan impensada, sin darse cuenta del propio *acto* que está realizando? Me tomó algunos momentos, pero finalmente lo entendí. Comprendí hasta qué grado esa cosa estaba alterando mi vida. Ahora me dominaba, me poseía. Le puse la tapa a la botella y tomé conciencia. Realmente lo comprendí. Fue el momento oportuno.

Diez años más tarde, en 1987, yo estaba en el auditorio de Carnegie Hall esperando a que Sinatra saliera al escenario a cantar. Aún era temprano y Buddy Rich salió primero para iniciar la función. Tenía sesenta y cinco años. Se sentó detrás de sus tambores y mi mente comenzó a divagar. Comencé a recordar los tragos y drogas que dejé de ingerir desde ese día en que Charlie me hizo consciente. No pasa un día sin que lo recuerde... pero estoy seguro de algo: aún sigo aquí. De lo contrario, tal vez ya no estaría. Luego escuché cómo Rich tocaba los tambores mientras Sinatra salía. Cerré los ojos y mi mente voló. ¿Qué estaba escuchando? Sonidos como los del océano, como si hubiera dos bateristas. ¿Tendría hermanos que tocaran con él? Abrí los ojos para verificarlo. Era simplemente Rich, tocando con tal rapidez que parecía que tenía seis palillos sobre la batería. Oía el sonido de los tambores y de los címbalos y luego el sonido de sus dos palillos al chocar uno contra el otro. Nunca había visto o escuchado algo así. Carnegie Hall estaba lleno al máximo de su capacidad, y un solo baterista nos mantenía cautivados. ¿Acaso alguien decía una palabra? ¿Qué era lo que estaba ocurriendo? ¿Cómo era capaz de hacer todo eso con tan sólo dos palillos? Y entonces ocurrió algo trascendental, un momento inolvidable. Levantó ambos palillos en el aire por encima de su cabeza, y de manera repentina y muy rápida los separó. Había una pulgada visible entre los palillos. Se produjo silencio total en el auditorio, y después una exclamación general. Todo el mundo se puso de pie al igual que yo. ¡Bravo! ¡Bravo! Sinatra, la leyenda, ¿subiría al escenario después de esto? En ese momento salió la estrella, hizo una pausa, nos miró y se dio cuenta de que estábamos extasiados, por la interpretación de Buddy Rich que acabábamos de escuchar. Y él simplemente nos dijo: "Hay que felicitar a las personas que saben ser perseverantes, ¿verdad?" Eso fue todo.

Sinatra gana buen dinero.
Hay que reconocerlo.

Ha sabido ser perseverante.
Y Charlie tuvo razón cuando me dijo
que me diera cuenta de lo que estaba haciendo.
Muchas gracias, Charlie.

Gwyneth Paltrow

Actriz

Mary ha sido mi mejor amiga desde el kínder. Nos conocimos en Los Ángeles, mi ciudad natal, y fuimos juntas a la misma primaria, un pequeño lugar llamado St. Augustine By the Sea. Era una escuela tipo *hippie*; de hecho, un lugar donde si te preguntaban, "¿Cuánto es dos más dos?" y contestabas, "Cinco", te responderían, "Bueno, si decir cinco te hace *sentir* bien, entonces, ¡dilo!"

Aunque no avancé mucho a nivel académico en St. Augustine, sí aprendí todo lo necesario sobre las amistades y cómo sentirme bien conmigo misma. Y lo más importante de todo, conocí a Mary en ese sitio. Ella siempre ha sido como una hermana para mí y siempre me dice la verdad.

Nunca fue más evidente esto que hace varios años, cuando yo estaba pasando por un mal momento con uno de mis enamorados. Siempre me sentía infeliz. A pesar de que lo amaba, había algo en su conducta que me hacía pensar que yo no era suficiente para él. Día tras día, escudriñaba en ese tormentoso romance y siempre me culpaba a mí misma porque pensaba que debía ser más inteligente, más bonita o más sagaz; si me esforzaba en mejorar probablemente lograría que mi novio me quisiera tanto como yo a él.

Mi mente funciona de manera lineal y podemos decir que mi autoestima no es nada baja. Sin embargo, por algún motivo esa relación me hacía dudar de mí misma y de mis instintos. Como se trataba de sentimientos totalmente nuevos para mí, me era muy difícil hacerlos a un lado. Sentía que estaba enloqueciendo.

En esa época, Mary y yo decidimos asistir a un seminario de fin de semana de yoga y meditación, en un monasterio de budismo zen japonés en Catskills. A menudo hacíamos cosas interesantes juntas, pero esto nos ilusionaba mucho;

nunca antes habíamos ido a un retiro. El programa fue bastante singular para nosotras: incluía levantarnos a las cinco de la mañana (al sonido de los gongs), ponernos nuestras batas y meditar durante cuarenta y cinco minutos sin mover un músculo. Después de esas sesiones de cantos y yoga, consumíamos nuestros alimentos en silencio; ni siquiera el contacto visual estaba permitido. Sin duda eran cosas bastante extrañas y en ciertos momentos Mary y yo apenas podíamos contener la risa; después de todo, habíamos sido amigas desde el kínder.

Quizá ustedes piensen que en aquel ambiente tan sereno yo sin duda logré desprenderme de los pensamientos negativos que tenía acerca de mi novio y nuestra relación, pero en vez de esto, me sentí todavía peor. Al recordarlo, supongo que era algo inevitable: cuando uno se encuentra con un entorno tan tranquilo y puro en donde no hay nada de ruido, el volumen del monólogo interno aumenta de manera considerable, y junto con él, cualquier problema sin resolver que uno tenga en el corazón y en la mente.

Así que allí estábamos sentadas junto a un hermoso lago tras nuestras actividades matutinas y cuando de nuevo comencé a quejarme y a decirle a Mary lo mal que me sentía, enumerando una tras otra las ofensas que había recibido: no se reportaba a mis llamadas telefónicas, o no pasaba por mí cuando ya habíamos hecho planes.

—Esto es tan terrible –le dije por fin a Mary–. ¿Por qué me estoy haciendo esto? ¿Por qué tengo que sentirme así?

Mary hizo una pausa.

—Gwyneth –me respondió después de tomar aliento–, te sientes así porque no estás recibiendo lo que realmente necesitas.

—¿A qué te refieres? –le pregunté.

Mary repitió sus palabras de manera sencilla y calmada.

—No estás recibiendo lo que necesitas, Gwynnie.

No le respondí de inmediato como acostumbraba hacerlo. Me quedé en silencio durante mucho rato. Quizá era el entorno, quizá fue la simple honestidad de las palabras fuertes y amorosas de Mary; pero repentinamente me di cuenta de que en realidad, yo era una persona valiosa y que, por algún motivo, había permitido que una relación poco saludable me provocara estos sentimientos tan tremendos. Sentí como si la niebla hubiera desaparecido y en un instante comprendí que el problema no era mi novio: el problema era yo, porque no me permitía obtener aquello que realmente necesitaba. En otras palabras, estaba preocupada por él, no por mí.

A medida que transcurrió el día, empecé a sentirme un poco enojada, incluso resentida. Después de todo, si era verdad que yo no estaba recibiendo lo que necesitaba, entonces la conclusión evidente era que ese hombre no era la persona indicada para mí. Y no estaba lista para aceptar el veredicto.

Durante todo el fin de semana, las palabras de Mary resonaron en mi cabeza. En realidad me sentí contenta de salir del monasterio y regresar a casa donde podía llenar mis días con distracciones, ir de compras, al supermercado, responder el correo electrónico o acordarme de darle a mi perro su píldora mensual contra las pulgas. En esos momentos, me producía un gran alivio sumergirme en actividades que me impidieran realizar aquello que realmente necesitaba hacer.

Por supuesto, poco después seguí el consejo de Mary. Rompí con mi novio y todo en mi vida comenzó a mejorar.

Hasta la fecha el consejo que me dio Mary a la orilla del lago continúa ejerciendo efectos profundos sobre mí. Siempre que me siento desplazada o desubicada, esas palabras tan sencillas: "No estás recibiendo lo que necesitas", me ayudan a recuperar el equilibrio. He elegido una profesión donde con frecuencia me hacen demandas, razonables y de todos tipos; ya sea trabajar horas extras o hacer una presentación en público después de haber trabajado trece horas, cuando en realidad todo lo que deseo es dormir. Y en estos casos, cuando me descubro luchando por convertirme en una versión de mí misma que complacería a los demás, pero no a mí, en silencio me pregunto: "¿Estoy recibiendo realmente lo que necesito? ¿Estoy marcando mis límites con claridad?" Y si la respuesta es negativa, de inmediato sé qué necesito hacer.

La autoestima es algo muy frágil y he aprendido eso. A fin de cuentas, tenemos la capacidad –en realidad tenemos la responsabilidad– de cuidar de nosotros mismos y de hacer lo necesario para sentirnos bien.

Sarah Jessica Parker

Actriz

Irónicamente, las palabras que quizá hayan ejercido el mayor impacto sobre mi vida nunca las oí de nadie.

Tenía ocho años y vivía en Ohio. En esa época mi familia no tenía mucho dinero, y durante un periodo breve dependimos del apoyo económico del gobierno. No quiero decir que nuestras finanzas domésticas siempre hayan estado mal, pero hubo ocasiones en que mis padres nos decían: "Este año no celebraremos la Navidad". Por supuesto, los pequeños, como yo, nos sentíamos muy desilusionados, pero si retrocediera el tiempo, no cambiaría mi niñez por nada. Nunca me faltó amor, comida o techo.

En esa época mi hermano Toby, de once años, y yo decidimos que queríamos audicionar para el Ballet de Cincinnati, que en ese entonces era una de las compañías de ballet más respetables del país. Aunque mis padres siempre habían alentado nuestro interés por las artes, era evidente que no tenían medios para invertir en nuestro futuro como bailarines. Era necesario asistir hasta a seis clases por semana a la escuela y en ocasiones, a dos o tres al día. Nunca podríamos costear eso, pues estaba totalmente fuera de nuestro alcance.

Así que mi madre fue a ver al director de la compañía de ballet, un hombre llamado David Blackburn, y le preguntó sobre la posibilidad de conseguir una beca para Toby y para mí. El Ballet de Cincinatti no contaba con un buen programa de ayuda financiera en esa época, pero como mi madre pudo darse cuenta, el señor Blackburn era un hombre determinado y muy listo.

—Pensamos que Toby y Sarah Jessica tienen potencial –dijo el señor Blackburn a mis padres después de la audición–, y quizá puedan dedicarse de lleno al ballet. Van a tener que trabajar muy duro, por supuesto, y mantener un buen promedio escolar, pero creemos que es conveniente para la compañía y sus finanzas que continúen con nosotros. Por lo tanto, les vamos a dar una beca.

Yo no estaba presente cuando el señor Blackburn dio esta noticia, y algo a su favor: jamás me mencionó lo de la beca en los tres años que bailé para la compañía. Nunca me dijo:

—Estás aquí sin pagar nada, y tienes que probar que realmente eres buena, así que será mejor que te esfuerces.

Ni tampoco me hizo sentir que le debía algo, o que tenía que extender la mano para que me dieran de comer. Me permitió ser igual que las demás estudiantes.

Gracias a que el señor Blackburn se esforzó en ayudarme, se inició un capítulo totalmente nuevo de mi vida. Al transcurrir los años, el programa se hizo cada vez más intenso, y en el proceso, el señor Blackburn me enseñó que la danza no se trataba sólo de una técnica o de colocar los pies en diversas posiciones. Más bien se trataba de contar una historia al auditorio, empleando tanto la propia cara como el cuerpo. Al transmitirme este invaluable concepto, el señor Blackburn me estaba enseñando de manera inconsciente cómo actuar, y ésta se convirtió en la destreza más importante que necesitaría en la carrera que finalmente elegí.

La generosidad del señor Blackburn no terminó cuando nuestra familia se mudó a Nueva York, tres años después. Se preocupó por ver que Toby y yo fuéramos aceptados por el American Ballet Theatre, y que nuestras becas fueran respetadas y la transición fuera fácil. Fue mucho más que un simple profesor de ballet: el señor Blackburn se interesó en nuestras vidas y en nuestro futuro, lo cual era algo poco común y muy especial.

Aunque no lo entendía en esa época, a medida que crecí, comprendí que el señor Blackburn había apostado mucho por nuestro futuro. Ese acto tan sencillo de generosidad me enseñó que alguien puede creer en ti, sin importar de dónde vienes, cómo eres, o si podrás o no dar algo a cambio. Aprendí que el valor real de una persona no se basa en lo que tiene, sino en lo que es. Mucha gente piensa que el mundo está cerrado para quienes carecen de medios; pero el señor Blackburn nos envió exactamente el mensaje opuesto.

Si pudiera pedir un deseo sería que los niños fueran conscientes de que no sólo las personas con medios económicos tienen las puertas abiertas en este país. Los niños pobres de las ciudades a menudo piensan: "No puedo ser bailarín; no puedo dedicarme a las artes; no podré ser escultor o dedicarme a la cerámica o ir a Nueva York y llegar a ser actor, porque no tengo dinero. Sin duda tendré que conseguir un empleo donde ganaré el sueldo mínimo". Esto sencillamente no es cierto, y hablo por experiencia propia.

Se puede adquirir cultura de manera gratuita en las bibliotecas, a través de becas y en programas de artes y obras de teatro que se representan en los parques. Y sólo porque uno no tenga "pedigrí" –por sentirse de una raza descalificada o marginada no significa que no podamos lograr nuestros sueños.

Cuando comencé a trabajar de actriz y a ganar algo de dinero, instituí una beca en el Ballet de Cincinnati con el nombre de David Blackburn, quien por ese entonces se retiró de la danza, y ahora vive al otro lado del lago, en Kentucky. Esta beca se otorga a niños que tengan el deseo de estudiar ballet, pero tal vez no cuenten con los medios para ello. La instituí no porque considerara que debiera hacerlo, sino en señal de esperanza. Creo que si una escuela tuviera dos señores Blackburn realmente cambiaría, y a partir de ahí se podría iniciar un movimiento, y quizá después de eso, toda una nueva manera de pensar.

Aunque ya han transcurrido casi treinta años desde esa época memorable, puedo decir con toda seguridad que las palabras del señor Blackburn –de apoyo a mis padres y de aliento hacia mí– le dieron una chispa vital a mi vida. Y como he aprendido de manera muy clara, una pequeña chispa de aliento recorre grandes distancias.

Sean Penn

Actor y director de cine

Me había ido mal en California y me había ido mal en Nueva York. De repente llegó la suerte y me encontraba de nuevo en Hollywood trabajando en la actuación. Pude comer, conseguí un sitio para vivir y tuve libertades que antes no había conocido. Esto fue a comienzos de la década de 1980. Hice *Taps, Fast Times at Ridgemont High* y *Bad Boys* y tuve algunos papeles en otras películas. Tuve la oportunidad de explorar toda una gama de caracteres, pero al mismo tiempo comencé a sentir que esa atmósfera tan cargada alteraba mi proceso creativo. No soy un puritano al respecto, y no quiero decir que la cuestión económica sea algo que pueda divorciarse totalmente de lo artístico, ya sean los problemas financieros de los guionistas o los fondos necesarios para filmar la película; es preciso aceptar estas cosas. Pero lo que me quedó muy claro fue que muchas personas a quienes había conocido en los días malos habían cambiado por las exigencias de ser "profesionales".

La mayoría de ellos parecían más preocupados por proteger la inversión del estudio y asegurarse de ser contratados nuevamente, que por realizar cualquier tipo de apuesta artística. Todo giraba alrededor del reloj económico. Cada vez percibía yo menor cantidad de inspiración. Recuerdo haberme sentido abrumado por lo que consideraba un tipo de madurez adecuada sólo en personas cuya naturaleza no era comportarse de ese modo. Todo el mundo quiere agradar, y lo hacen a tal grado, que no le caen muy bien a nadie. Cuando cada quien cede un poco, el negocio se prostituye mucho. Quizá esto explique el estado de la industria cinematográfica estadounidense en la actualidad.

Entonces, una noche de depresión, tras haber bebido grandes cantidades de Wild Turkey y fumado un número exorbitante de cigarrillos, me tropecé con una caricatura y comencé a reírme como un niño. Allí estaba este hombre diminuto mirando a otro hombre con un traje de tres piezas y sombrero de bombín y diciéndole: "No madures. La gente madura hace muy mal trabajo". Eso me sonó al principio como un retroceso, una especie de refugio para aquellos que no quieran abandonar el goce. Pero creo que a un nivel más profundo, se refería al hecho de que nadie conoce los secretos del universo y a partir de eso que nuestra naturaleza no está destinada a evolucionar y madurar en su totalidad. Para representar esa naturaleza inmadura, nosotros como artistas debemos ser capaces de reírnos de las cosas, apreciar el misterio y no tratar de dar respuesta a todas las preguntas.

No sé con precisión dónde apareció esta caricatura o ni siquiera cuándo fue publicada, pero la vi y pienso en ella a menudo. Se la muestro a los actores como una guía cuando creo que su actuación es demasiado segura. Hay una falta de ambición emocional en mi ramo; hay una falta de aventura. Éste es el problema del profesionalismo, de lo que se llama madurez. La corriente principal se está volviendo cada vez menos tolerante. No desea que la imaginación se desborde más allá de sus límites. Veo a mi alrededor que los actores, los pintores, escritores y directores desean decir algo en especial, y veo cómo los valoran cada vez menos en nuestra cultura y quedan marginados y sin trabajo. Mientras quizá alguna vez su caso habría sido calificado de "rebeldía", lo cual, en última instancia, es un concepto de la adolescencia, ahora simplemente son hechos a un lado por considerarlos advenedizos.

El concepto del individuo, concepto sobre el cual se ha basado este país, se ha perdido en muchos aspectos. Quizá ya había comenzado a desaparecer cuando Brando inició su carrera o quizá la desaparición se produjo mucho tiempo antes. Veo que algunos artistas continúan aventurándose, siguen haciendo su trabajo por el mismo motivo que los atrajo en un principio; pero no puedo decirles cuántas personas se han derrotado. Recuerdo las conversaciones que teníamos, el idealismo de la juventud, pero ellos ya no recuerdan esas conversaciones; simplemente se sientan a hablar sobre el equilibrio entre el arte y el comercio. ¿A qué se refieren con esas palabras? ¿Eres un artista o un equilibrador del arte y del comercio?

No quiero decir que no tengan que ser responsables. Cuando hago una película no gasto más de lo que el presupuesto indica. Me gusta hacer presupuestos pequeños para tener libertad y para que no haya que cumplir con condiciones externas a costa del descubrimiento. Sin embargo, creo que no se trata nada más del arte. Creo que este concepto falso sobre el significado de la madurez se encuentra en la política y en la vida. Los seres humanos no somos perfectos. Cometemos errores, somos muy descuidados y somos tontos. También somos inmaduros. William Saroyan escribió: "Descubre en todas las cosas aquello que brilla y se encuentra más allá de la corrupción. Alienta la virtud en todos los corazones donde quizá haya quedado oculta y siente pena por la vergüenza y el terror del mundo". Todos quedamos cegados por la vergüenza, el terror y por el compromiso, pero es necesario monitorearnos. Tenemos que asegurarnos de no despertar con el bombín puesto, adherido a nuestra cabeza con pegamento.

Itzhak Perlman

Músico

Entre los miles de consejos y palabras de inspiración y aliento que he recibido en el curso de los años, el más poderoso (el que ha desempeñado un papel central en mi vida, tanto de niño como de adulto) se reduce a una sola palabra: practica.

Yo tenía tres y medio años cuando comencé a tocar el violín por primera vez. A mis padres les gustaba mucho escuchar la radio, y cada vez que yo oía algún solo de violín les decía: "Deseo tocar ese instrumento". Simple y sencillamente, su sonido me agradaba.

Entonces mis papás me compraron un pequeño violín, de un dieciseisavo, que sólo medía unos 38 ó 40 centímetros de largo. Sin embargo, ese instrumento tan pequeño no produce música muy buena –aunque sólo tenía tres años, sabía que no sonaba bien–, por lo que, cuando cumplí cinco años, me dieron un violín de una cuarta parte del tamaño normal, es decir, un poco mayor.

Lo siguiente que necesitaba era tomar clases. Un día, mis padres escucharon a un tipo tocando en un café de Tel Aviv y le preguntaron si podría enseñarme.

—¿Puede dar clases de violín? –le preguntaron.

—Por supuesto –respondió con entusiasmo–. Haré lo que sea.

Comencé a aprender violín con este hombre, pero después de un tiempo se hizo evidente que no era muy buen maestro, así que finalmente fui al Conservatorio de Tel Aviv, donde aprendí a tocar el violín de manera adecuada bajo la tutela de una mujer llamada Ryvka Goldgart. La señora Goldgart era rusa y me enseñó a tocar según los métodos tradicionales. Era una maestra maravillosa y fue la única que tuve durante los trece años que viví en Israel.

Y sin embargo, la palabra "practica" entró a mi universo casi desde un principio. Aunque a mis padres les encantaba escuchar música de todo tipo, no tenían entrenamiento profesional y, por lo tanto, no podían ayudarme a aprender la mecánica del violín. Tampoco podían darme instrucciones sobre aspectos como velocidad, tono o fraseo. Sin embargo, vigilaban mi compromiso con el instrumento, escuchando el sonido de la música que procedía de mi habitación. Cuando me escuchaban tocarlo sabían que estaba trabajando, y cuando no me escuchaban me decían:

—¡Practica!

Por otra parte, la señora Goldgart también usaba una palabra con P, pero en su caso ella adoptó (como decimos en música) una variación del tema. Una frase que ella me decía con frecuencia era:

—¿Ya practicaste hoy?

Por ejemplo, si yo asistía a clase y tocaba algún pasaje bien, ella sabía de inmediato que había estado haciendo mi tarea, y cuando las cosas no sonaban muy bien, sabía que había flojeado. En consecuencia, lo que me enseñaba en mi lección dependía de lo bien que me había preparado para ella durante la semana.

Como la mayoría de los niños que aprenden a tocar algún instrumento musical, no me gustaba mucho practicarlo. Pero lo hacía y a veces le dedicaba de tres a cuatro horas diarias. Sin embargo, la mayor parte del tiempo me aburría. Lo que quería en realidad era tocar nuevas piezas o salir a jugar con otros niños.

Pero como la disciplina de practicar me la inculcaron en el momento oportuno (desde la primera vez que tuve el violín en las manos, para ser exactos), modificó una parte elemental de mi profesión. Hoy en día, practicar constituye un acto natural para mí, un hábito en realidad. Y la frecuencia con que practico depende de lo bien que haya estado tocando. Si actúo en un concierto y después me digo: "Bueno, eso sonó bastante bien, pero creo que necesito pulirlo", sé que tengo que aplicarlo. En ocasiones requiero una hora de trabajo para ello, en otros casos tan sólo cinco minutos. A esto le llamo: "Practicar según se requiera".

Con el transcurso de los años he transmitido a mis estudiantes ese consejo, esa pequeña pero crucial palabra. Igual que la señora Goldgart, yo le he dado mi propia tonalidad: les recuerdo a los jóvenes músicos que es necesario que practiquen despacio. Una y otra vez, los estudiantes se quejan conmigo de que a pesar de las horas que dedican a la práctica del violín no mejoran mucho. Entonces les pido que me muestren cómo practican, y el 90 por ciento del tiempo están tocándolo demasiado rápido.

El cerebro funciona en una serie de secuencias diminutas, y para que logre procesar información compleja (por ejemplo, algún pasaje complicado de Paganini), ésta tiene que suministrársele de manera limpia y precisa. Cuando el violinista intenta practicar el pasaje con demasiada rapidez, el cerebro simplemente no puede asimilar todos los datos necesarios y, al final los dedos no aprenden lo que se supone que deben aprender. Así que la clave está en practicar despacio.

La práctica constituye en realidad un compromiso: con el arte y con uno mismo. Cuando uno desea ser verdaderamente bueno en lo que le interesa, ya sea música o matemáticas, o incluso tenis, para fines prácticos, es necesario dedicar tiempo a aquello que uno desea perfeccionar. Después de todo, ya lo dice el viejo dicho: "El genio es uno por ciento de inspiración y 90 por ciento de transpiración". Creo que fue Thomas Edison quien por primera vez dijo estas palabras. Por supuesto, Edison no tocaba el violín.

Ahora que si lo hubiera practicado...

Bob Pittman

Presidente y director ejecutivo de AOL Time Warner

Mi hijo adolescente estaba pasando por una época particularmente turbulenta, como todos los de su edad, y yo compartía esos momentos con mi padre. Hablaba con él por lo menos dos veces por semana, y él se compadecía de mí. Papá era un buen tipo, un ministro metodista de Mississippi. Era un sureño con un agudo sentido del humor, lleno de historias y siempre analizando las cosas. Estaba acostumbrado a aconsejar, pero no a criticar. No me daba muchos consejos, así que cuando lo hacía, lo escuché con atención.

Yo estaba preocupado por el comportamiento de mi hijo; tenía catorce años y no nos llevábamos muy bien. Transgredía los límites y yo se los volvía a marcar; dudaba mucho, pues temía resultar demasiado rígido. Aunque pensaba que él requería límites estrictos e inflexibles.

Es difícil llegar a ese momento en que tu hijo deja de adorarte. Cuando deja de escuchar con atención todas tus palabras y comienza a pensar que casi todas tus ideas son tontas; cuando pasa de pensar que todo lo que le dices está correcto a tener la seguridad de que casi todo lo que dices no tiene sentido. Cuando llega este momento, los padres generalmente pierden el control. Sienten la tentación de aplicar una fuerte disciplina y si el niño no se comporta después de las tres primeras veces, tienden a hacerse aún más inflexibles.

Llegado este punto, yo no sabía las respuestas a las preguntas esenciales. ¿Hasta dónde debía ser permisivo con mi hijo? ¿Hasta dónde debía ser estricto?

Mi padre finalmente me dijo hasta dónde. Dijo que nunca colocara el límite en un punto tal donde los dos ya no pudiéramos hablar. No hay nada que justifique que uno pierda la línea de comunicación con el hijo, pues eso arruinaría la relación.

Sus palabras me causaron tal impacto, que comprendí que ésta había sido la regla que mi padre siempre había aplicado conmigo. Como saben, los hijos de los ministros pueden ser de dos tipos: perfectos o conflictivos. Mi hermano fue del primer tipo y yo fui más bien del segundo. Fui el tipo de niño que tenía bastantes amigos y que pateaba las luces del sistema estatal de carreteras o cruzaba los cables de los *bulldozers* por la noche para que a la mañana siguiente derribaran la construcción. Nunca participé en estas travesuras de manera directa, pero solía traspasar los límites. Casi me expulsan de la escuela, pues no participaba en los programas que no me agradaban y me negaba a cortarme el cabello.

Para mi sorpresa, mi padre estuvo de acuerdo conmigo acerca de los programas y lo largo de mi cabello y fue a defenderme a la escuela. Cuando yo tenía razón, él me defendía. Y lo más sorprendente era que aun cuando no la tenía, él me defendía. Me dejaba hacer todo tipo de cosas. Papá me entendía.

Mi mayor sorpresa se produjo cuando yo tenía quince años y me permitió conducir hasta Jacksonville, Florida, para el Gator Bowl (juego americano) con tres muchachos y unas niñas. Estuvimos allí una semana: mucha libertad para alguien de mi edad.

Siguiendo los consejos de mi padre, hice un cambio importante en cuanto a cómo tratar a mi hijo. Lo escuché con más atención y le hice saber que podía hablar conmigo sobre cualquier tema. Comencé a darle más responsabilidades; le pedí su opinión sobre el castigo que merecería en caso de que llegara más tarde de lo acordado, y propuso reducir el tiempo que podía estar fuera de casa la siguiente vez, teniendo en cuenta el tiempo que llegara tarde. Determinó cómo organizaría su vida: su domingo, sus tareas. Si sacaba ciertas calificaciones, obtendría más libertades. Yo decidí que se requería un conjunto de reglas y que él sería quien las propondría. Nunca le concedí responsabilidad excesiva. Esto produjo una diferencia notable en nuestra relación y redujo mi nivel de tensión considerablemente.

Mi padre me ayudó a comprender que, cuanto más aprietas los tornillos, el ánimo de todo el mundo se caldea. Tienes que calcular cómo habilitar a tu hijo. Tienes que anticipar los eventos y prever las cosas antes de que ocurran. Sin duda, mi padre sonreía mientras yo me quejaba de mi hijo. Es un hombre que gusta de la ironía. Nunca me dijo nada al respecto, pero sin duda se acordó de mis épocas de adolescente y pensó en voz baja: *"Muy bien, ahora te toca sufrir a ti"*.

Sidney Poitier

Actor

Debo agradecer a la Universidad de la ciudad de Nueva York la educación de mi hija. Debo agradecer a las calles de la ciudad de Nueva York la mía, y también a las calles de Miami, Florida y a las calles de Nassau y Cat Island, en Las Bahamas. Fueron lugares donde aprendí que el *honor* va de la mano con la *responsabilidad*, y que es preciso *pagar* por lo que uno hace. En esos sitios, la mezcla impredecible de curiosidad, riesgos y recompensas (por sí mismas) a menudo determina la propia supervivencia.

Estaba en la calle cuando por primera vez oí las palabras que determinarían el rumbo de mi vida y me permitirían dirigirla. Esa mañana, del verano de 1945, yo no tenía manera de saber que la prueba y el error, la curiosidad, los riesgos y las recompensas estaban posicionados para ejercer un impacto vital sobre mi existencia. Remontémonos media hora antes de que el momento llegara.

Fui lavaplatos. Así sobreviví durante mis primeros años en la ciudad de Nueva York. Para ese trabajo no se requería una gran destreza, se podía ganar un salario y comer tres veces al día.

Pero iba de un trabajo a otro, y mis bolsillos estaban casi vacíos. De hecho, estaban tan vacíos que si no conseguía un puesto fijo de lavaplatos, estaba dispuesto a realizar cualquier tipo de trabajo para el cual pudiera valer un niño negro sin preparación. Conseguí una copia del *Amsterdam News*, uno de los principales periódicos de Harlem, y comencé a buscar en las páginas de anuncios clasificados algún puesto de lavaplatos. La última página de esa sección estaba junto a la página de los teatros, y contenía un artículo con el encabezado: "SE SOLICITAN ACTORES".

Un grupo llamado The American Negro Theatre (Teatro Negro Americano) necesitaba actores para su próxima producción. Mi mente se exaltó. Mis ojos saltaban de la página de empleos a la página de los teatros. "Diablos", pensé, "he probado con SE SOLICITAN LAVAPLATOS, SE SOLICITAN PORTEROS y SE SOLICITAN CONSERJES... ¿por qué no intentar con SE BUSCAN ACTORES?"

Me imaginé que podría hacerlo, y no me pareció mucho más difícil que lavar platos o estacionar automóviles. Sin embargo, cuando me presenté a la audición, el hombre a cargo me hizo saber, y de manera tajante, que mis suposiciones eran erróneas: carecía de entrenamiento como actor. ¡A duras penas podía leer! Y, encima de todo, tenía mucho acento de Las Bahamas, hablaba muy cantado.

Me quitó el guión de las manos, me hizo dar media vuelta, me tomó por detrás del cuello y de los pantalones y me llevó de puntitas a la puerta. Estaba encolerizado.

—Vete de aquí y no me hagas perder el tiempo. Busca un trabajo que seas capaz de hacer –me dijo a gritos–. Búscate un empleo de lavaplatos, o algo así.

Ésas fueron sus últimas palabras, después me sacó de allí y azotó la puerta a mis espaldas.

Tengo que decirles que estas palabras me resultaron más molestas que un piquete de avispa o la incomodidad producida por la hiedra venenosa en mi niñez. Yo no le había mencionado que trabajaba de lavaplatos, así que, ¿cómo lo había adivinado? Y si no lo sabía, ¿qué había en mí que le había revelado a este extraño que la profesión de lavaplatos podía resumir con tal exactitud toda mi existencia?

Por lo que haya sido, sus comentarios hicieron que me diera cuenta de que tenía que cambiar, o mi vida iba a ser terrible, así que me propuse superarme. Trabajaba por la noche y a la hora del almuerzo me sentaba en un área tranquila del restaurante donde trabajaba y me ponía a leer periódicos, tratando de pronunciar todas las sílabas de cada palabra desconocida. Un viejo mesero judío, al observar mis esfuerzos, se apiadó de mí y se ofreció a ayudarme. Se convirtió en mi tutor, y también mi ángel guardián. Todas las noches nos sentábamos en el mismo sitio, en un área tranquila, y él me ayudaba a que leyera mejor.

Mi objetivo inmediato era probar que era capaz de ser actor si yo quería.

En realidad no tenía verdaderos deseos de subir al escenario, ni siquiera había pensado en eso con anterioridad. Simplemente necesitaba probarle a ese extraño que Sydney Poitier era capaz de muchas más cosas que lavar los platos.

Y me funcionó. La segunda vez que audicioné, me escogieron.

Sin embargo, no fue nada fácil. De hecho, me escogieron simplemente porque había muy pocos muchachos y necesitaban algunos cuantos para completar el salón de clases. Pero ni siquiera ese golpe de suerte fue suficiente para desalentarme en mi afán de progreso. En un par de meses me reprobaron y de nuevo me sentí muy vulnerable, como si hubiera caído de un bote al agua profunda. Si perdía eso, ¿qué iba a hacer? ¿Sería tan sólo otro niño negro apenas capaz de leer y que se iba a dedicar a ser lavaplatos en la isla de Manhattan?

"No, si puedo evitarlo", pensé. Así que de manera desesperada les hice una oferta verdaderamente asombrosa que no pudieron dejar de aceptar. Les ofrecí ser su conserje, sin que me pagaran nada, si me permitían continuar mis estudios. Tras algunas breves negociaciones, llegamos a un acuerdo.

Las cosas comenzaron a mejorar, e incluso yo comencé a mejorar como actor. Pero cuando llegó el momento de comenzar con la gran producción, se presentó un chico nuevo, un joven del Caribe que no formaba parte del grupo, pero a quien la directora le asignó la parte que *yo* esperaba desempeñar. Después de todos mis esfuerzos, de romperme el seso intentando aprender a actuar (sin mencionar mis esfuerzos para mantener limpia la entrada y la chimenea prendida), ella lo eligió a él.

Bueno, tenía que admitir que era un chico bastante guapo y tenía buena voz. (Hasta podía cantar un poco.) Traté de consolarme por el hecho de que me dejaran actuar junto a él, pero ¿cómo iba a saber yo lo que la suerte me deparaba? La noche de la primera presentación, la noche en que un importante director iba a venir a ver el espectáculo, el niño del Caribe que haría el papel que yo deseaba (se llamaba Harry Belafonte) no pudo presentarse, y yo tuve que sustituirlo. Y entonces, de manera imprevista, al director visitante le agradó lo que hice y me llamó para audicionar en una obra que él planeaba poner en Broadway.

—Voy a presentar *Lisístrata* en Broadway –me dijo–, y quizá haya una pequeña parte que puedas desempeñar... si te encuentras disponible.

"¿Bromea usted?" dije para mis adentros.

Y poco después, cinco semanas más tarde, la noche del estreno estuve allí, en un escenario de Broadway, mirando a un mar de caras blancas en un teatro totalmente lleno. Ellos a su vez me veían. Estaba increíblemente asustado, y no hice muy bien mi papel.

La palabra "mal" no puede describir la manera en que me sentí. Entré a escena en momentos no indicados, me equivoqué de líneas... y en pocos segundos, el público comenzó a reírse. La escena llegó a un final tortuoso, y este Niño del Caribe corrió agradecido tras bambalinas. De nuevo sentí que el vacío se abría para recibirme. Ni siquiera asistí a la fiesta de inauguración, así que no pude enterarme de los primeros comentarios. Los críticos destrozaron la obra.

Pero extrañamente, yo les agradé. Actué tan mal, que pensaron que era bueno. Dijeron que también admiraban "mis dotes de comediante y mi inocencia". (Si ustedes hubieran visto esto en una antigua película en blanco y negro por televisión, ¿lo habrían creído?) Sin duda, alguien velaba por mí.

Mi "triunfo" en *Lisístrata* me condujo de inmediato a trabajar en Anna Lucasta, una compañía que se dedicaba a hacer giras. Después de un periodo prolongado, frustrante y de pocos ingresos, me enteré de manera accidental que la 20th Century Fox estaba a punto de estrenar una película llamada *No Way Out (Sin salida),* y tuve la suerte de realizar mi primera aparición en esa película. Cincuenta años después y cincuenta y seis películas más tarde, aún recuerdo el año, el día, la resolución y las palabras que me señalaron el comienzo de una carrera totalmente novedosa y que nunca había soñado, que me permitieron realizar un viaje mucho más increíble de lo que yo pudiera haber imaginado, hacia un destino escrito en el tiempo antes de que yo naciera, por unas manos que no eran las mías.

Vladimir Pozner

Periodista

En 1977 yo vivía en la Unión Soviética y me encontraba en un punto donde ya no podía tolerar más la presión psicológica de vivir en confinamiento tanto físico como mental. Si la KGB me hubiera hecho otra oferta para ingresar en sus filas, no sé cómo habría reaccionado. Estoy agradecido de que esa oferta nunca se haya presentado.

Permítanme describir el escenario. En 1952, mi padre se llevó a nuestra familia de Estados Unidos a Alemania y después a Moscú. Decidió hacer esto porque, en primer lugar, había nacido en Rusia y había pasado los primeros catorce años de su vida en Petrogrado y, en segundo lugar, porque aunque él había emigrado con sus padres, creció con ideas comunistas rígidas y apoyaba a los soviéticos. Desde los dieciocho años crecí dentro del sistema soviético. Me gradué de biólogo en la Universidad Estatal de Moscú. Trabajé como editor y coordinador de *Soviet Life (Vida Soviética)*, una revista mensual de propaganda que se hacía circular en Estados Unidos a cambio de que *Amerika* circulara en la URSS. Después de nueve largos años en la revista, me cambié a la versión soviética de *The Voice of America (La Voz de América)*. Retrocediendo en el tiempo, ahora puedo decirles que lo que realmente deseaba era que me aceptaran sin reservas como *nash*, palabra que puede traducirse más o menos como "uno de los nuestros". Después de mudarme de un sitio a otro en mi juventud, sin lograr nunca adquirir raíces y ser aceptado como uno más de los muchachos, quería confundirme con la multitud. Pero, a pesar de mi servicio leal a los medios soviéticos, comprendí que nunca me admitirían de manera oficial.

La señal más evidente de mi condición de extranjero fue que nunca me permitieron salir del país. En la Unión Soviética toda persona que viajaba al extranjero debía ser investigada por la KGB, y esa agencia aparentemente me consideraba dentro de la misma categoría que los *refuseniks* y disidentes; personas a quienes ciertamente yo no admiraba. ¡Yo quería viajar! ¡Cómo quería volver a América y ver a mis compañeros de la escuela y caminar de nuevo por mi ruta del periódico en Nueva York! Yo deseaba disfrutar de los viajes, de esa suprema expresión de la fe y confianza en mi nuevo país, en una libertad que en lo profundo creía merecer, por ser como de hecho era, uno de los defensores más conocidos y eficaces de la Unión Soviética.

Nunca vi mi archivo de la KGB, pero tengo fuertes sospechas de que el principal motivo por el cual nunca me concedieron la visa es que me negué a cooperar con ellos. Durante varios años me estuvieron insistiendo. En la última junta que tuve con un *ghebeshnik*, como llamaban a esos agentes, le dije llanamente que se fuera al diablo. "Lamentarás este día", me contestó. "Te prometo que nunca nos olvidarás". Y tuvo razón, nunca los he olvidado.

Mi deseo de viajar no se hizo realidad por muchos años. Encerrado en mi propio país, comencé a dejar a un lado cosas que habían sido muy importantes para mí, incluyendo a mi familia. Comencé a beber. De manera extraña, en el momento en que me informaron que me enviarían a Hungría como parte de una delegación soviética (lo cual evidentemente constituía una prueba para viajes futuros), no sentí ni alegría ni alivio. Ya no me importaba. Me había dado por vencido, sobre todo con respecto a mis ideales.

Así que allí estaba yo, caminando por una calle de Budapest, sin que nada me interesara, cuando algo me llamó la atención. En la marquesina de un cine leí las palabras en inglés: ONE FLEW OVER THE CUCKOO'S NEST. JACK NICHOLSON. IN ENGLISH. (ATRAPADO SIN SALIDA. JACK NICHOLSON. EN INGLÉS).

Nunca había escuchado nada sobre Jack Nicholson, ni sobre esa cinta; pero la idea de ver una película en mi lengua nativa me atrajo, de modo que compré un boleto.

Salí convertido en otro hombre.

Para aquellos que nunca la hayan visto, Nicholson desempeña el papel de un hombre algo violento llamado McMurphy, que se encuentra confinado en una institución mental. Esta película representa de hecho un modelo a pequeña escala de la sociedad totalitaria. En realidad, algunos miembros de esa sociedad estaban locos y otros más tenían problemas (¿quién no los tiene?) y habían sido recluidos en esa institución por sus parientes que querían deshacerse de ellos; o, por temor a la sociedad y por falta de confianza, ellos mismos se habían internado. La institución era costosa, de modo que los administradores intentaban mantenerlos allí. A medida que los pacientes creían menos en sí mismos, experimentaban más temor del exterior y se hacían más dependientes de la institución. Si se daban por vencidos, se quedaban allí hasta morir.

Pero McMurphy reta a los pacientes para que se rebelen. Uno de sus trucos favoritos es hacer apuestas que ellos están seguros de ganar, a fin de incrementar la confianza en sí mismos. En determinado punto, él apuesta que es capaz de levantar un lavabo de piedra atornillado al piso del baño. Al mirar la escena pensé, "Ese tipo está loco. No podrá levantar ese lavabo de ningún modo". Todos hacen sus apuestas. McMurphy se inclina, toma el lavabo con ambas manos y lo jala una y otra vez. Las venas de su cuello se ven, como si fueran cuerdas. A medida que se esfuerza una y otra vez uno siente como que las tripas se le van a reventar. Casi se puede percibir la sangre latiendo en sus sienes. Uno deja de respirar. El esfuerzo hace que uno quede al borde de su asiento. Se percibe que va a explotar, y entonces, emitiendo un suspiro ronco y sibilante, se da por vencido. Y todos los pacientes comienzan a reírse de él y a embolsarse los cigarrillos que apostaron (no se les permite usar dinero). Y en ese momento se produjo algo casi místico para mi vida. Nicholson los mira con la expresión más atormentada que yo haya visto y les dice: "Bueno, por lo menos lo intenté".

Yo rompí en llanto.

A lo largo de toda la película, sentí que las lágrimas me corrían por la cara, hasta el final, cuando uno de los pacientes, un hindú enorme, logra arrancar el lavabo del piso, con tuercas y todo, y lo avienta a través de las ventanas atrancadas de la institución y escapa como un alce enorme y gracioso hacia la libertad de la aterciopelada y negra noche.

Sólo después, mucho tiempo después, me di cuenta de que esas lágrimas fueron de alegría; fueron un reconocimiento de que, por una confluencia de circunstancias inexplicables, yo me salvaría. Ya nunca jamás me sentiría tentado a darme por vencido, a venderme, a traicionarme.

Comprendí que, sin importar lo que ocurriera, yo podría decir que lo había intentado.

Anna Quindlen

Escritora

Mi madre trabajaba lo suficiente como para que tuviéramos derecho a los beneficios del seguro social después de su muerte. Tan pronto se casó, tuvo hijos y siguió la carrera que era más aceptada para las mujeres de su época, la de esposa y madre. Como resultado, tenía pocas posesiones de importancia para repartir, cuando se dio cuenta de que no viviría mucho más allá de los cuarenta años. Un prendedor italiano, un reloj. A mí me dio su anillo de compromiso, un diamante de poco menos de un quilate montado sobre oro blanco. Sin embargo, el ladrón que se metió a mi departamento en la región baja de Manhattan cuando yo tenía veinticuatro años, se lo llevó junto con el estéreo y el televisor.

Mi madre dejó una cosa a sus cinco hijos, quienes en el momento de su muerte tenían edades desde los ocho años hasta los diecinueve. En una tarjeta ordinaria con rayas copió con su letra ligeramente angular la epístola más conocida de San Pablo a los Corintios. Puso esas conocidas palabras a lápiz:

Aunque yo hablara las lenguas de los hombres y de los ángeles, si no tuviera amor, soy como bronce que suena o címbalo que retiñe. Aunque tuviese el don de la profecía y conociese todos los misterios y toda la ciencia, y aunque tuviese tanta fe que trasladase las montañas, si no tuviera amor nada soy. El amor es paciente, el amor es bondadoso, el amor no es envidioso. El amor nunca presume, ni se vanagloria o es grosero; nunca es egoísta, ni se ofende con rapidez. El amor no es vengativo y no se alegra por los pecados de otros, sino que se alegra en la verdad. El amor todo lo excusa, lo cree todo, lo espera todo, lo soporta todo, el amor nunca termina.

He recibido muchos consejos en mi vida de mujeres a quienes he conocido y amado, sobre la manera de negociar un aumento de sueldo, de hacer que publiquen mi historia en la primera plana, de cómo tratar a un bebé con cólicos o a un niño que comienza a caminar y contrae varicela, de cómo lograr que un adolescente no rebase los límites que se le señalan. Mi madre también me enseñó mucho, por ejemplo, acerca de cómo hablar cuando uno verdaderamente tiene algo que decir, sobre el amor incondicional; acerca de cómo hacer un sabroso rollo de carne con una deliciosa salsa de tomate. Pero creo que, de lo que compartió conmigo, aunque no con palabras directas, fueron esas palabras del Nuevo Testamento que copió con tanto cuidado y nos dejó junto con su lista de pertenencias (palabras que sólo llegué a comprender después de su muerte), las que me impactaron enormemente.

Casi todas las personas han escuchado esos versos de San Pablo. A veces los leen en las bodas, y ocasionalmente en los funerales. Después de que mi madre murió, de vez en cuando alguien que sabía lo que ella nos había dejado me regalaba una placa o algun póster con alguna parte de la Epístola de San Pablo.

Pero, debido a las circunstancias, ese pasaje no se convirtió tanto en un consejo, sino en una atmósfera en el interior de la cual se desenvolvía mi vida. Cuando mi madre nos dejó esa tarjeta, yo era una inteligente y dedicada estudiante universitaria, que había pedido permiso para acompañarla. Me sentía muy emocionada por la posibilidad de continuar con lo que yo esperaba sería una carrera brillante; tanto así, que casi se pudo ver el rastro que dejé al correr de regreso a mis deberes. En retrospectiva, me veo como una de esas piezas de vidrio que en ocasiones uno se encuentra tiradas en la playa y recoge para tirar a la basura, para que otros visitantes no se corten. He brillado, pero mis bordes han sido bastante filosos y en cierta forma me rompí.

Sin embargo, con el tiempo aprendí que al abrir los brazos al mundo y acoger tanto a extraños como a amigos y a la familia con la que crecí, y luego a la que fundé, a pesar de tantos temores, logré que mis bordes más ásperos se limaran hasta convertirme en algo así como un vidrio de mar, con pátina más suave y bordes lisos y curveados. Creo que eso ocurrió, porque llegué a creer de manera lenta pero segura que el amor nunca termina. Esas palabras de San

Pablo me parecían tan sencillas y tan imposibles, como una receta de perfección. Pero ahora comprendo que mi madre, al amarnos más que a sí misma, logró ponerlas en práctica. Contar con ellas después de su partida fue prueba de que ella existió alguna vez.

Creo que el hecho de que ese pasaje trate acerca del amor hace que a muchas personas no les agrade, aunque no estoy muy segura de que sólo trate de eso. Debido al movimiento feminista actual, se ha puesto de moda decir a nuestras hijas que ellas pueden hacer lo que quieran y que sus carreras futuras no tendrán ningún límite. Sin embargo, lo que en realidad queremos transmitirles es que puedan aspirar a desempeñar cualquier papel en el mundo, a tener un poder y una influencia nunca soñados por sus predecesoras. Pienso que mi madre creía en otro tipo de poder y otra clase de terreno, el terreno del corazón humano; y que el verdadero mensaje del pasaje de San Pablo es el siguiente: nuestra capacidad para entender, abrazar, ayudar, saber, sentir y amar sólo está limitada por nuestras propias ambiciones emocionales. La capacidad de abrirnos ante los otros es tan enorme como lo deseemos. Siempre me ha parecido conmovedor que mi madre haya escrito esas palabras a lápiz; aunque quizá en nuestro hogar, a menudo caótico y poco ordenado, no pudo encontrar una pluma, también se me ha ocurrido que por ser tan callada y pensar poco en sí misma, quizá consideró muy presuntuoso emplear algo tan indeleble como una pluma. Tal vez nunca imaginó que escribiría algo infinitamente poderoso, y que esas palabras quedarían grabadas en nuestros corazones durante el resto de nuestras vidas.

Anna Quindlen

Doctora Sally Ride

Astronauta

Hasta la fecha recuerdo unas sencillas palabras que mi padre, Dale Ride, me dijo una tarde cuando regresé a casa después de clases, algo desanimada. No le había dicho nada sobre mi estado de ánimo, pero percibió mi depresión. Esto ocurrió durante mis primeros años de secundaria, en Westlake High School, en Los Ángeles. A lo mejor lo que me dijo no les parece nada extraordinario; de hecho, estoy segura de que todo el mundo las ha escuchado alguna vez, pero de alguna manera lo que me dijo ese día no sólo reforzó mi confianza, sino que ha permanecido conmigo desde entonces.

Como muchas niñas de secundaria, mi autoestima era baja; carecía totalmente de confianza en mí misma y creía que todas mis amigas eran mucho más inteligentes. No quiero decir que fuera tímida; sólo que experimentaba una sensación de inseguridad y ansiedad que estoy segura de que muchas jóvenes han sentido.

Un día, después de clases, llegué a casa y seguí evidentemente deprimida en la tarde. Mi padre era uno de mis mayores apoyos. Siempre trataba de motivarme y, lo más importante, quería que yo tuviera grandes metas. Entonces, ese día comenzó a conversar conmigo de una manera informal, y de pronto simplemente me dijo:

—¿Sabes qué? Tienes que alcanzar las estrellas.

En ese mismo instante, la frase se me quedó grabada. Fue mucho antes de que tuviera aspiraciones de ser astronauta; no tenía idea de lo que era la NASA ni nada relacionado con el espacio. Ciertamente, a mi edad, las ciencias me interesaban, pero sentía igual pasión por el tenis y ya había conseguido figurar en el circuito junior de Estados Unidos. Lo que su frase me dejó muy claro fue que sin importar a qué te dediques tienes que esforzarte al máximo.

Algunos años después dejé de asistir a la universidad para dedicarme a jugar al tenis profesionalmente. Me fue bien y trabajé duro, pero luego de un tiempo me di cuenta de que nunca sería una jugadora destacada. Nunca llegaría a las estrellas por ese camino; así que volví a mi otra pasión –las ciencias–, y finalmente obtuve mi doctorado en astrofísica y logré tener un lugar en el programa espacial.

Por supuesto, quizá la frase de mi padre haya sembrado una semilla en mi subconsciente; probablemente me haya ayudado a dar forma a mis aspiraciones y a convertirme en la primera mujer estadounidense en ir al espacio. Esas palabras aún tienen el poder de hacer que me detenga y reevalúe mi actitud hacia mí misma y hacia mis capacidades.

He tratado de transmitir esas palabras y el concepto que hay detrás de ellas: uno nunca debe limitar sus aspiraciones, y todo el mundo puede alcanzar la cumbre en cualquier profesión o tarea a la que se dedique si está dispuesto a luchar por sus ideales. Me gusta repetírselas especialmente a las jovencitas de nuestros días, revelarles que el mundo que las rodea está lleno de oportunidades, pero que en última instancia depende de ellas que establezcan sus metas, que las coloquen tan alto como lo deseen, tan alto como las estrellas, y después se mantengan concentradas en ellas y determinadas a transformarlas en una realidad.

Cal Ripken, hijo

Jugador de béisbol

En 1981 asistí a mi primer entrenamiento de primavera con los Orioles de Baltimore en Miami, Florida. Acababa de terminar mi mejor año en el club de la categoría doble A para menores de ese equipo, en el que gané mi propio lugar como uno de sus aspirantes y, como resultado, una invitación a entrenar en las grandes ligas.

Pero, esto no garantizaba que pudiera tener un lugar en las ligas mayores. En esa época, los Orioles tenían una alineación preestablecida, y en realidad no había ningún sitio que yo pudiera ocupar. De cualquier manera, yo pensaba que si jugaba bien y alguien lo notaba, quizá me darían una oportunidad.

Sin embargo, no fue así. Justo antes de que terminara el entrenamiento de primavera, Earl Weaver, el entrenador de los Orioles, comenzó a sacar jugadores.

—Mira –me dijo, después de llamarme a su oficina–. En realidad este año no tenías posibilidad de quedarte en el club, así que te voy a mandar de regreso a la triple A. Trabaja mucho, juega bien, y espero verte en las grandes ligas el próximo año.

Para ser sincero, me sentí un poco desilusionado. Creo que había quedado deslumbrado por mi primera experiencia en las grandes ligas. Una vez que estás ahí, es muy difícil dejarlo.

A pesar de todo, regresé a la triple A y tuve un año magnífico. Lo comencé lleno de entusiasmo, anotando algunas cifras importantes. Tuve un grandioso debut, gracias a que conseguí un número impresionante de bateos, carreras y jonrones. (Nunca me consideré un gran "jonronero", pero ese año en particular me sentí como el señor de los jonrones.) Como había destacado tanto, me hice notar y a mediados de agosto recibí la llamada que había estado esperando: me invitaron a jugar en las ligas mayores.

Cuando me uní al equipo en Baltimore, estaba en verdad listo para jugar. Desafortunadamente, los Orioles estaban tratando de calificar, así que ocuparon a sus elementos más fuertes y yo casi no pisé el campo. En vez de eso me la pasé sentado en la banca (lo cual me desagradaba mucho), comiendo muchas semillas de girasol, y deseando con todo mi corazón poder jugar en el campo.

Un día, mi padre se incorporó conmigo en la trinchera. Él había sido entrenador de los Orioles y había pasado catorce años en las ligas menores. Sabía todo lo necesario acerca de cómo preparar a los jugadores, así que valoré mucho sus consejos no sólo por ser mi papá, sino por ser alguien muy preparado en la materia.

Estaba contándole de lo frustrante que me resultaba estar tan cerca (y sin embargo tan lejos) de la acción, y mi padre me dijo algo que no sólo me sirvió para esa temporada, sino para toda mi carrera de beisbolista.

—Una cosa es llegar a las grandes ligas –me dijo– y otra, pero muy distinta, permanecer en ellas.

Mi padre no me dijo eso porque dudara de mi capacidad; por el contrario, tenía confianza en mi talento. Sabía que yo pertenecía a ese club. Sabía que yo jugaba bien. Pero como personalmente había visto la manera en que los jugadores fracasaban durante sus primeros años por exceso de confianza o autosuficiencia, no quería que yo cometiera ese mismo error.

Lo que mi padre quería decirme era que algunos jugadores se contentan con llegar a las grandes ligas, pero los verdaderos jugadores no se detienen allí; continúan perfeccionado sus destrezas. Continúan mejorando sus jugadas y puliendo sus tácticas. No permiten que el hecho de haber tenido un buen día de bateo les impida entrenar al máximo en la práctica de bateo del día siguiente. Después de todo, aunque hayan llegado a las grandes ligas, siempre habrá alguien sentado en la banca (como yo en ese momento) y esperando a tomar su lugar.

Todo esto se convirtió en una gran motivación para mí, aunque en aquel momento tuve que permanecer como simple espectador, mirando a mis compañeros jugar en el campo.

"Si algún día tengo esa oportunidad", pensé para mis adentros, "no la dejaré escapar".

Al final de la temporada me dirigí al sur a jugar béisbol de invierno, más determinado que nunca a probarme a mí mismo que podía hacerlo; recuperé mi confianza, jugué duro y bien, y anoté un máximo de jonrones y carreras, y tuve un promedio de bateo de 0.355. Y lo más importante fue que, aunque no estaba en el campo de juego, estaba practicando. Y mi dedicación dio frutos. La siguiente primavera me dieron el puesto de tercera base con los Orioles de Baltimore. No sabía que me iría tan mal.

El día de la apertura anoté tres *hits*, y en seguida di un bajón terrible. Pero Earl Weaver continuó permitiéndome jugar y finalmente logré salir de mi caída en picada. Después me enfermé y tuve que faltar a un juego; luego me dio fiebre en Chicago y falté a otro. Sin embargo, poco después, decidí cumplir con la promesa que me había hecho a mí mismo mientras esperaba sentado en la banca el otoño pasado.

El 30 de mayo de 1982, logré que me contrataran en el quipo de los Orioles y ya no dejé esa posición durante los siguientes dieciséis años. Jugué 2,632 juegos de béisbol en forma ininterrumpida.

La prensa hizo mucha publicidad sobre "mi racha de triunfos", y por supuesto, yo me sentí halagado. No tanto por el número de juegos consecutivos que jugué, sino por el trabajo constante que me permitió hacerlo. Le atribuyo ese logro a mi padre.

Hay un viejo adagio que dice: "No te duermas en los laureles", sin embargo, la variación aplicable al béisbol probablemente sería, "¿Qué has hecho últimamente?" Tuve la suerte de aprender una valiosa lección acerca del éxito antes de haber tenido la oportunidad de alcanzarlo. Las palabras de mi padre me obligaron a hacerme esta sencilla pregunta: ¿Por qué estar sentado y contemplándote, cuando podrías invertir ese tiempo en tratar de ser mejor?

—Lo hermoso del béisbol –solía decir– es que siempre hay algo más que aprender.

Cal Ripken padre murió en 1999, pero aún lo recuerdo en casi todo lo que hago; desde las decisiones que tomo, hasta cómo vivo la vida y elaboro planes para el futuro.

Durante los años que mi padre y yo pasamos con los Orioles, acostumbrábamos regresar juntos al vestidor, y siempre me decía:

—No puedo aguardar a ponerme mi ropa de trabajo –refiriéndose por supuesto a su uniforme.

Después de que falleció, cada vez que me ponía mi uniforme para participar en un partido, siempre recordaba sus palabras.

Luego tomaba mi guante, salía corriendo al campo, y me ponía a trabajar.

Dennis Rivera

Activista

Las palabras que cambiaron mi vida para siempre no las saqué de ningún libro ni de ninguna conferencia o poema que me hubieran inspirado a ello; las leí en una carta que recibí en 1969 del gobierno de Estados Unidos. Iba dirigida a mí y estaba firmada por el Presidente Nixon: "Felicidades", decía. "Por medio de la presente le damos instrucciones para su incorporación a las Fuerzas Armadas Estadounidenses..."

Mi primera reacción fue un miedo absoluto. Yo tenía diecinueve años, era un estudiante de la Universidad de Puerto Rico y tenía contemplado labrarme un sólido futuro en la clase media. Lo más importante en mi vida era el básquetbol, y pocas cosas había que me interesaran más. Para conseguir una prórroga en el servicio militar, un estudiante necesitaba contar con veinticuatro créditos universitarios a su nombre. Yo sólo tenía veintitrés.

Ahora me estaban ordenando que arriesgara mi vida a miles de millas de casa, en una guerra que no entendía. Lo único que sabía de Vietnam eran las matanzas que veía en la televisión. No tenía ni la más remota idea de por qué estábamos luchando en esa guerra, y más que nada, no sabía por qué debía participar en ella. De un golpe, la carta del presidente terminó con la tranquilidad de mi joven vida.

Sin embargo, también generó en mí una crisis que a la larga determinó la trayectoria de mi vida.

No tenía ganas de enlistarme en el ejército, pero el primer obstáculo era mi familia. Estaban resueltos, como el señor Nixon lo estaba, a que yo ayudara en Vietnam. Para ellos, el simple hecho de *pensar* en una negativa al reclutamiento constituía una vergüenza y un deshonor para mi familia. Mi madre fue bastante severa. "Es tu obligación acudir", me dijo.

"No deseo pelear en Vietnam", le contesté. "No hay ningún motivo para que yo muera allí".

El gran problema era que yo vivía con ellos en ese entonces, y por lo tanto, consideraban que tenían todo el derecho de decirme lo que debía hacer. Y lo peor es que tenía que estar oyéndolos todo el tiempo. Pelear con mi propia familia acerca de la guerra de Vietnam me resultaba muy doloroso. El único aspecto positivo fue que me obligó a valorar la fuerza de mi decisión.

Por supuesto, las consecuencias de negarme a ir a Vietnam fueron más graves que una simple pelea familiar. El aviso de reclutamiento terminaba con el recordatorio: "El incumplimiento deliberado a presentarse en el lugar y a la hora indicados en esta orden, será sometido a una multa y a la pena de cárcel".

Aunque el origen de mis sentimientos contra la guerra había sido el temor por mi propia vida, contemplar las consecuencias de negarme a enlistarme me obligaron a pensar en el conflicto real; y no podía ver ninguna lógica o mérito en él. En mi entonces inexperta opinión, era algo muy distinto a la Segunda Guerra Mundial, cuando fuimos atacados en Pearl Harbor y tuvimos que defender a nuestro país. En mi opinión, en Vietnam nosotros estábamos interviniendo en la tierra de otras personas, a una distancia de 8 ó 9 mil kilómetros. En retrospectiva, considero que mi juvenil criterio fue respaldado, pues incluso gente que estuvo en Vietnam, como Robert McNamara, admitieron que esa guerra era un gran error; un error que cobró cincuenta mil vidas estadounidenses y un millón de vidas vietnamitas.

Pero, con todo, no era una decisión sencilla. Mi instinto me decía que no me enlistara, pero si seguía mis convicciones, tendría que estar preparado para enfrentarme a la cárcel. No obstante, después de mucho pensarlo y varios días y varias noches de inquietantes visiones respecto a las dos decisiones posibles, comprendí que la prisión resultaría preferible a participar en una guerra que consideraba injusta.

Así que se lo hice saber primero a mis padres y después a las autoridades militares: elegí ser un objetor de conciencia.

Esa decisión no me llevó a la cárcel, finalmente. Sin embargo, me impulsó a un compromiso de vida para luchar por la justicia social y acabó por conducirme a mis labores de activista sindical. Cuando decidí oponerme a la guerra, necesité un abogado para que me ayudara a llevar mi caso. Y los únicos abogados dispuestos a trabajar con los tres mil puertorriqueños que decidieron no ir a la guerra eran activistas sociales. En el proceso de defenderme a mí mismo, me encontré atrapado en el movimiento en contra de la guerra, y cuanto más aprendía, más abrazaba esa causa con la misma pasión que antes había sentido sólo por el básquetbol.

Mi activismo contra la guerra continuó, incluso después de que las autoridades retiraron los cargos en nuestra contra, y me puso en contacto con un movimiento más amplio de cambio social. Algunas de las personas que estaban en contra de la guerra, con las cuales yo trabajaba, también iniciaron una cruzada para organizar a la gente pobre. Alguna vez, mi vida había estado destinada a una indiferencia total hacia la clase media, ahora me encontraba ayudando a formar un sindicato para los basureros de Puerto Rico. El 70 por ciento de estos trabajadores eran analfabetos. Casi no ganaban nada y no tenían ninguna ayuda médica. Nuestro éxito en formar un sindicato para los trabajadores más pobres de la isla y la verdadera forma en que cambió sus vidas, me hizo llegar a ser un activista sindical para toda la vida. He luchado por los derechos de las clases trabajadoras desde entonces, durante los últimos treinta años.

¿Estaría trabajando en esto si no hubiera recibido la carta de reclutamiento? Creo que no. Lo que me llevó a ello fue una sorprendente ironía. Las palabras de la carta del Presidente Nixon hicieron que yo fuera el activista de tiempo completo que soy ahora.

Chris Rock

Comediante

No soy el tipo de persona que pueda ofrecer una historia de inspiración. Yo sólo escribo chistes, cosas sarcásticas y sin sentido. No suelo decir palabras de aliento, pero sí recuerdo algo que mi papá me dijo. Después de que me despidieron de uno de mis trabajos, me dijo: "Vas a tener que escuchar a la gente que es menos lista que tú". Y creo que ésa es una de las claves del éxito; si no es que es la más importante.

Mi padre era un hombre que trabajaba duro. Trabajaba *todo* el tiempo conduciendo un camión para el periódico *New York Daily News* y nunca se quejaba de ello. No asistió a la universidad, pero ganaba más dinero que mi madre: ¡ella sí tenía carrera universitaria! De cualquier manera, era un tipo listo, ¿saben? Creo que ninguna persona capaz de dirigir una familia y mantener un hogar unido es tonta. Pudo criar a seis hijos. La casa era acogedora. Había comida en el refrigerador. Donde yo crecí, no todo el mundo disfrutaba de esto.

¿Podría mencionar un libro que mi padre me hubiese recomendado? Para nada. Muchos idiotas me han recomendado que lea algún libro, pero mi papá me dio lo mejor que puede dar cualquier padre: un buen ejemplo. Pueden decirme lo que quieran, pero los niños imitan lo que ven. Es lo que hacen. Yo imité a mi padre en un aspecto: nunca he tenido problemas con un jefe.

No importaba cuánto me absorbiera algún trabajo, no me podía quejar. No era que no tuviera una carrera o algo por el estilo. Yo lo veía así: si dejo de asistir a la secundaria y me veo forzado a recoger excremento con una pala, entonces *supongo* que tendré que hacerlo, en contraste con las personas que tienen estudios y se ven forzadas a recoger excremento, pues en ese caso eso es "algo terrible, algo muy injusto". Yo asumí ese punto de vista práctico, igual al de mi padre y al de muchas otras personas. Vayan ahora mismo a su restaurante favorito y conversen con el lavaplatos: a menos que sea un graduado universitario, no se quejará demasiado. Es decir, él no quiere *ser* un lavaplatos, pero no por eso estará enojado, ¿entienden lo que quiero decir? A menos que esté un poco loco...

Cuando comencé a trabajar de comediante, aprendí rapidamente que tendría que tomar nota de gente que jamás había escrito un buen chiste. En el negocio del entretenimiento, siempre vas a estar recibiendo consejos acerca de *algo* de alguna persona que no tiene ni la más remota idea del asunto.

Pero a medida que creces, te das cuenta de que eso no es importante. En realidad, a esas personas no les importa si eres un buen cómico o no. Sólo les preocupa su propia comodidad y planean las cosas para que todo salga bien y no haya problemas. Sólo tienes que escucharlas y no tener una mala disposición, porque la habilidad para relacionase con los demás es lo más importante. Incluso los comediantes capaces de escribir buenos chistes tienen carreras profesionales exitosas porque son capaces de prestar oídos a otras personas.

Algunas personas permiten que todo el mundo las desquicie, y la verdad es que muy pocas personas pueden hacer que realmente te salgas de tus casillas: una de ellas es tu jefe. Sólo dale coba.

En realidad es algo así como escuchar a la gente que es menos lista que tú. Así comerás y podrás pagar tus deudas. Las personas con verdaderos problemas son quienes no pueden deshacerse de esas dos cosas: si tú eres capaz de eso, todo lo demás se te dará por añadidura.

Ray Romano

Actor y comediante

El primer álbum de comedia que compré fue uno de Bill Cosby intitulado *To Russel, My Brother, Whom I Slept With (A Russel, el hermano con quien dormía)*. Yo tenía catorce años y vivía en Forest Hills, Queens, y recuerdo que corrí dos cuadras hasta la casa de mi amigo Bill Canning para escucharlo con él. A él le gustaba tanto la comedia como a mí y ese álbum nos volvió locos.

Fue mi introducción a la narración de historias cómicas. Nunca olvidaré la rutina de Cosby y su hermano en la que están saltando sobre la cama y la rompen. Justo en ese momento su padre entra al cuarto y observa lo ocurrido, mientras Cosby y su hermano se quedan fríos.

—¿Quién rompió esta cama? –pregunta su padre.

Y la voz del pequeño Cosby responde:

—Un hombre entró por la ventana y comenzó a saltar sobre nuestra cama y la cama se rompió.

—¿A qué te refieres con que un hombre entró por la ventana?

—Sí, papi. Un hombre entró por la ventana y comenzó a saltar sobre la cama. Era un hombre.

Su padre se le acerca y le dice:

—¿Quieres saber qué le ocurre a los niños mentirosos? Cuando mueren se van al infierno. ¿Quieres irte al infierno cuando mueras?

—No, papi.

—¿Sabes qué es lo que ocurre en el infierno?

—No, papi.

—En el infierno te quemas y está muy caliente, ¿quieres quemarte en el infierno durante una eternidad?

—No, papi.

—¿Estás seguro de que no quieres eso?

—No, papi. No deseo quemarme en el infierno.

—Entonces dime cómo se rompió la cama.

—Un hombre entró por la ventana...

Ese álbum no sólo me hacía desternillarme, sino que modificó mi opinión sobre la vida desde niño. Muchos temas de Cosby estaban relacionados con su familia. También tenía otra historia sobre él y su hermano durmiendo juntos en la misma cama y discutiendo: "Estás ocupando mi lado de la cama. Mi lado llega aquí, hasta la esquina de esta almohada". Eso me parecía muy real. Mi hermano era año y medio mayor que yo y en esa época había mucha rivalidad entre nosotros. Nos odiábamos profundamente y yo le temía. Él era más inteligente que yo y sabía cómo amenazarme. Sabía cómo atemorizarme y obtener lo que quería.

A nivel subconsciente, ahora comprendo que el álbum de Cosby me ayudó a cambiar mi manera de ver las cosas; me permitió comprender que el temor que sentía hacia mi hermano también podía ser algo gracioso. En esa época no me lo parecía, pero ése fue un gran descubrimiento. Constituyó otra manera de entender la dinámica familiar y me quitó el temor al respecto.

Cosby fue el primer tipo que se atrevió a hablar de su vida personal y de su familia, y eso influyó mucho en mí. No se trata simplemente de un material ficticio que alguien haya escrito. No se trata de hablar de algún tema, ni es nada político.

Desde el momento en que inicié mi carrera de comediante, nunca hice chistes acerca de las noticias. Estaba seguro de que sería gracioso hablar acerca de lo ocurrido con mi padre, mi hermano o mi madre. O la madre italiana de mi madre. Decidí que utilizaría como material cualquier cosa ocurrida en la vida real.

El álbum de Cosby me hizo apreciar otros álbumes de comedia, y después de eso, comencé a asistir a ensayos. Escuché a Cheech y Chong y a George Carlin. Asistí al concierto de Steve Martin en el Coliseo de Nassau.

La primera vez que subí al escenario fue una noche de audiciones en el foro

Improv de Nueva York, en 1982. Necesitaba de tres a cinco minutos de material, y decidí hablar de mi familia.

Más tarde logré tener mi propio programa de entretenimiento en televisión. Cuando estábamos introduciendo el concepto y entrevistando a los escritores, discutimos historias de mi familia. Una de ellas era acerca de mi hermano mayor Richard, el policía, que me decía con sarcasmo: "Mira lo que tengo que hacer para sobrevivir. Personas armadas me persiguen y ve qué es lo que tú tienes que hacer. *Todo el mundo* ama a Raymond". Y de ahí surgió el título de mi programa. A partir de estas historias, elaboramos todo un *show*. Varios años después aún relato historias acerca de mi familia, del mismo modo que hizo Cosby respecto a la suya.

Carlos Santana

Músico

Durante mi juventud mi familia y yo vivíamos en Tijuana, México, y mi padre tocaba en bandas y orquestas por todo el país. Él me transmitió su amor por la música y me enseñó todo: a tocar la guitarra, a leer música, a tocar el violín. Comencé a tocar la guitarra en Revolution Street cuando tenía once o doce años, en antros de *striptease.* Una hora tocaba yo y las *strippers* hacían su número otra hora. Así nos turnábamos hasta las seis de la mañana. Y luego, los domingos, yo tocaba el violín en la iglesia. Ese contraste me dio un buen equilibrio. Ahí aprendí el concepto de dignidad. Una mujer puede trabajar por las noches haciendo lo que tiene que hacer, y el domingo en la mañana está vestida de blanco, sus hijos están vestidos de blanco, con velas blancas, y van a hacer la confirmación. Si nos enseñaran en la escuela el concepto de dignidad, no habría necesidad de tantas cárceles.

Cuando me fui a vivir a Estados Unidos, mi único impedimento era que no sabía hablar inglés. Ya tenía dieciocho o diecinueve años y las únicas palabras que sabía eran *stick' em up* (jódelos). Groserías. No porque alguien me las enseñara, sino que las había aprendido viendo a Roy Rogers en la televisión en Tijuana. Así que me inscribieron en la *junior high school*, aunque en México ya había terminado la secundaria. Eso fue algo terrible para mí. Ya estaba listo para ir a la universidad cuando me dijeron que tendría que repetir casi desde el kínder otra vez.

Dibujaba y pintaba todo el tiempo, principalmente porque me sentía muy aburrido. Un día, el señor Knudsen, mi maestro de arte, me llamó a la sala de suministros porque no quería avergonzarme frente a todos mis compañeros; y me dijo:

—Santana, me tomé la libertad de ver tus calificaciones desde que empezaste a estudiar en Estados Unidos y son bastante malas. Sacas puros 5 y 6. Sin embargo, en mi clase sacas muchos dieces. Comprendo que tienes talento para eso, pero también he escuchado que eres buen músico y te gusta tocar en las calles. Si deseas ser artista, me gustaría llevarte al Instituto de Artes de San Francisco para que veas de lo que se trata.

Y llevó a todo mi grupo a una visita de campo al Instituto de Artes. Cuando vi lo que otros estaban pintando (me di cuenta de que eran como un tipo de fotografías) comprendí que mis dibujos eran como los de un niño, y entonces comprendí lo que en realidad quería decirme.

En ese momento el señor Knudsen me dijo: "No es posible que una persona se limite a dar el 50 por ciento de lo que es capaz. Deberías dar el 150 por ciento sin importar lo que estés haciendo o lo que estés intentando lograr y sin importar que seas pintor, músico o bombero".

Cuando me dijo esto me sentí muy apenado y rompí en llanto, porque comprendí que esa persona se había fijado en mí como nadie lo había hecho desde hacía mucho tiempo. Me sentí realmente torpe. Ese tipo de verdad había entendido lo que ocurría dentro de mí. Di un suspiro y empecé a llorar. Me hizo darme cuenta de que tenía ese potencial, y eso me permitió dar un salto cuántico en ese mismo momento. Me hizo confrontar la realidad, por lo que le estoy muy agradecido.

Desde entonces comencé a asistir al Fillmore, sitio al cual iban todos los grandes músicos de esa época; gente como Bill Graham, B.B. King y Michael Bloomfield. Cuando me di cuenta de que podía encajar allí, adquirí confianza para seguir mi propia senda y dejé de hacer garabatos. No me sentía lo suficientemente seguro como para asistir a un instituto de artes y sacar mi material; pero en el terreno de la música habría un lugar para mí. Así que el señor Knudsen me hizo el mayor de los favores: me indicó el sitio correcto hacia donde canalizar mi energía.

Después de eso pasé más tiempo en el Fillmore que en la escuela. Había matinés, de modo que a menudo faltaba a clases; ésa fue mi verdadera escuela. Estoy seguro de haberme graduado con los más altos honores porque John

Lee Hooker, B.B. King, Miles Davis me tomaron bajo su tutela. Junto con Bill Graham, me enseñaron las materias de música y negocios. Aprendí a balancear emociones y números.

En esa época yo vivía con mi madre. Ella lavaba mi ropa y me hacía de comer, y eso era bastante cómodo. Sin embargo, dejé mi hogar casi inmediatamente después de que el señor Knudsen me hizo entrar en razón y comencé a vivir en las calles. Iba a Haight-Ashbury. Cuando yo aún vivía en mi casa con mi mamá no tenía ni la más remota idea de qué preguntas debía formular o cuál era el momento adecuado. Pero después de vivir algún tiempo en las calles, uno aprende: aprende que hay todo un mundo allá afuera. Llegué justo a tiempo, porque el asesinato de John F. Kennedy dio lugar a una revolución de concientización en San Francisco que incluyó a los *hippies* y a las Panteras Negras, y después todo ese movimiento se diseminó. Era como un río de cultura que se mezclaba. Y era muy, muy profundo...

Uno no puede vivir bien su vida si no la vive de verdad. No quiero decir que sea necesario sufrir, pero es imposible tocar blues mientras uno vive cómodamente en casa y le lavan la ropa. Hay que dejar el nido y echarse a volar. Tal vez uno caiga de bruces contra el suelo, pero es necesario intentarlo. ¿Cómo podía convencer a alguien de que mi música fuera verdadera si continuaba viviendo con mi mamá? La experiencia de primera mano es algo incomparable. No puedes aprenderla de un libro mientras tu mamá aún te da de comer en la boca. Es preciso salir del nido y encarar la realidad.

Diane Sawyer

Periodista de televisión

Con trabajo volví a casa en Louisville, Kentucky, después de la universidad, donde había estudiado una carrera de cuatro años en Crisis de Identidad y Autoabsorción, con una asignatura secundaria en Poesía y Soñar Despierta. Estaba paralizada. No tenía ningún plan definido, ni ninguna motivación. No tenía ni la más remota idea de qué hacer. No ayudó en nada que regresara con mis padres, pensaba que tendría grandes perspectivas. Pero por supuesto, Eudora Welty tenía razón al decir: "Todos los intentos verdaderamente serios se inician desde el interior de la persona". Aún recuerdo claramente cuando estábamos sentados en la sala mi padre y yo, y él me preguntó ciertas cosas que me parecieron muy sencillas, pero muy profundas.

—¿Qué es lo que te gusta hacer? –me dijo. Y después– ¿Cuál es el lugar más arriesgado donde podrías hacerlo? ¿Tienes la seguridad de que les será útil a los demás?

Fue un examen que pude pasar con buenas calificaciones. Y el solo hecho de saber las respuestas hizo que todo se acomodara en su lugar. Me fascinaban las historias: escribirlas y compartirlas. Más tarde, cuando incursioné en la escuela de leyes durante un semestre, supe de inmediato, otra vez, que no quería litigar. Simplemente deseaba transmitirle a otras personas lo increíble de mis experiencias, deseaba abordarlas y decirles: "No vas a creer lo que me pasó".

¿Alguna posible aventura? En Kentucky no había reporteras de televisión (esto fue en la Edad de Bronce), de modo que me presenté a uno de los canales locales de noticias y les dije que quería trabajar de lo que fuera. Y lo que fuera resultó dar el estado del tiempo, lo que implicó pararme frente a un mapa con el cabello muy bien peinado, y usando suéteres apretados.

Fue un desastre, un desastre muy grande, podría agregar. Estaba aturdida y no sabía lo que estaba haciendo. Para complicar las cosas, yo era miope y sin mis lentes de contacto no podía ver la Costa Oeste en el mapa cuando yo estaba parada frente a la Costa Este. Siempre me pareció que tenía que adivinar el clima en San Francisco.

Por supuesto, cierta noche terminé diciendo: "La temperatura más alta de hoy será de 26 °C. Ahora estamos a treinta".

Pero exactamente al otro lado del pasillo estaba la sala de noticias y muy pronto logré participar en un reportaje y después en dos, más tarde en cinco y luego en diez. Nuestro director de noticias, Ken Rowland, era un hombre radiante y lleno de curiosidad, compasión y amor por la verdad. Cada mañana llegaba dispuesto a realizar un buen trabajo. Entonces supe que había encontrado mi hogar.

Sin embargo, no permanecí allí. Dejé de trabajar en televisión para trabajar en la oficina de prensa de Richard Nixon y esto me permitió observar la política y la pasión desde el otro lado, desde el interior. Esos turbulentos años de Vietnam, y después de Watergate, constituyeron una paleta llena de tonalidades grisáceas para mí: no fueron simples teorías acerca del bien y del mal, o historias que tuvieran un inicio, una parte intermedia y un final lógico.

Después de cuatro años en la Casa Blanca, volé en el avión con un presidente que había renunciado a su cargo, derrotado y en desgracia. Lo acompañé a San Clemente porque me pareció que cuando uno ha estado presente en las buenas épocas también debe estar presente en las horas tristes y desgarradoras.

Con el transcurso de los años, otras personas en mi vida me han dicho cosas que me han recordado los consejos de mi padre. En cierta ocasión, un ministro me dijo que cuando uno tiene que tomar una decisión difícil y desea alcanzar la felicidad (hora tras hora y día tras día), es necesario "encontrar el sitio donde uno pueda hacer lo que más le gusta y de manera tal que beneficie al mayor número de personas". Otro amigo me dijo alguna vez: "Simple. Trata de apartar al mundo empujándolo un poquito cada vez".

Mi padre murió algunos años después de aquella conversación que tuvimos esa noche de invierno, pero escucho sus palabras cada vez que algún chico, estudiante recién graduado o amigo me pide orientación sobre su futuro profesional. Yo le digo: "Voy a hacerte tres preguntas. Si puedes responder a las dos primeras y estás seguro de que sabes la respuesta de la tercera, será como haberte conectado con uno de esos satélites de posicionamiento global. Sabrás qué camino seguir y el viaje te encantará".

Martin Sheen

Actor

Muchas palabras poderosas de héroes y santos cuyas vidas ocupan varios volúmenes me han inspirado a lo largo de mi vida: Gandhi habló sobre la absoluta necesidad de la no violencia; la Madre Teresa aseguraba que no era necesario pedir el éxito, sólo la fe; y Dorothy Days creía que la única solución es el amor, por mencionar tan sólo algunas de ellas. Sin embargo, nadie me ha hablado más claramente o de manera más personal que Daniel Berrigan.

Regresé al catolicismo en 1981, pero para mí, volver a ser un católico practicante significó mucho más que la misa dominical y los sacramentos. En realidad, mi decisión dio inicio a un largo y difícil viaje hacia el involucramiento en la justicia social a través de acciones no violentas y mediante obligaciones morales.

Daniel Berrigan es un sacerdote jesuita de la ciudad de Nueva York. Durante la década de 1960, él y su hermano Philip, que también es sacerdote, comenzaron a organizar protestas no violentas en contra de la guerra de Vietnam. Fueron los primeros en quemar cartillas de reclutamiento, y en lo que sería después un caso famoso: en 1968, ellos y otras siete personas atacaron por sorpresa un centro en Catonsville, Maryland, de donde sacaron muchos archivos al estacionamiento y los quemaron con napalm hecho en casa.

Después de eso, la gente comenzó a llamarlos Los Nueve de Catonsville, y es probable que ese haya sido el acto más valiente en contra de la guerra en la historia de Estados Unidos. Fue algo sencillo y directo; fue no violento y transmitió con mucha fuerza un mensaje a la gente que se hallaba en el poder.

Los Berrigan llegaron a la conclusión de que sería mucho más lógico quemar los archivos de inscripción al ejército de los jóvenes estadounidenses que permitir que el gobierno estadounidense quemara a los niños vietnamitas con verdadero napalm sin tener ninguna responsabilidad legal ni albergar ninguna inquietud moral al respecto. Sin embargo, tuvieron que pagar muy caro sus acciones. Fueron encontrados culpables y sentenciados a varios años de cárcel. Antes de eso, Dan se reunió con los demás para despedirse, y fue ahí cuando hizo una declaración sencilla pero poderosa que cambió mi vida para siempre. Mientras nos explicaba las distintas formas por las cuales las acciones no violentas pueden ayudar a poner fin a la guerra, recomendó que cualquier persona involucrada debería considerar seriamente el riesgo de ir a prisión. De repente fue interrumpido por un reportero que lo retó:

—Para usted está bien ir a la cárcel, Padre Berrigan. Después de todo, no tiene hijos. Pero ¿qué pasará con nuestros hijos si nos encarcelan a nosotros?

Daniel Berrigan calmadamente le respondió:

—¿Y qué les pasará si no los encarcelan?

Cuando leí esa declaración en el periódico me quedé atónito. En esa época yo vivía en Los Ángeles y estudiaba actuación y no había estado activo para nada, salvo una participación para los movimientos de derechos civiles. Pero al leer la declaración de Dan (él ya estaba preso) su comentario se convirtió en un ideal y me sirvió de inspiración, obligándome a reevaluar todo acerca de mí y del mundo en que vivía. Luego me obligó a considerar la justicia social desde un punto de vista totalmente distinto y esa nueva luz iluminó todas las posiciones políticas y sociales que asumiría el resto de mi vida.

¿Cuál es el costo personal del activismo para lograr la justicia social? Después de todo, si nuestros ideales tienen algún valor verdadero, sin duda tendremos algo que sacrificar. A medida que el ideal sea mayor, su precio será más elevado.

No conocí a Daniel Berrigan hasta 1981, mientras estaba filmando el "docudrama" *Ocho en el arado.* Dan y Phil estaban siendo juzgados de nuevo, esta vez por haber intentado, de manera simbólica, desactivar un arma nuclear. Estos dos hermanos extraordinarios aún continuaban trabajando de manera no violenta para lograr la paz y la justicia social, y arriesgándose a estar en la cárcel mucho después de que la guerra de Vietnam hubiese terminado y la nación entrara en calma por el mismo falso sentido de paz y bienestar de la Guerra Fría. Después de hacerme amigo de Dan y regresar al catolicismo, comencé a participar en diversos tipos de activismo, como demostraciones a favor de la destrucción de las armas nucleares, de los granjeros, de las personas sin hogar, del medio ambiente, y en contra de la pena de muerte. A lo largo del camino me han arrestado sesenta y cuatro veces, y a pesar de que ahora estoy libre bajo fianza por tres años, tras una protesta no violenta contra la Guerra de las Galaxias (de Oriente Medio) en la base de la Fuerza Aérea Vandenberg en California, no he pisado la cárcel... todavía.

Por supuesto, el activismo a favor de la justicia social no siempre es una opción popular, particularmente para aquellos actores cuyo éxito o fracaso a menudo depende de la aprobación del público, y estoy muy consciente del peaje que tienen que pagar esas personas tan especiales que deciden viajar por ese camino poco transitado. Me vienen a la mente Ed Asner, Mike Farell y Edward James Olmos, y considero que se debería agregar a ellos el nombre de Richard Gere. Poco después del ataque del 11 de septiembre, vi unas noticias en televisión sobre recaudación de fondos en Madison Square Garden para ayudar a las familias del personal de la policía de Nueva York que perdieron la vida en el World Trade Center. Richard Gere iba a presentar un documental del evento y aprovechó la oportunidad para hablar acerca de la guerra en Afganistán y de que los estadounidenses necesitaban concentrarse menos en su poderío militar y más en su capacidad de compasión y perdón.

Desafortunadamente, tuvo que abandonar el estrado en medio de vituperios, pero supo conservar su dignidad a pesar de la desaprobación general y terminó su discurso de manera elegante y con gracia. Después presentó el corto. Me quedé muy impresionado por su valor y compromiso y lo llamé por teléfono muchos días después mientras estaba filmando en Canadá.

—Tú fuiste el único entre nosotros que tuviste el valor de decir la verdad al público y quería agradecértelo –le dije–. Ojalá Dios me concediera un valor así.

Doctora Ruth Simmons

Presidenta de la Universidad de Brown

Cuando comencé mis estudios en la Universidad de Dillard, dejé el campus que había cerca de casa para estudiar durante un año en Wellesley College. Esta experiencia fue mi primera oportunidad real de estudiar fuera de un entorno segregado, y el cambio me produjo una gran preocupación. Como estudiante de primer año que venía de fuera, formé parte de un pequeño grupo de afroamericanas en Wellesley. Como elegí especializarme en francés, estuve doblemente aislada, ya que muy pocas estudiantes de minorías toman cursos de francés de nivel alto. Pero ahí estaba yo, en 1965, una estudiante de raza negra de una universidad de negros estudiando en Wellesley, sintiéndome aislada en muchos aspectos. El hecho de no ser capaz de hablar o entender el francés me hacía sentir aún más extraña, porque mis clases de francés se enseñaban en ese idioma.

Sin haber tenido de niña experiencias internacionales y muy pocas transculturales, cuando llegué a la universidad opté por estudiar lenguas extranjeras, pues pensé que me liberaría tanto intelectual como socialmente de los restringidos horizontes raciales y culturales a los cuales me limitaba el sur de Estados Unidos a finales de los años cincuenta y principios de los sesenta. En esa época, la mayor parte de la enseñanza de lenguas extranjeras se hacía en inglés, y como resultado, yo había logrado dominar el vocabulario y la gramática francesa sin haber conocido a personas nativas, ni haber tenido nunca la oportunidad de hablar francés. Jamás asistí a un programa de francés donde pudiera hablarlo. Al tomar cursos más avanzados en mi primer año de universidad, esto fue un verdadero problema.

Dillard, una universidad históricamente de negros en Nueva Orleáns, constituía un entorno familiar homogéneo y de apoyo para mí. Wellesley era un mundo totalmente distinto, en donde los alumnos adinerados estudiaban en un entorno aislado, aunque hermoso, la cultura blanca de Nueva Inglaterra. Por ser una mujer negra, urbana, pobre y joven, sentí que destacaba como una mosca en la leche.

Después de varias semanas de asistir a clases que no comprendía y de no entregar las tareas, me di valor para informar a uno de mis profesores que no continuaría mis estudios. Le dije con firmeza que no entendía su clase, por lo que dejaría de llevar esa materia. Para mi sorpresa, afirmó como algo probado:

—No te preocupes, simplemente limítate a hacer tus tareas y continúa asistiendo a mis clases, y estoy seguro de que más adelante las entenderás.

Desalentada por su aparente falta de sensibilidad ante mi situación, me sentí muy descorazonada, sin embargo, continué asistiendo.

Con el paso del tiempo comprendí que su consejo había sido bueno, incluso genial. Si yo hubiera dejado de tomar su materia, sin duda también habría abandonado esa carrera y mi orientación intelectual. Además, sin duda me había persuadido de que esa rama se encontraba más allá de mi capacidad intelectual. Por su insistencia en que continuara haciendo mis tareas, decidí quedarme en la clase, y con el tiempo llegué a entender y a hablar francés, y llegué a adquirir una fluidez que nunca imaginé. Más adelante obtuve mi doctorado en francés en Harvard y fui profesora de ese idioma, como el maestro de Wellesley, quien me enseñó cómo tener confianza en mí misma para afrontar los retos intelectuales.

Lo más importante de todo fue que, a partir de ese momento, nunca me he sentido intimidada por ningún problema que pueda ser resuelto con inteligencia. En mi vida ha habido diversos momentos en los que he estado tentada a darme por vencida; pero inevitablemente he recordado las palabras de mi profesor, y la maravillosa sensación de libertad y poder que sentí cuando esos sonidos ajenos e impenetrables del francés hablado se convirtieron en algo comprensible para mí.

Cada vez que los estudiantes se me acercan para decirme que dejarán de tomar alguna materia porque no la entienden, yo les cuento esta historia. En muchos aspectos, este sencillo consejo que me dio mi profesor de francés me ha servido como incentivo a lo largo de mi educación y me ha convencido de que lo más importante que uno puede hacer por otros es no aceptar las limitaciones que ellos están tan dispuestos a imponerse.

Carly Simon

Cantante y compositora

A mi hijo le gusta decir que mi sistema nervioso no está dentro de mí. Cree que se encuentra rodeando mi cuerpo, como si estuviese hecho de plumas.

Nací con un cerebro notablemente distinto y en consecuencia, tuve muchos problemas emocionales durante mi desarrollo. Tartamudeaba y balbuceaba al hablar. Tenía fobias y tics y todo tipo de hábitos provocados por la ansiedad. Padecía nerviosismo crónico.

Cuando llegué al cuarto año de primaria mis problemas alcanzaron un nivel crítico. Vivía en Riverdale, Nueva York, y estaba tan imposibilitada por mis miedos, que por las mañanas vomitaba antes de ir a clase, simplemente por el hecho de pensar que tendría que estar frente a mis compañeros. Temía que se burlaran de mí.

Sentía dolor de estómago o un nudo en la garganta que me hacía imposible hablar sin toser (mi madre lo llamaba "el nudo de la preocupación"). Era algo horrendo. Me escondía en mi habitación debajo de la cama, o hacía cualquier cosa para no tener que ir a la escuela.

Mi tartamudeo era el problema que me provocaba más vergüenza y mi madre dedicó mucho tiempo a ayudarme a afrontar las consecuencias. Recuerdo que en una ocasión estaba sentada a la mesa del comedor, pero no pude decir las palabras: "Pásame la mantequilla".

"Pa...pa...pa", intentaba decir una y otra vez; finalmente decidí quedarme callada, porque las palabras no me salían.

Entonces mi madre me dijo: "Dilo cantando". Y aunque me sentí apenada de ponerme a cantar frente a mi familia, decidí hacerlo y logré completar toda la frase desde el primer intento. Ese incidente alivió momentáneamente la pesada carga que llevaba sobre los hombros y me permitió comprobar que en el peor de los casos, cuando no pudiera decir algo, siempre tenía la opción de cantarlo. Luego aprendí otros trucos para vencer mi tartamudeo, como vaciar mis pulmones totalmente antes de responder el teléfono para poder decir bien la letra *b* de la palabra "bueno".

Mi madre también decidió intervenir en la escuela para ayudarme, y a menudo contactaba a mi maestro de quinto grado, Pappy, para hablar de mis problemas. Pappy era un hombre maravilloso. Todos los días salía de la clase y me enseñaba nuevos trucos de yoyo para que adquiriera confianza y aceptara entrar con él. Además, dejó de pedirme que leyera en voz alta en el salón, pues era lo más traumático para mí. Pappy fue un regalo de Dios.

Ese año mi madre me dio el consejo más valioso de mi vida. Un día, cuando yo estaba pasando por momentos particularmente difíciles, hizo que me sentara y me dijo lo siguiente: "Si puedes empezar a pensar en los demás más que en ti misma todo el tiempo, comenzarás a adquirir algo de confianza". En otras palabras, pensaba que yo lograría vencer mis inseguridades –mis temores, mis fallas y mi autocrítica– concentrándome en los sentimientos de otras personas y en sus necesidades.

Esta estrategia dio grandes frutos, porque al finalizar ese año escolar (y gran parte del siguiente) comencé a interesarme en otros niños de muchas formas. Ésta fue una transformación muy profunda. ¿Cuántos niños de quinto o sexto grado pueden en realidad entender a sus compañeros y ayudarlos en sus problemas? Sin embargo, yo fui capaz de hacer exactamente eso y de darles aliento de una manera consciente y maternal.

Una vez que logré ayudar a mis amigos, me convertí en la niña más popular del salón, en el "centro de la rueda", como a mi maestra le gustaba decirme. Por ejemplo, cuando alguno de mis compañeros tenía que asistir al médico o a la oficina del director, siempre me escogían para acompañarlo. Cuando un estudiante tenía algún problema que era necesario resolver, yo era la emisaria. Incluso me eligieron reina de la feria.

Para sexto año, ya había experimentado una transformación total, como el sapo que se convierte en príncipe. Esto no quiere decir que yo haya podido pararme frente al salón de clases y recitar a Walt Whitman, pero comencé a sentir cierta sensación de poder al ayudar a otros niños.

Otro momento muy importante para mí se produjo cuando estaba en segundo de secundaria. Para entonces, ya había controlado bastante mi tartamudeo, pero aún balbuceaba, lo cual es distinto. Me daba tanta vergüenza, que incluso no podía escribirlo en mi diario. En vez de llamarlo por su nombre, decidí ponerle el apodo de "tituforma", para que si alguien leía mi diario por casualidad, no supiera a que me refería.

En esa época tenía un amigo llamado Nick, y recuerdo cuando fui a su casa por primera vez y me presentó a su madre. Para entonces, ya estaba enamorada de él, y aterrada de que él o su madre descubrieran que yo tartamudeaba ligeramente. Pero, como era de esperarse, comencé a balbucear. Nick y yo estábamos conversando un día en su convertible Chevy, junto al Parque Nacional de Larchmont, cuando me dijo que su madre pensaba que yo tenía un ligero tartamudeo. De inmediato rompí en llanto. Había tratado con todas mis fuerzas de que no se me notara, pero me habían descubierto. Mientras yo lloraba, Nick se limitó a abrazarme y por último me dijo: "Creo que es algo muy atractivo".

Asombrosamente –y no sorprendentemente– ésas eran las palabras que necesitaba escuchar. Después de eso, me di cuenta de que ya no tendría que ocultar más mi balbuceo, porque Nick me había dicho que era algo *encantador*.

Si mi niñez me enseñó algo, es que todos tienen problemas y aprender a hablar de ellos es algo fundamental. Para ocultar el dolor se requiere muchísima energía; al hablar de los problemas uno se libera de ellos. Cuando uno se identifica con los problemas de otros, aprende que no está solo y que no tiene que cargar solo esa pesada lápida, pues hay otros que también sufren.

Como mi madre me enseñó, las leyes de la compensación son críticas. Si no puedes hacer algo bien, concéntrate en algo más. Si la trayectoria que sigues no te resulta una fuente de inspiración, trata de seguir los impulsos de tu imaginación. Si no eres capaz de pronunciar la letra *b*, comienza a trabajar con la letra *s*.

Hoy me considero una obra en progreso. Aún tartamudeo de vez en cuando, aunque de manera sutil y muy poco perceptible. La pesada "losa" que llevaba a cuestas se transformó posteriormente en nerviosismo escénico, que ha continuado agobiándome a lo largo de mi carrera artística. Pero el consejo de mi madre aún me sigue ayudando: me recuerda que siempre que tenga demasiadas cosas en la cabeza y me encuentre demasiado consciente de mí misma, sólo debo dirigir mi energía a otra parte.

Carly Simon

Sammy Sosa

Jugador de béisbol

Cada vez que bateo un jonrón me llevo dos dedos a la boca y le lanzo besos a mi madre y le digo con los labios: "Para ti mamá".

No siempre había querido ser jugador de béisbol, a pesar de que de donde yo soy todos enloquecen por ese deporte. Soy de la República Dominicana. Es un país muy pequeño, pero tenemos muchos jugadores en las grandes ligas. De San Pedro de Macoris, el pueblecillo donde nací, provienen ocho jugadores de ligas mayores, como Juan Marichal, Joaquín Andujar, Rico Carty y George Bell. Todos los niños sueñan con llegar a ser jugadores profesionales y juegan a la *bitilla*, algo similar al béisbol callejero, con una tapa de botella como pelota y un palo como bate. Yo nunca soñé en llegar a convertirme en un jugador de béisbol.

Mi vida de niño fue bastante difícil. Mi padre murió cuando yo tenía siete años y mi familia quedó en la pobreza, por lo que tuve que trabajar. Fue duro para mí; no tuve oportunidad de jugar como niño, o de estar con mis amigos. Iba al parque Duarte, la plaza del centro del pueblo, donde había puestecillos de periódicos y personas que vendían boletos de lotería, puestos de alimentos y salas para apostar. Allí boleaba zapatos, lavaba coches, vendía naranjas y por las noches cuidaba automóviles estacionados. Mis hermanos y hermanas también trabajaban y mi mami cocinaba alimentos para los prisioneros y cosía ajeno. En ocasiones no teníamos nada para comer: una buena comida era arroz con frijoles y quizá un huevo de vez en cuando. Todo el dinero que ganaba se lo daba a mi mami para que nos comprara comida. Había muchas personas como nosotros en San Pedro que tenían que trabajar mucho para sobrevivir. La gente vivía en casuchas rodeadas por pilas de basura y hordas de perros. Había veces en que las aguas negras contaminaban el agua potable.

Pero nuestra familia tenía orgullo, esperanza y amor. Mi familia siempre fue muy cariñosa y eso fue lo más importante para mí. Siempre le decía a mi mami que la sacaría de allí.

Pensaba que cuando creciera trabajaría en las refinerías de petróleo o en los campos de caña, aunque en realidad no deseaba eso. Cuando me hice un poco más grande, doce o trece años, y me convertí en hombre, comencé a practicar el boxeo. Soñaba con ser un gran boxeador para ayudar a mi familia. Era fuerte físicamente, aunque algo delgado. Cuando mi madre se enteró de lo que estaba haciendo, me llamó y me dijo:

—Sammy, me han dicho que estás practicando el boxeo.

Le respondí:

—Es verdad.

Y ella me dijo:

—Hijo mío, quiero que sepas que aunque llegues a ser un boxeador importante nunca te veré en la televisión.

No comprendí eso.

—¿Por qué mamá?

Me puso una mano sobre la cara y me dijo:

—Sammy, ¿crees que seré capaz de mirar mientras alguien te está rompiendo la cara?

Me encogí de hombros y le dije que me daba igual, que me gustaba boxear. Mi madre pensaba que me romperían la cara. Ella no sabía que podía defenderme, que era un buen boxeador.

—No –me dijo a voz en grito–, no me digas que te da igual, es mucho para que una madre lo tolere.

Cuando mi madre me dijo que nunca me vería boxear, yo lo acepté. Sin embargo, sabía que no haría algo que no pudiera compartir con ella. Eso fue un golpe muy duro para mí, pero no me deprimí ni me enojé, como si me hubieran quitado una oportunidad, como si el boxeo fuese todo lo que yo pudiera hacer. Pensé que estaba bien y que tendría que dedicarme a otra cosa. Sé que muy a menudo, cuando a las personas les dicen que no hagan algo que realmente desean hacer, se sienten derrotadas, pues sólo piensan que han perdido esa oportunidad. Pero hay muchos caminos y siempre se puede escoger otra cosa.

Yo no sabía qué escogería, pero entonces mi hermano Luis me dijo:

—¿Por qué no juegas al béisbol? Dije que estaba bien, que iba a hacer el intento. Luis me llevó a ver a su amigo Héctor Peguerro, que tenía una liga de béisbol que se llamaba la Liga Mexicana, aunque vivíamos en la República Dominicana.

Héctor me colocó en el campo izquierdo y cuando tuve oportunidad de batear, le comentó a mi hermano:

—Creo que hay posibilidades.

Yo tenía catorce años, y a partir de entonces me dediqué a trabajar con ahínco. Cada mañana hacía ejercicio al levantarme, iba a la playa y corría sobre la arena. Junto a nuestra casa había una llanta de camión enterrada en el suelo, y yo la empleaba para practicar mi bateo todos los días. Aún sigo esa ética de trabajo. No doy nada por sentado y siempre corro muy rápido. Corro desde la salida hasta el campo e inicio la carrera para regresar de nuevo a la base.

Tuve suerte de que mi madre me dijera esas palabras, y también tuve suerte de que mi hermano me invitara a jugar al béisbol. Quizá habría sido un buen boxeador. Estoy seguro de que habría sido bueno, pero no hubiera podido compartir esa alegría con mi madre. En vez de eso se me presentó otra oportunidad, y me volví jugador de béisbol y me ocurrieron muchas cosas maravillosas. Desde ese día he jugado al béisbol y mi madre siempre me ve en la televisión. Por eso, siempre que bateo un jonrón le mando un beso.

Steven Spielberg

Director de cine

Era el año de 1954, y me fui a pie desde la casa de mis padres en la avenida Crystal Terrace hasta el cine que se encontraba a doce cuadras de distancia. Iba a ver la película de Disney *Davy Crockett, el rey de la frontera salvaje.* Mis padres tenían una regla acerca de las películas: no debíamos ver nada violento o sensacionalista; pero yo había decidido que Davy Crockett no encajaba en ninguna de estas clasificaciones y me fui solo a ver esa película.

Me encantó, pero lo que más me llamó la atención fue cuando Davy Crockett dijo: "Asegúrate de que tienes la razón y después procede". Yo tenía ocho años de edad, y estaba sentado en el cine Haddonfield, de Nueva Jersey, allí solo, pero supe que esas palabras eran importantes y quedaron resonando en mí.

Aproximadamente una década más tarde, tuve oportunidad de poner en práctica el consejo de Davy Crockett. Estaba cursando mi primer año de inglés en Cal State Long Beach, pero pasaba todo mi tiempo libre rondando alrededor de los estudios Universal. Encontré allí una habitación vacía, me hice mi propia "oficina" y vi cómo editaban las películas, mezclaban el sonido, corregían el color. Recopilé toda la información que pude al respecto, y también hice películas propias; una de ellas fue un pequeño cortometraje llamado *Amblin*, que le regalé a un amigo editor, quien logró presentársela a Sid Sheinberg, director de Universal Television. Poco después, su secretaria me llamó por teléfono.

—El señor Sheinberg vio su película y quisiera hablar con usted. Ésa fue la oportunidad de oro que había estado esperando.

El día de la junta conduje hasta los estudios Universal y me preparé a entrar a la torre negra del poder: las oficinas de los ejecutivos del estudio, el centro de todas las decisiones, ese edificio que hasta el momento no había podido visitar.

Entré al elevador y marqué el piso catorce, que estaba ocupado por las oficinas de Sid. La puerta se abrió hacia un corredor con cubículos, y encontré el escritorio de Shirley, su secretaria, quien me invitó a sentar y a esperar.

—El señor Sheinberg se encuentra en una junta.

Quince minutos después me escoltaron hasta su oficina: yo estaba aterrorizado.

La oficina de Sid Sheinberg tenía vista hacia los 455 acres que constituyen el estudio: los foros de sonido, la comisaría, la calle del Oeste, la plaza Espartaco. Era una fábrica de sueños y conforme miraba el panorama me daba cuenta de que había entrado a la sala del trono del rey Arturo.

Sid fue muy directo conmigo. Le había gustado mi película y me ofreció un contrato de siete años para dirigir programas de televisión. Yo quería decirle "sí", inmediatamente, pero sabía que era muy importante para mi padre que terminara la universidad, y aceptar esa oferta significaría que no me graduaría, porque aún me faltaban cuarenta y siete créditos. No sabía si sería capaz de lograrlo. Quería estar seguro de que iba a tomar la decisión correcta, titubeé.

Sid malinterpretó mi titubeo, pues pensó que estaba sopesando su oferta (algo que ningún jovencito de veintiún años podría darse el lujo de hacer). En voz baja, como de locutor de radio me dijo:

—Mire, hay muchos sitios de esta industria que lo dejarán abandonado la primera vez que fracase, cosa que sin duda ocurrirá, pero yo no le abandonaré. Le garantizo que siempre tendrá trabajo con nosotros.

Eran las palabras que necesitaba escuchar para poder tomar esa decisión con la que viviría en el resto de mis días. Y decidí aceptar.

Tras aceptar la oferta de Sid fui a ver a mi padre, quien estuvo de acuerdo, y una semana después firmé el contrato, me pusieron a un representante y tuve una verdadera oficina en los estudios Universal. En ese momento tomé la decisión correcta y, treinta y tres años más tarde, obtuve mi título universitario.

George Steinbrenner

Propietario de los Yankees de Nueva York

Crecí al lado de mi padre, quien era un alemán muy fuerte de uno noventa y tres de altura, y de mi maravillosa madre, una irlandesa que medía un metro cincuenta y siete centímetros. Mi padre esperaba que me fuera bien en todo. Él era un gran hombre, un gran deportista y un buen estudiante. Se graduó con honores en el Instituto Tecnológico de Massachusetts y fue el único campeón de la NCAA (Nacional Collegiate Athletic Association) de esa escuela en las pruebas de pista y campo. Tenía que superarlo. Fui el único varón y siempre me tenía en la mira.

Mi padre no creía en eso de darnos dinero; mis hermanas y yo nunca tuvimos domingo. Por el contrario creía que la gente tenía que ganarse su dinero haciendo algo. Tenía yo diez años cuando me dijo lo que tenía que hacer. Dijo: "Aprende a trabajar y a ganar tu dinero". Aún puedo escucharlo diciéndome esas palabras.

En esa época vivíamos en un lugar muy agradable a once millas de Cleveland, en un área rural llamada Bay Village. Para comenzar, mi padre me prestó dinero para que comprara unos pollos. Crié cien pollos, gansos, patos y gallinas de Guinea y vendía los huevos, y los fines de semana mataba pollos y los preparaba para su venta.

Me levantaba temprano, alimentaba a los pollos, limpiaba el gallinero y después buscaba en los pequeños compartimentos donde los pollos ponen sus huevos. Siempre ocurría lo mismo: metía la mano y las gallinas me picoteaban el brazo, pues no querían que me llevara sus huevos y los defendían de manera feroz. Cuando terminaba mi labor, estaba todo picoteado.

Mi padre era un hombre muy orgulloso y disciplinado, cuya madre había emigrado de Alemania a Estados Unidos. Me hacía ir de saco y corbata a la escuela. Yo era el único niño que vestía así, y si piensan que era fácil están equivocados. Tenía una chaqueta de pana y en ocasiones, mientras estaba recogiendo huevos, me distraía y los colocaba en mis bolsillos. Una vez, cuando iba en sexto año, estaba sentado en mi escritorio y de repente sentí algo que escurría de mis bolsillos: eran los huevos rotos. Me había olvidado por completo de que los tenía allí y se habían roto. Mis compañeros casi siempre se burlaban de mí, pero yo intentaba ignorarlos. Cualquier calificación inferior a un 8 hacía que mi padre fuera a la escuela con la boleta de calificaciones en la mano para saber por qué había sacado un 8 y no un 10: era bastante exigente conmigo.

Todas las noches yo contaba mi dinero y lo colocaba en un pequeño barril de madera. Lo que ganaba de los pollos era mi dinero para gastar. Una vez que terminaba mis quehaceres vespertinos, me vestía para cenar.

Cuando acabé la secundaria me inscribieron en la Academia Militarizada Culver y decidí vender mi compañía de huevos a mis hermanas. Se transformó en la Compañía de Huevos S & J, en honor a mis hermanas Susan y Judy. Y aún hacemos chistes al respecto. Les cobré de más y aún continúan recordándomelo cada vez que las veo.

Gracias a esta experiencia de trabajar con los pollos aprendí dos cosas: la importancia del dinero, y lo difícil que es ganarlo y conservarlo. Esto me permitió comprender que nunca podemos dar nada por hecho. Mis padres me decían: "No supongas nada".

También tuve que aprender qué cosas tienen que afrontar los granjeros. Mi padre me enseñó que el granjero es el primero que se para en la mañana y el último que va a la cama por la noche, por lo que yo siempre sentía respeto por ellos. Nunca reciben el suficiente reconocimiento.

Aún recuerdo todo acerca de las aves. Fui miembro del Comité de la Feria Estatal de Florida durante unos siete años, de 1994 a 2001, y hasta la fecha puedo ir a las exhibiciones de aves (que me encantan) y decir: "Ésta es una gallina Rose-Comb Bantam, ésa es una Plymouth Rock, ésa es una White Rock y ésa es una Buff Leghorn", aunque en la actualidad hay tantos nuevos híbridos, que es difícil conocerlos todos.

Incluso logré impresionar a Frank Perdue, el hombre de los pollos. Es un tipo muy agradable. Un día me pidió permiso para sentarse conmigo durante el entrenamiento de primavera. Me agradó mucho conocerlo y comencé a hablarle de pollos. No podía creer que yo supiera de pollos. Por supuesto, él también sabía mucho de béisbol, lo cual a mí me sorprendió.

Lo importante es que aprendí a ser disciplinado y cumplir con mi deber desde joven. Sería difícil encontrar otra organización que crea en la disciplina, el respeto y la limpieza del mismo modo que nosotros. Cuando camino por el campo y veo envolturas de dulce tiradas, las recojo y las coloco en el cesto de la basura. Las personas se me acercan y me dicen: "Oiga, ¿no es usted George Steinbrenner?" Y yo les respondo, "¿Piensa usted que si fuera George Steinbrenner recogería basura, como lo estoy haciendo?" Generalmente eso pone fin a la conversación.

Sé apreciar la disciplina, la concentración y el cumplimiento del deber de las personas que trabajan de manera incansable por aquello en lo que creen.

De este modo, mi padre y mi madre moldearon mi vida con palabras simples y lecciones significativas, incluyendo una cita muy conocida de *Hamlet:* "Y por encima de todo: sé veraz contigo mismo".

Gloria Steinem

Escritora y activista

El universo tal como lo conocemos es el conjunto del observador y el observado.

Teilhard de Chardin

Sólo estaba medio bromeando cuando decía: "Una vida llena de preguntas no vale la pena vivirse". A ese grado me molestaba la introspección, y temía que pudiera reemplazar al activismo.

Sólo después de que este desequilibrio se manifestó varias veces en mi vida, comencé a preguntarme si sería conveniente expresar todo lo que pensaba. Caí en la cuenta de que mi niñez en un barrio de gente trabajadora probablemente tenía algo que ver con lo que me ocurría: una introspección respecto a mi pasado. Después de todo, los obreros se preocupan por lograr que su salario les alcance toda la semana, las mujeres se preocupan porque el gasto les alcance, y además por los hombres, y a ambos les preocupa más el pan que las rosas.

Sin embargo, no presté verdadera atención a la parte interna de la realidad hasta que una sabia mujer me hizo una pregunta.

Le estaba contando a esta vieja amiga que había ido a la Catedral de San Juan el Divino en Nueva York para la celebración anual del nacimiento de San Francisco de Asís. Dada su devoción tanto por los cuadrúpedos y las aves, así como por los pobres, muchas personas llevan a sus mascotas para que las bendigan. Por algunas horas, en el espacio tradicional de la catedral vive un momento más universal y pagano.

Cuando entré en la catedral de altos arcos, cientos de bancas ya estaban llenas de personas con sus mascotas. Algunos tenían gatos sobre los hombros; otros, jaulas a sus pies. Otros más estaban sentados junto a sus perros durmiendo o escuchando con atención. Muchos niños tenían hámsteres en pequeños carruseles giratorios, conejos con correas, peceras con pececillos dorados que se balanceaban sobre sus rodillas, y aves tropicales y domésticas en jaulas. Un hombre alto tenía una enorme serpiente enroscada en la cintura, otro llevaba un gran búho sobre el brazo, y otro metió por el pasillo a un cerdo muy rosado y ataviado con flores.

Durante el servicio, el diácono de la catedral caminó entre la congregación micrófono en mano, como si fuera un moderno Flautista de Hamelin y relató la historia de San Francisco de Asís mientras los niños lo seguían. Al terminar el relato de ese hombre –hijo de un padre rico– que había renunciado a todo por los pobres, los miembros de la procesión se acercaron al altar principal. Cuando se dieron la vuelta para mirar a la congregación, yo seguí sus miradas.

De entre las sombras surgieron dos camellos con flores alrededor del cuello, cada uno de ellos conducido por un entrenador ataviado de manera apropiada. Después vi cabras con cencerros colgados en el cuello, aves tropicales sobre los hombros de mujeres y hombres con vestimenta apropiada para el coro, ponis Shetland pavoneándose con sus cintas multicolores, gordos gansos blancos que caminaban de manera graciosa y un cerdo tan grande, que su arnés se parecía a las cintas de una bolsa para dormir. Todos formaban parte de la delegación de animales reunidos en la catedral.

Sin embargo, la mejor y más grande de todos ellos llegó al final: una elefanta tal vez muy pequeña según las normas de su especie, pero que se veía enorme en comparación con los demás animales. Llevaba un collar de flores alrededor del cuello y un hombre vestido de oriental la condujo por el pasillo. Cuando pasó junto a mí con la lentitud característica de los de su especie, pude ver las profundidades de sus ancestrales ojos, y desde ese momento, me fue imposible quitarle la vista de encima.

Todos los pájaros y animales formaron un semicírculo en torno al altar central. Eran un conjunto de apacibles bestias de carga y especies en peligro de extinción, laudados en poemas y sacrificados en los mataderos, una mezcla de alegría y sadismo, y cada uno de ellos, un milagro de supervivencia. A pesar de que los prejuicios religiosos desde hace mucho decidieron que los animales no tenían alma, ellos estaban allí congregados para recibir la bendición. En realidad, ellos nos bendecían con su presencia y, sin embargo, mis ojos se llenaron de lágrimas al pensar en la elefanta.

Le comenté a mi amiga eso, y le expliqué que me preocupaba la manera en que trataban a la elefanta, dejándola sola y aprisionada en un espacio demasiado pequeño para su tamaño; todo ello por motivos aparentemente buenos. Sin embargo, según señaló mi amiga, esas mismas preocupaciones se aplicaban a casi cualquiera de los seres vivos en esa catedral.

"Así que lo preocupante es", me dijo de manera pensativa, "saber con qué cosa del elefante te identificas".

Esa frase hizo que llegaran a mi mente cientos de imágenes. *Vivir en un mundo que no le pertenece a uno... ser vulnerable... ser bondadoso... ser incapaz de ocultarse... ser fuerte para otros pero no para uno mismo...* Yo pensé: "Sin duda ése es el motivo por el cual las mujeres tienden a identificarse en particular con esta especie delicada, comunal y en peligro, sin mencionar los motivos personales de cada quien".

La pregunta de mi amiga me recordó que yo no tenía ni la más leve idea de lo que esa elefanta sentía o verdaderamente necesitaba, y si no me atrevía a identificar la parte de mí que veía reflejada en ella, nunca sabría qué parte desempeñaba ella en realidad. Si yo hubiera actuado sin tener ese momento de introspección, quizá habría hecho cosas peligrosas para ambas.

Así que ahora intento recordar siempre: mi mundo interior no es más importante que el de afuera, pero tampoco es menos importante.

Y siempre me pregunto: "¿Qué parte de mí representa la elefanta?"

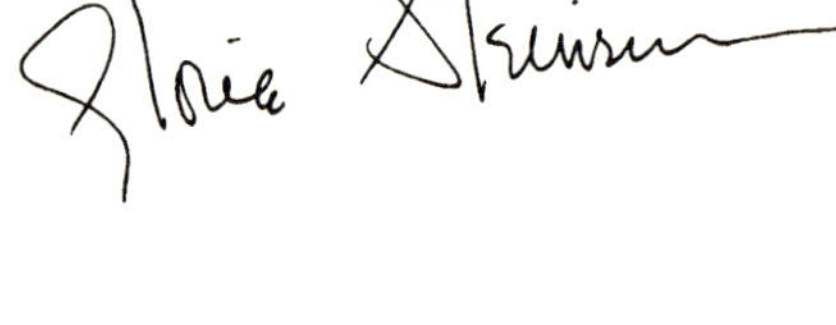

Martha Stewart

Directora ejecutiva y empresaria

En enero de 2002, la revista *Martha Stewart Living* estaba a punto de celebrar su edición número cien y yo tenía que escribir la carta del editor que explicaría de algún modo lo que esto significaba para todos los que trabajábamos en ella y lo que nos motivaba a realizar nuestra labor mes tras mes. Una tarea algo difícil. Una de las editoras entró a mi oficina y me dio un viejo documento que había sacado de un archivero y que pensaba que podría serme de utilidad para escribir esa carta. Revisé el viejo memorándum y sonreí al instante.

Antes de revelarles el contenido del mismo, les voy a relatar una historia.

Crecí en Nutley, Nueva Jersey, y era la segunda de una familia de seis hijos, que no tenía absolutamente nada de dinero para "extras"; no podíamos gastar nada en "lujos", sólo en las cosas cotidianas e indispensables. Pero lo impresionante del caso era que ni siquiera nos preocupábamos por el dinero, porque desde muy temprana edad nos inculcaron el valor del trabajo. Si necesitas ropa nueva, busca un empleo para que te la compres con lo que ganes. ¿Qué la universidad cuesta mucho? Trabaja para costeártela.

No quiero sugerir que nuestro hogar haya sido como una despiadada fábrica pecuniaria. En realidad, era algo fascinante, porque cada quien tenía algo que hacer y era productivo. Todos estábamos ocupados las veinticuatro horas del día. Yo me dediqué a cuidar niños, y poco después, a organizarles fiestas de cumpleaños, ayudando a los padres a que fueran algo verdaderamente especial, con proyectos de manualidades y otras ideas poco comunes.

Cuando terminaba mis tareas, y si no estaba trabajando, podía ir a la biblioteca cuantas veces quisiera. Si tenía ganas de leer en la cama antes de dormirme, nadie venía a "dejarme sin luces". A lo mejor me apagaban la televisión, pero nunca me apagaron la luz cuando estaba leyendo.

Como mis papás se habían dedicado a la enseñanza (mi madre era maestra de sexto año en una escuela primaria de la localidad y mi padre era instructor de educación física e idiomas eslavos), sabían "motivarnos" de manera natural. Difícilmente podría recordar un día en que no me haya sentido colmada de optimismo gracias a ellos; me acuerdo muy bien de la primera vez que mis esperanzas cristalizaron en palabras reales.

Yo tenía quince años, y mi maestra nos había dejado leer un libro para hacer un reporte de la lectura. Por algún motivo yo elegí la *Carta escarlata* de Nathaniel Hawthorne. En seguida me arrepentí de haber tomado esa decisión, porque el libro no era nada fácil para una estudiante de tercero de secundaria.

¿Qué representa la A? Ah, adulterio. (Pausa.) ¿Qué significa adulterio?

Y como si esto no fuera suficientemente difícil, imagínense que su padre (no su madre) tuviera que explicarles el tema de esta novela apta para adultos. Y después imaginen que intentan escribir un reporte de eso que leyeron. Obviamente yo me sentía muy nerviosa y estaba preocupada y lloraba, y le decía a mi papá que creía haber cometido un grave error al escoger ese libro.

"¡Es demasiado difícil para que yo lo entienda!" Protestaba. "¡No podré escribir nada que tenga sentido!"

Mi padre me escuchó atentamente mientras yo le explicaba todos los motivos por los cuales Nathaniel Hawthorne y yo simplemente no congeniaríamos.

"Martha", me respondió, "tú puedes hacer cualquier cosa. Basta con que te lo propongas. *Cualquier cosa*".

Algo de ese fugaz momento cristalizó en mi interior. Como yo confiaba ciegamente en mis padres –y papá era un educador después de todo–, acepté sus palabras como si las hubiera leído en la Biblia y me senté a escribir mi reporte. Mi padre me había dado la clave para realizar tareas difíciles: si estás dispuesto a conseguir algo, lo lograrás. Una semana después, recibí mi reporte que la maestra calificó con un enorme 10 (en color escarlata, nada menos). Creo que aún tengo guardado ese reporte en algún sitio.

A partir de ese día dejé de dudar acerca de mis capacidades, envalentonada porque mi padre me había dicho que era capaz de cualquier cosa. Por ese entonces, una de mis vecinas, que era bailarina de ballet, decidió ser modelo, y a mí me pareció muy emocionante. Entonces, con la bendición de mis padres fui a Nueva York con esa joven, su agencia me contrató, y comencé a asistir a audiciones. Podría parecer alarmante haberme subido a un camión con rumbo a la gran ciudad a solicitar trabajo, y la rama del modelaje era brutalmente competitiva. Pero de nuevo, recordé el consejo de mi padre y me puse en camino.

Poco después, comencé a hacer comerciales para la televisión. Aunque parezca gracioso, no me eligieron para representar a una menor, sino para papeles de mujer. De hecho, en uno de mis primeros anuncios hice de una joven esposa que anunciaba una marca de jabón en un comercial. Aunque yo tenía quince años, *casi un bebé*, mi primer papel fue ¡el de una mujer casada! ¿Cómo tuve los pantalones para efectuar esa transformación tan grande? Gracias a las palabras: "Tú puedes hacer cualquier cosa".

He perdido la cuenta del número de veces que las palabras de aliento de mis padres me han servido de guía a lo largo de la vida, desde solicitar mi ingreso a la universidad hasta criar un hijo e iniciar mi propia compañía. Pero una vez que adquieres ese tipo de confianza en ti mismo, la conservas para siempre y además, con frecuencia, puedes transmitírsela a otros. Eso es lo que hago ahora en todos mis negocios. Constantemente aliento a las personas a hacer cosas, a aprender, a desarrollarse y ser creativas; y continúo motivándome a mí misma.

Ahora regresaremos de nuevo al memorándum. Cuando mi editora me lo dio, de inmediato lo reconocí como algo que había escrito en 1991, cuando la revista *Martha Stewart Living* iba a cumplir su primer aniversario. Se llamaba "Las bases de un buen negocio", e incluía una lista de metas que me había fijado a mí misma (y también a la revista); entre ellas: "Debemos establecer y mantener normas de perfección", "Debemos recordar a nuestros lectores en todo momento" y "Debemos suministrarles información que los motive".

Lo que me hizo reír fue que acababa de escribir esas mismas palabras para la carta que se publicaría en la revista del aniversario número cien. Habían transcurrido diez años, y a pesar de todos nuestros éxitos, aún continuábamos fijándonos metas, intentando trabajar aún más fuerte, y creyendo todavía que nuestro potencial era ilimitado. Tener un sueño es importante, pero dedicar todos los esfuerzos a alcanzarlo es lo que hace que se transforme en realidad.

¿Saben cuál es mi único problema? Que no sé qué voy a escribir para conmemorar nuestra publicación número doscientos.

Martha Stewart

Amy Tan

Escritora

Las palabras más aborrecibles que alguna vez le he dicho a otro ser humano fueron para mi madre. Yo tenía dieciséis años en ese entonces. Me salieron de la tormenta que llevaba en mi interior y las dejé caer como si fuera una furiosa granizada:

—¡Te odio. Ojalá me muriera...!

Esperaba que se desvaneciera, consternada por lo que le acababa de decir. Sin embargo, se quedó parada, muy erguida, con la barbilla hacia arriba, y los labios dibujando una inexplicable sonrisa.

—Muy bien, quizá muera yo también –me dijo enojada–. ¡Entonces dejaré de ser tu madre!

Con frecuencia nos peleábamos así. En ocasiones de verdad trataba de suicidarse, pues salía corriendo a la calle con un cuchillo en la garganta. Ella también experimentaba tormentas internas y las liberaba contra mí como relámpagos rápidos y mortíferos.

Después de nuestras peleas, pasaban varios días para que volviera a hablarme. Me atormentaba cuando actuaba como si yo no existiera. Me ignoraba por completo, y por eso, yo perdía todas las batallas, una tras otra. Me criticaba y me humillaba frente a los demás, me prohibía hacer esto o aquello sin siquiera escuchar mis motivos o razones, y yo me juraba a mí misma que nunca olvidaría sus injusticias. Las guardaría y endurecería mi corazón para hacerme tan impenetrable como ella.

Al recordar esto, también recuerdo otro momento hace tan sólo un par de años. Yo tenía cuarenta y seis, y me había convertido en una persona totalmente distinta; era escritora de ficción, y empleaba mi memoria e imaginación. De hecho, estaba escribiendo una historia acerca de una jovencita y su madre cuando sonó el teléfono.

Era mi madre y eso me sorprendió. ¿Le había ayudado alguien a hacer la llamada? Hacía tres años ella había perdido el juicio a causa del Alzheimer. Al principio olvidaba echar llave a la puerta de su casa. Después olvidó dónde vivía y hasta olvidó quiénes eran las personas que conocía y lo que significaban para ella. Últimamente era incapaz de recordar muchas de sus pesadumbres y sufrimientos.

—Amy-ah –me dijo, y comenzó a hablar muy rápido en chino–. Algo ocurre con mi mente, creo que estoy volviéndome loca.

Se me cortó la respiración. Generalmente casi no podía decir una o dos palabras a la vez.

—No te preocupes –comencé a decirle.

—De veras me está pasando eso –continuó–. Siento que ya no puedo recordar nada, ni siquiera puedo recordar lo que hice ayer. No puedo recordar lo que ocurrió hace mucho tiempo, o lo que te hice...

Hablaba como una persona que estuviera a punto de ahogarse y hubiera salido a la superficie con fuerza para sobrevivir, sólo para ver que la orilla de la playa se encontraba muy lejana y le era imposible alcanzarla.

Continuó hablando frenéticamente:

—Estoy segura de que hice algo que te lastimó.

—No hiciste nada –le dije–. De veras, no te preocupes.

—Hice cosas terribles, pero ahora no puedo recordar lo que hice... y simplemente quería decirte... que espero que puedas olvidarlo, como yo lo he olvidado.

Traté de reírme para que ella no viera la emoción que me embargaba.

—De veras, no te preocupes.

—Muy bien, nada más quería decírtelo.

Cuando colgamos me puse a llorar; me sentía triste y contenta. Sentí de nuevo como si tuviera dieciséis años, pero la tormenta que albergaba en mi interior había desaparecido.

Mi madre murió seis meses después, pero me dejó como legado sus más sanadoras palabras; unas tan luminosas y eternas como un cielo azul claro. Tanto ella como yo sabíamos muy bien lo que debíamos recordar, y qué podíamos olvidar.

Julie Taymor

Directora de cine

Una tarde me encontraba caminando a las faldas de un volcán en erupción en Indonesia. Yo tenía veintiún años y acababa de producir y dirigir mi primera trilogía de marionetas enmascaradas y actores balineses y me dirigía a un pueblo de la región norte para ser testigo de una ceremonia de iniciación para jóvenes en Trunyan. La población llamada el Aga de Bali se consideraba a sí misma constituida por balineses auténticos, no que habían descendido de alguna otra cultura o de otra nación, sino que habían surgido del agua, según la mitología. Yo viajaba con un amigo, un gitano francés muy silvestre llamado Roland, que había bajado de un aeroplano en las junglas de Sumatra y se había incorporado como actor a mi grupo teatral.

Roland decidió escalar la montaña aunque el volcán estaba arrojando llamas, y yo me uní a él. El ascenso no fue demasiado difícil. Aunque sólo teníamos sandalias de hule, había muchas raíces para colgarnos de ellas. El problema era que tendríamos que encontrar otro camino para descender.

Una vez en la cima, al borde del cráter apagado, nos detuvimos a comer los alimentos que llevábamos envueltos en hojas de plátano. Roland dijo que quería ver el interior del volcán en erupción, que se encontraba a unos 13 metros de nosotros y arrojaba llamas cada quince minutos. Se puso en pie y desapareció entre el humo sulfuroso. La única manera segura de descender del volcán era siguiendo una senda que se iniciaba en el borde del cráter activo. Yo tendría que seguir a Roland, pero el borde del cráter apagado que conducía al que estaba en erupción sólo tenía 15 centímetros de ancho y parecía más una cuerda de trapecista que un camino, además, el viento soplaba muy fuerte. Había una cara rocosa por un lado, y por el otro, el abismo infinito del cráter sulfuroso. Estaba aterrada. Me quité todo lo que llevaba y lo dejé caer al cráter, hasta mi cámara, y bajé a gatas.

Imágenes de "fin" invadieron mi mente. Después recordé unas palabras de Carlos Castaneda en *Una realidad distinta*. En esencia decían que "para llegar a un destino imposible, tienes que concentrarte sólo en el punto que se encuentra inmediatamente frente a ti; olvidar todo lo que rodea a ese punto, y así lograrás llegar adonde vas". Traté de recordar eso en mi mente mientras estaba allí a cuatro patas, como gato, y fijé mi vista en lo que tenía frente a mí, en el borde del cráter. Si hubiera visto a mi izquierda, habría estado demasiado aterrorizada para moverme. Si hubiera visto más allá y calculado todo lo que tenía que avanzar, seguramente no me habría animado a intentarlo. Pero al concentrarme en ese borde y moverme lentamente sobre él, pude llegar al otro lado sin sensación de temor.

Cuando por fin alcancé a Roland, él estaba de pie en el borde del cráter activo, con un turbante puesto y un bastón en la mano. Con el humo sulfuroso envolviéndolo me acordé de Moisés en la montaña. Me acerque al borde y miré la lava fundida, roja y amarillenta. Era algo increíble. Cuando estaba a punto de darme la vuelta para regresar, resbalé. La roca volcánica me hizo un hoyo en la espinilla que era casi igual al interior del cráter.

Esa noche en el pueblo vi otra demostración de la conveniencia de pensar exclusivamente en el momento inmediato. Estaba sentada bajo un gigantesco árbol de baniano, sola en la oscuridad, escuchando los sonidos circundantes de la gente del pueblo y el sonido de varias orquestas, como si fuera un concierto de Charles Ives. Después de un rato, todo quedó en calma. Aunque no había electricidad, había luna llena. De repente, en medio de la noche, vi cómo la luz de la luna se reflejaba en pequeños espejitos brillantes, y veinte o treinta ancianos vestidos como guerreros balineses entraron danzando, lanza en mano, a la plaza vacía.

Durante la siguiente media hora, surgieron de sus vientres sonidos musicales sorprendentes mientras realizaban una extraordinaria danza de guerra sin ninguna luz más que la de la luna, y ningún auditorio más que yo, oculta bajo el árbol. Tan pronto como terminaron, desaparecieron. Era un ritual que hacían para un propósito que sólo ellos conocían, y para un auditorio que no necesitaba la luz para verlos; un espíritu mucho más grande que la propia vida.

Muchos de mis trabajos a lo largo de mi carrera en el mundo del teatro y del cine me hacen recordar esas dos experiencias y las palabras de Carlos Castaneda: "Cuando todo te parezca imposible, concéntrate en el punto que se encuentra inmediatamente frente a ti, síguelo como si fueras un halcón y olvídate de todo lo demás".

Twyla Tharp

Coreógrafa

Hace ya mucho tiempo, un reportero estaba escribiendo una historia acerca de mí y de mi trabajo y entrevistó a Martha Graham para su artículo. En ese entonces yo iba muy bien en mi carrera como bailarina. Había hecho muchas presentaciones; las suficientes para que el periódico decidiera realizar un reportaje exclusivo sobre mí y entrevistar a Martha para que les diera su opinión, quien le dijo al reportero: "Yo soy una rebelde y ella también lo es".

Esas palabras fueron muy valiosas para mí. Ella era una persona a quien yo respetaba mucho, y pensaba que yo iba en la dirección correcta. En esencia, estaba certificando que yo era una persona a la que le gustaba quebrantar las leyes, igual que a ella. Yo había decidido quebrantar las leyes acerca en la danza, en cómo se elaboran las danzas y la apariencia que tienen.

Pero en un sentido profundo, me di cuenta de que en realidad nunca había sido rebelde. Podría quebrantar las reglas de lo que se había realizado en coreografía, pero mi carrera profesional ha incluido una labor exigente, construida paso a paso. Mi carrera no era cualquier cosa, sino un compromiso día y noche por tratar de dar lo mejor. Mi madre tuvo cuidado de enseñarme a alcanzar la excelencia desde que tenía dos años.

Primero voy a describir la devoción de mis padres hacia las artes. Mi madre se formó como pianista de concierto, pero cuando empezó la Segunda Guerra Mundial, comenzó a enseñar música. De modo que fue una concertista frustrada. Mi padre era pintor y arquitecto, pero se dedicaba a la venta de automóviles. Ambos hubieran preferido dedicarse a carreras artísticas, pero consideraron que era su deber suministrar una educación universitaria a sus hijos. Por ese motivo mi padre no pudo dedicarse a la pintura y mi madre no se dedicó al piano. Sacrificaron sus ideales en aras del profundo deseo de dar a sus hijos esperanzas y sueños.

Cuando yo nací, mi familia vivía en una granja en Indiana. En ese pueblo no apreciaban mucho las artes, pero mi madre sí. Fui la mayor de cuatro hijos, y desde que teníamos menos de un año mi madre nos educaba el oído: tocaba una nota y nosotros teníamos que repetirla. Cuando yo tenía dos años, mi mamá comenzó a enviarme a una mujer que se especializaba en enseñar el teclado a bebés, una forma de pre-Suzuki. Para cuando tenía cuatro años, yo ya estaba estudiando muchas cosas, incluyendo el violín y varios tipos de danzas con maestras formales. Posteriormente nos cambiamos a San Bernardino, California, y allá encontró a dos hermanas que habían trabajado en la Ópera de París y decidió mandarme a tomar clases con ellas cuando tenía diez años. A los doce comencé a estudiar con una bailarina que había estudiado con la Pavlova. Mi maestra de piano era una mujer que había estudiado en Juilliard.

Sin embargo, nunca me felicitaron por las destrezas y técnicas que aprendí por haber estado con esas maestras tan reconocidas. Los adultos esperan que los niños hagan lo que se les dice. Además, fallar no era una opción; opinión de mis padres. No tenían un gran sistema de recompensas para sus hijos, pero su mandato inequívoco era el de alcanzar la excelencia: esperaban que hiciéramos todo a la perfección y de manera exigente y rigurosa, sin importar de lo que se tratase.

Mi padre y mi madre siempre nos decían: "No me importa a qué te dediques; no me importa si te dedicas a excavar zanjas, siempre y cuando logres excavar las mejores zanjas del mundo". Ésas fueron las palabras que marcaron el rumbo de mi vida.

Yo siempre traté de cumplir con las expectativas de mis padres. Me decían que debía tocar el piano una hora y media todos los días; que debía tocar el violín cuarenta y cinco minutos cada día; que debía hacer esto, lo otro y aquello. Y lo hice. Pero siempre reconocí que había un motivo para ello, y que yo tendría que indagar cómo se relacionaba todo y qué podía hacer al respecto.

En medio de toda esa motivación y de todas las expectativas, había amor; y yo sabía que, a pesar de todas esas exigencias, ellos se preocupaban por mí. El hecho de que mi madre decidiera demostrar de esta manera el amor a sus hijos, me proporcionó los recursos para desenvolverme en mi vida profesional. No digo que haya tocado el piano por mi madre; pues evidentemente lo tocaba para mí, para desarrollar esas destrezas y convertirme en pianista. Y eso se transmitió a la danza y a todo lo demás. Todo lo que he hecho, lo he hecho muy en serio, aunque fuera estudiar taquigrafía, y nunca descarté la posibilidad de llegar a tocar el piano. No se trataba simplemente de agradar a mis padres: yo me lo tomaba muy en serio.

Mi madre me dio las bases necesarias para hacer lo que hago en la actualidad. En este negocio no hay milagros. Cada baile tiene que ser un poco más intenso, un poco mejor, un poco más preciso. Mi madre me alentó de la manera más amorosa que puedo imaginar. Yo sentí ese amor en su motivación diaria y en su insistencia y dedicación cotidianas. Es sorprendente dedicarse así a otra persona, ya seas maestra, mamá o cualquier otra cosa. Y quienes hemos recibido esa atención en nuestra vida estamos muy agradecidas, y sentimos algo más que gratitud.

Ted Turner

Fundador de CNN y filántropo

Había ido a la escuela durante catorce años antes de que un maestro me dijera que iba a "dar un premio por pensar por uno mismo". No podía dar crédito a lo que oía. En 1958 estaba cursando mi segundo año en la Universidad de Brown cuando por primera vez en mi vida de estudiante vi salir el sol. Éramos unos quince en el salón y estábamos sentados en un círculo discutiendo la *Eneida*. Era la clase que más recuerdo, la de John Workman, nuestro profesor de literatura. Allí estaba yo, con alguien que me alentaba a discutir una obra que con el antiguo método de aprendizaje, basado en leer y tomar notas, me habría hecho retorcerme del enojo mientras trataba de almacenar el suficiente material para aprobar el siguiente examen.

El profesor Workman era muy distinto, y el cambio que introdujo en mi vida podría escribirse en una calcomanía para la defensa del automóvil: "Piensa por ti mismo". Quizá esto no suene como un lema revolucionario, pero lo fue para mí. Nunca olvidaré la emoción que sentí al motivarme a pensar por mí mismo. Era emocionante pertenecer a ese círculo y poder discutir una épica romana que en la vieja escuela sólo lograba producirme dolor de cabeza. En la clase del profesor Workman se respetaban nuestras opiniones, y llegábamos a ellas por un razonamiento personal. De hecho, ¡toda la clase escuchaba! Y era algo muy divertido. ¡Ted Turner se estaba divirtiendo! ¡Y se estaba divirtiendo en la facultad!

Transcurrieron treinta años para que terminara mis estudios en la Universidad de Brown. Aunque no tenía suficientes créditos como para graduarme, en la década de los ochenta me dieron el equivalente de la Comisión Battlefield. (También tengo un grado honorario de Brown.) Pero lo que más valoro es la

Comisión Battlefield. Me la ofrecieron "sin objeciones", lo que significa que me consideran como graduado de Brown y puedo comprobarlo. Ésta no es la ruta normal para graduarse, sino con un diploma.

Hace aproximadamente quince años, el profesor Workman vino a Atlanta a dar una conferencia a los ex alumnos de Brown. Después del evento lo llevé al aeropuerto y la mayor parte del tiempo conversamos sobre nuestros buenos tiempos en Brown. Le expresé de manera efusiva mi agradecimiento por haber ejercido una influencia tan poderosa en mí. Fue el primer maestro que me alentó a decir lo que pensaba y a hacer las cosas como creía mejor. En la actualidad eso se llama "pensamiento alternativo". Quizá el círculo de estudiantes de la clase del profesor Workman en Brown haya sido el lugar donde comencé a pensar que hasta el nervioso e impaciente Ted Turner sería capaz de crear algo grandioso. A lo mejor no una civilización, pero ¿qué tal un canal de televisión por cable que diera noticias diariamente a todos los países del mundo?

Tal vez, pensaba, tal vez pueda lograrlo; mientras pueda pensar por mí mismo, nadie me impondrá ningún límite.

Mike Wallace

Reportero de televisión

Martha's Vineyard, Massachusetts, ha sido el único lugar con el que verdaderamente me siento identificado. Durante años, y desde que yo tenía diez, mis padres rentaban habitaciones en una casa de Vineyard Haven, y un día después de que terminaba el campamento de verano, dejábamos nuestra casa en los suburbios Brookline de Boston, abordábamos el ferry de Wood's Hole y atravesábamos la bahía Vineyard para pasar dos semanas de vacaciones en Vineyard. Desde el momento en que veía las gaviotas y percibía el olor del agua de mar, me sentía cautivado.

Yo adoraba todo acerca del lento ritmo de la isla: sus muelles para pescar, sus granjas con bardas de piedra, sus carreteras con árboles y sus hermosas playas. Sin embargo, después de la universidad, mi trabajo en la televisión me llevó al Medio Oeste y más adelante me trajo de regreso al este, a Nueva York, y no pude volver a Vineyard durante más o menos treinta años. Cuando volví, recordé nuestra rutina veraniega, mi esposa y yo decidimos rentar una casa un par de meses en Edgartown o Vineyard Haven, cerca de mis queridos amigos Art Buchwald y Bill Styron.

Una tarde con mucho viento, en el verano de 1990, Artie y yo estábamos caminando por la calle principal de Vineyard Haven y al aproximarnos al faro de West Chop, pasamos por un pequeño cementerio colonial. Artie se volvió y me dijo:

—Sabes, podríamos adquirir unos lotes aquí por quinientos dólares –se detuvo y arqueó las cejas–. Cuidados perpetuos...

Yo nunca había pensado comprar un lote en el cementerio. ¿Por qué pensar en esas cosas?

—¿Estás pensando en adquirir uno, Artie? -le pregunté- ¿Es para Styron?

Él asintió.

—Quizá yo también debería hacerlo -le dije-. Sabes que este sitio me agrada mucho. ¿Qué tipo de epitafio podría escoger para mi tumba?

Artie sonrió.

—Aquí yace Mike Wallace, quien siempre rentó.

Tras decir esas palabras, Artie procedió a una discusión bastante mórbida acerca de nuestra condición de mortales e incluyó un comentario sobre si me gustaría ser enterrado en el sitio que yo consideraba el más bello sobre la tierra. Es gracioso que este comentario haya modificado mi vida de manera tan profunda, de una manera que ningún resumido epitafio podría describir. A pesar de que estábamos hablando de lotes de cementerio, lo que me llamó la atención fue la palabra "rentó". Comprendí que era un extraño en el lugar, no pertenecía a "Vineyard".

Así que dejé de rentar y compré una casa aproximadamente a 250 metros de la de Artie. La propiedad había pertenecido a Kingman Brewster cuando era presidente de Yale. Él vivía en la casa principal, y la adyacente, que era más pequeña, la ocupaba de oficina de verano. Para crear más espacio y una sensación de unidad, Mary Yates, mi esposa durante dieciséis años y querida amiga durante cuatro décadas, y yo hicimos que excavaran un hueco junto a la antigua casa y construimos una nueva estructura de dos pisos que conectaba la casa más pequeña a un corredor.

Pero aquí viene la parte importante: la estructura, una vez terminada, reunió a la familia entera bajo un mismo techo. Inauguramos la casa en mayo y hubo un constante desfile de familiares que con mucha confianza circulaban a través de las puertas, hasta que en octubre la cerramos. Yo no trabajo durante seis semanas, desde el 15 de junio hasta el 1 de agosto y paso todo el tiempo en la isla, y voy a la casa algunos fines de semana el resto del verano y el otoño. Como la cena del Día de Acción de Gracias, así la casa de Vineyard se ha transformado en un sitio de reunión para las familias Wallace y Yates. Cuando rentaba, la programación de nuestros viajes familiares los hacía sentir como una obligación para todos los involucrados. Ahora nuestros parientes tienen la libertad de visitarnos cuando lo deseen.

Entre Mary y yo, nuestra familia, y la que incluye a los niños, a los hijastros y a los nietos, ha crecido desde que adquirimos la casa. Tenemos once nietos, y todos ellos vienen a vernos con sus padres durante el verano, y a mí me parece maravilloso. He logrado ver a mi hijastro, Eames Yates, atrapar peces fuera de estación. Y no cambiaría por nada las épocas que he pasado allí con mi amada hijastra de casi cincuenta años de edad, Pauline Dora, su esposo, Dick Bourgeois, y sus niños Nadina, Wallace y Lowell.

Pero, en especial, la casa también me ha ayudado a reparar algunos puentes rotos entre mi hijo Chris y yo. Durante mucho tiempo estuvimos distantes; ambos estábamos ocupados, corriendo de un sitio a otro y resolviendo nuestros problemas familiares, y nuestras familias se alejaron mucho, lo cual me tenía muy consternado.

Ahora Chris, su esposa y sus cuatro hijos vienen una semana todos los veranos, y puedo ver lo maravilloso que es como padre. Nos sentamos en el prado y tenemos conversaciones informales que durante años nunca tuvimos. Al permitir que nuestras familias convivieran, la casa volvió a unirnos a Chris y a mí.

Ahora todo lo que falta es que Artie invente un nuevo epitafio para mi tumba.

Barbara Walters

Reportera de televisión

En 1976 dejé mi trabajo en el programa *Today* de NBC, tras haber pasado trece felices años allí. Ahora estaría en NBC, donde sería la primera conductora adjunta de sexo femenino de un programa diario de noticieros de la cadena.

En cierto aspecto, eso constituía un honor dudoso. En mi opinión, es mucho más difícil ser conductora adjunta de uno de los programas matutinos que del noticiero de la noche. Hay una cierta espontaneidad en los programas matutinos, un formato bastante libre que no existe en los programas nocturnos. Sin embargo, el noticiero nocturno *Nightly News* siempre había sido considerado como *el* puesto ideal para una reportera seria.

En ABC me contrataron como conductora adjunta del programa nocturno, junto con un veterano reportero, Harry Reasoner. En determinado momento durante su contrato con la cadena, él había trabajado con un compañero, y posteriormente había realizado el programa solo. Pero ahora, horror de horrores, le habían informado que no sólo compartiría su escritorio de noticias, sino que tendría que ser con una mujer.

Para complicar aún más el asunto, no había entrado al periodismo de la manera tradicional, como reportera de campo para AP o UPI, por ejemplo. Yo había recibido mi entrenamiento en televisión. Fui guionista del programa *Today* antes de ser reportera, y después conductora adjunta.

Por último, cuando llegué a ABC, escribieron unas crónicas terribles sobre mí. De acuerdo con los reportajes yo era una *prima donna*, que exigía, entre otras cosas, una máquina de escribir rosa. Sin embargo, lo que más parecía molestarles era mi salario, que supuestamente sería de un millón de dólares; el mejor sueldo recibido por una reportera en esa época.

Pero no fue así. En realidad, yo ganaba exactamente el mismo salario que Harry (500,000 dólares al año) y me pagaban otros 500,000 dólares en la división de esparcimiento por realizar cuatro programas de una hora, en el horario de mayor *rating* en la televisión. De hecho era una ganga para ABC.

Pero más allá de la cuestión del salario, lo que realmente me dio mala fama en ABC fue el hecho de ser mujer. En esa época, según recordarán, se pensaba que las mujeres no podían participar en un noticiero "serio"; además, era evidente que Harry no deseaba trabajar con una mujer, sin importar de quien se tratara.

Decir que yo no tuve un éxito instantáneo en ABC sería mentir. Todo el mundo nos vio desde la primera noche, pero nadie volvió a sintonizarnos la noche siguiente, más que por casualidad, para ver cómo nos estábamos llevando, y realmente nos llevábamos mal. Harry no ocultaba su desagrado al tener que compartir su programa conmigo. Por otra parte, cuando yo entraba al estudio, nadie me saludaba, ni siquiera los ayudantes de producción ni el camarógrafo.

Años después entrevisté a Harry al aire cuando dirigía el programa *20/20* de ABC, y no pude resistir la tentación de preguntarle lo que sintió en ese tiempo. Su respuesta fue muy sincera. Me dijo que simplemente yo había sido una cara equivocada en el sitio equivocado y en el momento equivocado. "No se trataba de nada personal", agregó.

Pero en el año de 1976, eso me pareció algo muy personal. Me sentí aplastada, para expresarlo en pocas palabras. Recuerdo que cada noche cuando volvía a casa, mi único consuelo era mi hija de siete años. De hecho, uno de los motivos por los cuales me cambié a ABC fue porque quería tener más tiempo libre para cuidar a mi pequeña. Estaba cansada de tener que levantarme a las cuatro de la mañana y quedarme dormida casi encima de la comida todas las noches.

Otra cosa que me mantuvo motivada durante esa época difícil fue el torrente interminable de cartas que recibí de mujeres de todo el país: "Conserva tu puesto", me escribían. "Si tú eres capaz de hacerlo, nosotros también podremos." Todo eso me dio mucha fuerza.

Pero el verdadero cambio (el momento que nunca olvidaré) fue la llegada un día de cierto telegrama. Yo estaba sentada en mi escritorio cuando me lo dieron. Lo abrí y comencé a leerlo. El telegrama decía simplemente: NO DEJES QUE ESOS BASTARDOS TE BAJEN EL ÁNIMO. Y estaba firmado, JOHN WAYNE.

Tras leer ese telegrama, sentí que la caballería venía en mi auxilio. Más que ofrecerme unas palabras de aliento en ese momento de crisis en mi vida, las palabras de John Wayne me enseñaron que no debía vivir mi vida pendiente de lo que otros dijeran acerca de mí, sin importar lo cáustico que fueran esos comentarios. Es necesario mantener la cara en alto y la cabeza erguida. Como diría John Wayne, si te caes del caballo, tienes que volver a subirte.

Esto fue exactamente lo que hice. Después de haber estado en el programa algo más de un año, ABC contrató a un nuevo presidente para su departamento de noticias, Roone Arledge. Roone tenía fe en mí y decidió que yo continuara al aire, y Harry regresó a CBS, donde había trabajado antes de estar en ABC. Entonces, poco a poco comencé a ascender. Entrevisté al presidente de Egipto, Anwar el Sadat y al primer ministro israelí Menachem Begin en el momento de la firma del tratado de paz entre Egipto e Israel. Hablé al aire con el líder de Cuba Fidel Castro y realicé toda una serie de entrevistas destacadas. En cierto sentido logré arraigarme en mi trabajo y este proceso se inició gracias al telegrama de John Wayne.

De manera irónica, varios años después pude darle las gracias a John Wayne personalmente por sus valiosas palabras cuando lo entrevisté para un programa especial de ABC. Antes de comenzar a grabar, le dije que nunca había olvidado el telegrama que me envió. La entrevista subsecuente fue muy conmovedora y, por motivos del destino, fue la última que él concedió: al día siguiente John Wayne ingresó al hospital y nunca salió de allí.

Su inspiración aún continúa viva. Por lo que respecta a las palabras de Harry Reasoner, aprendí después de todo que me encontraba en el lugar incorrecto en el momento incorrecto. Pero lo más importante fue que también descubrí que siendo perseverante y trabajando duro pude lograr que el momento y el lugar fueran los indicados.

Vera Wang

Diseñadora y directora ejecutiva

Me encontraba parada frente a Ralph Lauren, a punto de decirle que dejaría su compañía. Había oído que Ralph estaba enterado de lo que quería decirle (los problemas en la oficina y todo eso), pero lo que él no sabía es que yo me había tardado cuarenta años en tomar esa decisión.

Retrocedamos en el tiempo.

De joven había practicado el patinaje artístico y había sido una patinadora *destacada*. Competía sola y en pareja, y durante varios años ocupé uno de los doce primeros lugares entre las patinadoras de Estados Unidos. Es un buen logro. Desafortunadamente, las personas sólo recuerdan a los campeones, y nunca a los finalistas que no alcanzaron el primer lugar. Yo estaba decidida a ir a las Olimpiadas, pero el equipo estadounidense sólo elige a dos o tres patinadoras cada cuatro años. El momento era vital, pero desgraciadamente nunca logré clasificar para los juegos.

Así que a los diecinueve años, tras haber patinado y competido durante doce años, dejé ese deporte y nunca volví a pensar en él. Me partía el corazón dejar algo que amaba tanto, y me sentí como una fracasada por no haber logrado ascender hasta la cima antes de darme por vencida.

Cuando me gradué en la universidad, decidí que mi verdadera fantasía –la que le seguía inmediatamente después al sueño de ser campeona olímpica–, era convertirme en diseñadora de modas. Desde que puedo recordar, me ha apasionado todo aquello que se relacione con el diseño y la moda. A mi padre no le gustaba mucho la idea.

—No te he pagado una carrera universitaria para que termines tomando cursos de diseño –me dijo–, y no quiero oír hablar de eso. Te crees muy capaz; pues ve y consigue un trabajo.

Y le hice caso. Fui a la revista *Vogue* y logré convertirme en una de las editoras de modas más jóvenes en la historia de esa revista. Estuve allí durante dieciséis años; era el empleo perfecto para mí. Estaba en constante movimiento supervisando los últimos lanzamientos y viajando por todo el mundo. No pagaban muy bien (en promedio 30,000 dólares al año), pero yo no lo hacía por el dinero, sino porque ese trabajo me apasionaba. Además, esperaba que algún día me dieran el puesto de directora editorial, aunque no era la única con esas expectativas. Varias de mis compañeras en la revista también anhelaban esa oportunidad.

Desafortunadamente, igual que ocurrió con mi carrera de patinaje, mi sueño nunca se materializó: cuando *Vogue* necesitó una nueva directora editorial, contrataron a alguien de afuera y, de repente, allí estaba yo, después de haber dedicado más de una década y media de mi vida a trabajar como un animal por conseguir ese triunfo (mi Everest personal), simplemente para que de nuevo me esquivara.

Y así, a los cuarenta años, me cambié a la compañía de Ralph Lauren como directora de diseño. Yo era uno de los "sargentos" más confiables de Ralph y por eso me asignó grandes responsabilidades. Pero estaba recién casada y quería formar una familia, así que estaba muy atormentada. Dos años después de haber entrado a la compañía fui a la oficina de Ralph a decirle que pensaba renunciar. Ahora que recuerdo lo que ocurrió entonces, no tenía ni la más remota idea de que iniciaría mi propio negocio. Recuerdo haber pensado que quizá nunca lograría alcanzar ninguno de mis sueños.

Me fue imposible decirle a Ralph que quería dejarlo. Confiaba en mí por completo; yo sentía un respeto enorme hacia él y no quería desilusionarlo, pero también estaba segura de que mi decisión era la correcta. Le dije a Ralph que mi renuncia no era por ningún mal sentimiento.

—Simplemente necesito un poco de tiempo para mi vida personal.

Ralph me escuchó pacientemente y después comenzó a hablar.

—Nunca le digo esto a nadie –comenzó– así que más te vale que lo tomes en serio. Aunque no quiero que te vayas, te entiendo. Así que escucha estas palabras y ponlas en tu corazón: si alguna persona duda de ti, si te sientes desalentada o atemorizada, recuerda siempre que tienes talento. Nunca lo olvides.

No recuerdo lo que le respondí (quizá no le dije nada), pero realmente me llegó muy adentro el apoyo y la generosidad de sus palabras. Siempre supe que él creía en mí mientras trabajé para él, pero ahora que estaba a punto de dejarlo, él seguía creyendo en mí. Dado su éxito en la industria de la moda (el cual, según yo, es algo histórico), escuchar de él esas palabras de aliento en un momento tan decisivo fue algo abrumador para mí.

He llegado a descubrir que los consejos de Ralph no se referían tanto a tener talento como a tener confianza en mí misma. A menudo somos los últimos en saber que contamos con una reserva de fuerza, una capacidad para perseverar y nos tenemos miedo, dudamos de nosotros mismos. Sin embargo, pienso que lo que he aprendido durante mis cuarenta años de vida es que en ocasiones tenemos que ahondar un poco más en nuestro interior para encontrar esa última fuente de poder que nos mantendrá orientados hacia los ideales que hayamos concebido.

Dos años después de haber dejado a Ralph Lauren, mi propio nombre comenzó a aparecer en etiquetas, y yo estaba al frente de un negocio que había iniciado de cero, con una diminuta oficina en el Upper East Side de Manhattan. Decir que trabajaba duro sería dar un resumen demasiado escueto de mis actividades: trabajo veinticuatro horas al día, y ahora tengo cargas financieras y presiones creativas que nunca hubiera imaginado. Pero las recompensas son ilimitadas; y siempre que me siento desalentada o desubicada (cuando pienso que ya no puedo continuar ni un minuto más), todo lo que necesito es recordar las palabras de Ralph, y ellas me dan valor y fortaleza.

"Ralph creyó en mí", pienso para mis adentros. "Vio que era capaz de lograr algo. Quizá yo pueda verlo también".

Wendy Wasserstein

Escritora de teatro

Antes de ser mujer y escritora, yo era una niña dulce, inteligente, graciosa y regordeta. Y hay que ser honestos, cuando uno tiene todas esas cualidades, no hay muchas posibilidades de triunfar.

En 1967, asistí a la universidad de Mt. Holyoke en South Hadley, Massachusetts. Sin embargo, en mi primer año me transfirieron al Amherst College como parte de un experimento de coeducación; esa escuela estaba admitiendo mujeres de diversas universidades por primera vez en su historia. Cuando llegué a Amherst, la constitución del cuerpo estudiantil era, por no decirlo de otro modo, desproporcionada: había veintitrés mujeres y doscientos hombres.

Cierta tarde, poco después del inicio del primer semestre, yo estaba sentada en mi cama hablando con mi compañera Mary Jane, cuando un tipo que habíamos visto en el campus entró a nuestra habitación. Se apoyó en el marco de la puerta y, después de conversar algunos minutos, nos reveló un pasatiempo muy poco usual.

—¿Saben qué? Mis amigos y yo calificamos a las chicas que vienen a Amherst –nos informó, refiriéndose, por supuesto, a que calificaban a las mujeres recién ingresadas de acuerdo con su apariencia–. ¿Quieren saber quiénes ocupan los diez primeros lugares? –nos preguntó.

Sí, queríamos saberlo.

La que ocupaba el primer lugar de la lista se llamaba María, era una de esas chicas que se las daba de artista, tenía hermoso cabello lacio, la piel bronceada, y siempre usaba un chal. El segundo lugar de la lista lo ocupaba mi compañera de cuarto, Mary Jane. Era una buena elección, pues Mary Jane era muy guapa.

El muchacho continuó mencionando a las demás chicas de la lista y, por supuesto, yo no estaba incluida en ella. En realidad eso no me molestó, ya que la apariencia nunca había ocupado un lugar importante durante mi niñez. Cuando yo era pequeña siempre me consideraron *graciosa, agradable, dulce* e *inteligente*, mientras que mi hermana Gorgeous era la guapa (su nombre es Gorgeous, que en inglés significa espléndida). Como nunca he sabido lo que es tener un peso adecuado o ser muy femenina, después de un tiempo, dejé de pensar en eso.

En consecuencia, cuando este chico me excluyó de las diez estudiantes más guapas de Amherst, lo único que realmente me molestó fue que hubiera colocado a mi compañera de cuarto *por debajo de* María.

—¿A qué te refieres? –le dije indignada–. Mary Jane debería ser la número uno.

Sin embargo, mis protestas no fueron escuchadas.

Ahora bien, en esta época, Mary Jane y yo teníamos miedo de comer en el comedor escolar. Por nuestro estatus de minoría en la escuela, tan pronto entrábamos por esa puerta, mil doscientas cabezas se volteaban a mirarnos. Esto no nos permitía disfrutar de nuestros alimentos con tranquilidad.

Así que Mary Jane y yo creamos un sistema: yo iba al comedor, preparaba con rapidez unos emparedados de mantequilla de maní y jalea en una mesita lateral, y los llevaba para comer en nuestra habitación.

Pero un día, mientras yo estaba a la mitad del proceso, uno de los sándwiches se cayó al piso. Me incliné para recogerlo, pero al levantarme, mi cabeza chocó con la charola de un estudiante que apareció por ahí. Y no era cualquier estudiante; era María, la número uno. El golpe hizo que los *hot cakes* de María volaran y le cayeran en la cara, que la miel de maple salpicara en todas direcciones, y yo regresara corriendo y llorando a mi habitación.

Cuando entre sollozos, le conté todo esto a Mary unos minutos después, ella no podía parar de reír.

Esto es lo más chistoso que he oído en mi vida –me dijo. Yo seguía en shock. Sólo repetía una y otra vez:

—Le di a la número uno con los *hot cakes* en la cara... Le di a la número uno con los *hot cakes* en la cara...

Sin embargo, poco después del incidente, comprendí que, *todo eso había sido simplemente algo ridículo.*

En una de mis líneas favoritas en *The Heidi Chronicles*, el personaje central dice: "¿Qué cosa le enseñan las mujeres a sus hijos que nunca les enseñan a sus hijas?" Cuando yo tenía diecinueve años, esa pregunta siempre venía a mi mente. Los chicos de Amherst parecían tan confiados de sí mismos: contestaban en clase, hubieran leído el libro o no; eran escandalosos y extrovertidos; se sentían a gusto con ellos mismos, por lo menos lo suficiente para ir a la habitación de unas extrañas y contarles cómo habían calificado a las niñas.

Todo eso hizo que me preguntara, *¿Por qué hay tanta diferencia de género en cuanto a la seguridad en sí mismos, respecto a este tipo de autoconfianza? ¿Dónde consiguen los hombres la confianza en sí mismos?*

La única respuesta que pude encontrar fue que quizá sus madres les habían enseñado algo (algún secreto de la vida, tal vez) que nunca se molestaron en enseñarle a sus hijas. Lentamente mis sentimientos acerca de las mujeres, y en particular acerca de las voces de las mujeres, comenzaron a despertar. "Las hijas merecen tener confianza en sí mismas", decidí. "Quizá podría escribir para ellas. Quizá podría ponerlas en el escenario y darles una voz; una que por lo menos sea igual a la que los hombres parecen tener por derecho propio."

Desgraciadamente, al finalizar ese año escolar, las veintitrés chicas regresamos a nuestras universidades de origen. Como experimento en coeducación, resultamos un fracaso, y Amherst fue un colegio mixto cuatro años más tarde. Sin embargo, recibí un título honorario de esa escuela muchos años después. Llevé a Mary Jane, a su marido y a sus hijos conmigo, y durante mi discurso en la cena de los ex alumnos, recordé la historia de los *hot cakes.* Después, levantando mi diploma muy en alto, dije:

—Este diploma no es sólo para mí, es para las veintitrés de Amherst, las veintitrés mujeres que ustedes enviaron de regreso.

Si bien el comentario de aquel extraño sujeto que se presentó en nuestra habitación ese día dio inicio a una serie de hechos en mi vida (que condujeron finalmente a mi carrera profesional), otro comentario adicional completó la tarea. En 1982, yo iba caminando por la calle con mi amigo Andre Bishop, que era director artístico del teatro Playwrights Horizons. En esa época, yo estaba rumiando aceptar una invitación que Andre me había hecho para reescribir la obra *Isn't It Romantic (¿No es algo romántico?)*, la cual ya había recibido críticas contradictorias. Andre dijo que le encantaría poner en escena una nueva versión de ese drama, pero como buena Libra, dudaba entre aceptar o no su oferta. En ese momento Andre me dijo algo verdaderamente importante.

—Tienes la oportunidad de modificar este drama y de que te tomen en serio –me dijo–, y, en mi opinión, el método para que lo logres es que *tú misma* te tomes en serio. Si yo fuera tú, aprovecharía la oportunidad de reescribir de nuevo la obra, porque yo, por mi parte, te tomo muy en serio.

Incluso ahora, cuando pienso en ese comentario, siento ganas de llorar. Para una escritora cómica, cuyo mayor temor es no ser respetada (tal vez por ser demasiado dulce, demasiado graciosa o demasiado regordeta) el hecho de que uno de tus amigos te diga: "Yo te tomo muy en serio", te sirve de inspiración el resto de tu vida.

Maxine Waters

Representante de Estados Unidos

La escuela primaria James Weldon Johnson se encontraba en la esquina de las calles Laclede y Ewing en St. Louis, Missouri.

Era un edificio de ladrillo café de tres pisos y albergaba algunos de los mejores recuerdos de mi niñez. Esa escuela estaba en un espacio modesto y totalmente rodeada por una cerca. Tenía dos entradas y dos salidas, en donde los maestros recibían a los estudiantes por la mañana, vigilaban sus actividades durante el recreo y se despedían de ellos al terminar el día.

La mayor parte del personal académico de James Weldon Johnson vivía en ese vecindario, lo que permitía a las maestras visitar a sus estudiantes de vez en cuando, invitarlos de día de campo y otras veces encontrarse con sus padres para discutir acerca de alguna mala conducta.

Nuestras maestras realizaban de manera apasionada su trabajo. Nos daban nalgadas cuando nos portábamos mal; pero cuando éramos buenos, nos recompensaban con lecciones especiales, que iban más allá del programa típico. Nos ponían a escuchar viejos *spirituals* de los negros; pronunciaban grandes discursos y nos transportaban a través del vasto mundo cultural de las artes.

Mi maestra de sexto grado era la señorita Stokes, una dama impecable, de mediana edad, de cabello canoso, que había dedicado toda su vida a la educación y al aprendizaje. Bendecida con un exceso de energía, la señorita Stokes nunca se casó, y dedicó todo su tiempo a los estudiantes. Mis compañeros y yo le decíamos entre nosotros "Vieja solterona".

Y sin embargo la señorita Stokes no tenía nada de vieja. Estaba llena de consejos y advertencias y era estricta y cariñosa. Sabía ser crítica y también felicitar calurosamente; tenía una percepción muy clara de sus estudiantes, que rayaba en la clarividencia.

Aunque lo más importante es que la señorita Stokes nos ayudó a desarrollar la confianza en nosotros mismos.

Nunca olvidaré el día que le di mi reporte de salud. Nos habían dejado de tarea escribir acerca de la salud y la nutrición, y aunque apenas cursábamos la primaria, la señorita Stokes nos dijo que esperaba que nuestros reportes fueran completos, informativos y "presentables para cualquier persona de la ciudad de St. Louis".

Por lo regular, la mayoría de mis compañeros presentaban sus reportes en elegantes cuadernos o en carpetas recién compradas. Pero como yo era pobre, no tenía el suficiente dinero para adquirir cosas tan extravagantes. Naturalmente, me preocupé porque pensaba que mi reporte no tendría atractivo visual en comparación con los de mis compañeros. Sin embargo, estaba determinada a realizar un buen trabajo, e inmediatamente me di a la tarea de diseñar un fólder que mostrara mi esfuerzo.

Comencé con dos pedazos de cartoncillo corrugado que la señorita Stokes me había dado. Empleé uno de ellos como cubierta delantera y lo decoré con un *collage* de fotos de frutas y verduras que había recortado de revistas. Coloqué mi reporte entre las cubiertas, le hice huecos en el lado izquierdo y le fui pasando una hebra de estambre de color brillante que me regaló una compañera que había tejido una bufanda.

En poco tiempo, mi reporte de salud quedó listo para entregarse, y hecho totalmente a mano.

Ahora bien, la señorita Stokes sabía que mi familia era numerosa, que tenía doce hermanos y hermanas, y que no teníamos dinero. Así que cuando le di mi reporte, lo miró cuidadosamente y, sonriendo muy contenta, se dirigió a mis compañeros.

—Miren esto, alumnos –dijo, mostrando mi reporte muy en alto–. Querer es poder.

No se necesitaron más palabras de explicación. Todos sabían a qué se refería, incluyéndome a mí. Cuando vi las caras de mis amigos y compañeros, y el inequívoco orgullo en los ojos de mi profesora, me sentí como si midiera tres metros. Me sentí inteligente; me sentí llena de autoestima; me sentí especial.

Las palabras de la señorita Stokes y la gloria de ese momento han perdurado en mi mente a lo largo de mi vida. Siempre que tengo que realizar alguna tarea demasiado complicada, o afrontar problemas demasiado difíciles de resolver, me transporto de nuevo a aquel pequeño salón de clases en el antiguo edificio de la esquina de Laclede y Ewing y escucho a mi maestra decir; "Querer es poder", y esto me da aliento para continuar luchando.

Aunque ni la señorita Stokes ni yo lo sabíamos en esa época, el espíritu de lucha que logró inculcarme me preparó para los enormes problemas de políticas públicas y las interminables batallas legales que tendría que afrontar posteriormente en mi carrera profesional. Al final, estas confrontaciones políticas escabrosas terminarían modificando vidas en todo el mundo.

Antes de mi elección para el Congreso, serví como miembro de la asamblea estatal de California, donde introduje leyes para que todos los fondos para el retiro de empleados públicos y maestros estatales fueran descontados a compañías que hacían negocios en Sudáfrica. Yo quería estar segura de que California no apoyaría el brutal sistema del *apartheid*.

No fue una lucha fácil. Durante siete años motivé a mis ochenta colaboradores a votar a favor de esa iniciativa. De manera constante les hablé sobre el sistema tan terrible del *apartheid*. Les envíe escalofriantes artículos recortados de periódicos y revistas. Viajé por todo el país ayudando a organizar el "Movimiento para la Liberación de Sudáfrica" en toda la nación. El trabajo nunca terminaba.

En ocasiones me temía lo peor: que nuestra batalla fracasara, que el *apartheid* ganara terreno, y que la sangre continuara derramándose en las calles de Sudáfrica. Pero entonces recordaba la lucha y los sacrificios de los propios habitantes de Sudáfrica, y la manera en que se oponían a sus opresores únicamente con su voluntad. En esos momentos recordaba las palabras de mi maestra, respiraba profundo y me daba valor para continuar.

Por último, y de manera increíble, recopilé los votos necesarios: después de más de siete años de batalla política sin cuartel, la ley de despojo fue firmada por el gobernador del estado de California en septiembre de 1986. Irónicamente, en un inicio se había opuesto a esa ley.

Si había pensado que el momento que me produjo más orgullo fue ese día en la escuela primaria James Weldon en St. Louis, me había equivocado. El 11 de febrero de 1990, Nelson Mandela, el activista político y líder de Sudáfrica, fue liberado después de veintisiete años en prisión. No mucho después realizó su primera visita a Estados Unidos, donde tuve el honor de dirigir una recepción en su honor en California. Por supuesto, más adelante fue nombrado presidente de Sudáfrica.

Yo organicé un *rally* de bienvenida en el Coliseo de Los Ángeles, al cual asistieron noventa mil personas. Cuando escolté al invitado de honor al escenario, la audiencia se puso de pie y saludó al señor Mandela con una ovación larga y resonante. Ése fue otro de los momentos más memorables de mi vida.

El éxito incluye a menudo dar un paso hacia atrás, respirar profundo y diseñar estrategias nuevas y creativas para afrontar los obstáculos. Si mi vida (y la señorita Stokes) me han enseñado algo, es que es posible que los sueños cristalicen usando algo más que un poco de estambre y de imaginación. Un niño que no tiene lo suficiente para comprar cuadernos escolares, puede llegar a ser congresista de Estados Unidos. Un prisionero político puede llegar a la presidencia de su país y después convertirse en representante de la libertad a nivel mundial.

Querer es poder.

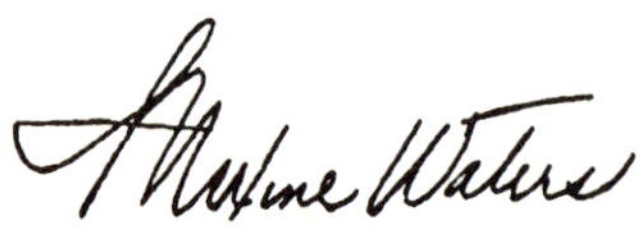

Venus Williams

Tenista

Es poco frecuente oír a alguien que admita haber recibido algún consejo de su hermana menor. Pero siendo honesta, las palabras de Serena cambiaron mi vida.

Comencé a jugar al tenis profesionalmente cuando tenía catorce años. Me fue bien en mi primer año y avancé con suficiente rapidez. Cuando comencé a jugar tiempo completo, me clasificaron en el número 204; pero al finalizar el año, me encontraba ya entre los veinte primeros lugares. Mi racha de buena suerte continuó hasta el siguiente año. Terminé ocupando el quinto o sexto lugar a nivel mundial.

Después de eso, mi progreso fue bastante estable. Gané algunos títulos; logré entrar a las semifinales y las finales. Pero cuando llegó el momento de la gran victoria, no logré ganar. Pero más que nada, no gané ningún Grand Slam.

Ése no fue el caso de mi hermana Serena. Ella es un año menor que yo y se incorporó al equipo sólo nueve meses después que yo. Serena también empezó bien, y en 1999 ganó el Grand Slam y se llevó el título de *singles* femenino en el Campeonato Abierto de Estados Unidos.

Por esa época, yo estaba jugando un partido de dobles una tarde con Serena en uno de los grandes juegos. No recuerdo dónde estábamos, sólo sé que no estaba jugando muy bien; específicamente en lo que se refiere a los saques. En el tenis, el saque del jugador es algo importantísimo para su desempeño. Cuando tú lanzas la pelota, básicamente tienes el control y una ligera ventaja sobre el oponente. Así que de todas las veces que se presentan para perder durante el partido, el momento del saque no puede ser una de ellas. Pero en ese punto de mi carrera yo estaba fallando mi saque todo el tiempo.

Para empeorar las cosas, ese día yo estaba jugando dobles y realmente no somos muy buenas para eso Serena y yo. El juego de dobles es algo que definitivamente requiere de práctica; es necesario confiar mucho en el compañero, conocer sus puntos fuertes y percibir su siguiente jugada.

Así que no sólo sentía la presión de desempeñarme bien por el equipo, sino que tampoco quería decepcionar a Serena al cometer errores.

Estábamos en la parte intermedia del juego, sentadas a un lado durante el cambio, que es un descanso de un minuto que se permite a los jugadores cuando se cambian al otro lado de la cancha. Normalmente, uno conversa con el compañero durante el cambio. Si están ganando, hablan acerca de cualquier cosa, de una película, del clima, de las noticias; y si están perdiendo, hablan de tenis.

En ese cambio en particular, Serena y yo estábamos hablando de tenis. Había sido una tarde difícil y estábamos tratando de no salir tan mal paradas. Por mi parte, no estaba concentrada como para jugar bien, y Serena lo sabía.

—Escucha, –me dijo, casi bromeando–: No me importa lo que hagas en tu lado de la cancha, yo me ocuparé de mi lado y no perderemos este juego.

No le respondí nada, entonces Serena se puso seria.

—Mira, Venus –me dijo–, no importa cómo te sientes por tu juego, tienes que presentarte en la cancha, ¿correcto? Después de todo, estás aquí para jugar al tenis. Sin embargo, debes decidir si deseas competir bien o competir mal. Yo voy a decidir competir bien. ¿Por qué no haces lo mismo?

Aunque el consejo de Serena suene como simples palabras de aliento, en ese día y en ese momento, allí sentadas junto a la cancha, me pareció algo muy lógico, pero algo casi irreal. Resumí todo aquello que me preocupaba. Cuando uno se compromete con algo debe salir adelante. No basta simplemente con decir: "Bueno, el día de hoy no quiero jugar". Es necesario hacerlo. Y si uno está comprometido a estar allí, ¿por qué no intentar dar una buena exhibición? ¿Por qué no dar lo mejor que uno puede?

En otras palabras, no hay que pasar por alto la oportunidad de lograr algo, no hay que ponerse nervioso, no hay que contenerse, hay que dar todo lo que uno puede, porque quizá ese momento nunca vuelva a presentarse.

No estoy segura de si ganamos el juego de dobles esa tarde (aunque creo que sí); pero después de eso mi juego comenzó a mejorar cada vez más. En un momento difícil de mi carrera profesional, Serena me dijo unas palabras buenas y valiosas, y las he tenido presentes en todos los juegos desde entonces.

Al escribir esto tengo tan sólo veintiún años. Ya he aprendido que si uno no se da la oportunidad de hacer algo nuevo, algo atrevido, nunca sabrá de qué es capaz. ¿Qué importa que uno falle? Por lo menos sabrá qué es lo que no debe hacer la próxima vez que lo intente.

Oprah Winfrey

Conductora de programas de televisión y empresaria

El fin de semana del Día del Trabajo de 1983 había ido a Chicago a hacer una audición para un nuevo puesto de conductora en un programa matutino de entrevistas.

Todos mis colegas me decían que no la hiciera...

—Estarás caminando sobre terreno minado. De ninguna manera lograrás sobrevivir en Chicago. La competencia te hará puré.

El programa se llamaba *AM Chicago*. Había tenido varios conductores con anterioridad, y sus *ratings* eran tan bajos que casi no figuraban. El programa estaba posicionado en contra de la competencia más formidable, el rey de las entrevistas, el hombre que realmente creó el género de discusiones abiertas y cándidas *(talk shows)* para el auditorio matutino y lo hizo popular: Phil Donahue.

El programa de Phil se grababa en Chicago y se transmitía a nivel nacional. Tenía los *ratings* más altos y casi no tenía competidores. Él fue mi mentor durante muchos años y yo veía sus programas todos los días, primero como su admiradora, y después para aprender. Cuando me ofrecieron un puesto de conductora adjunta para un programa en Baltimore en 1978 llamado *People Are Talking (La gente habla)*, me propuse ver el programa de Phil diariamente para ver qué podía aprender de él. Y aprendí mucho: la manera de escuchar y cómo interrumpir de manera oportuna y sólo en caso necesario. De hecho, aprendí tanto, que dejé de ver ese programa luego de que una mañana que estaba al aire me escuché a mí misma repitiendo la conocida frase de Phil: "¿Está ahí la persona que llamó?"

Ir a Chicago constituyó un paso muy grande para mí. Estaría compitiendo con Phil Donahue en su pueblo natal. El programa de Phil se transmitía a nivel nacional. Yo me encontraba en una estación local con un presupuesto que sólo nos permitía adquirir geranios falsos para el set. Le dije a Dennis Swanson, gerente general del canal, que había muchas cosas que me preocupaban: en primer lugar, sería la primera conductora de raza negra en este programa en una ciudad conocida en ese tiempo por la volatilidad racial. Yo no era precisamente esbelta y en mi trabajo anterior, la gerencia de la televisora había tratado de modificar mi apariencia: mi cabello, mi cara, mi peso, y hasta mi nombre.

Yo les dije: "Soy negra, y eso no va a cambiar. También tengo exceso de peso, y probablemente eso tampoco se modifique".

Él me dijo: "Estoy consciente de eso. Te he observado bien jovencita: tú tienes un talento, una manera especial de relacionarte con la gente. No espero que cambies, sólo espero que uses bien tu talento".

Entonces me ofreció el siguiente regalo. Me dijo: "Donahue está acabando con nosotros día tras día... y no esperamos que le ganes, por supuesto. Únicamente sal al aire y sé tú misma".

Esas palabras me liberaron y marcaron la trayectoria de lo que llegó a convertirse en *The Oprah Winfrey Show* (*El show de Oprah Winfrey*).

Sin duda, si me hubiera dicho lo contrario: "Queremos que venzas a Phil Donahue...", yo no habría sabido qué hacer ni cómo hacerlo, y hubiera realizado mi trabajo por motivos equivocados. En vez de esto, me sentí totalmente desinhibida para hablar con mi propia voz; para crear mis propias sendas. Ésas fueron para mí las palabras oportunas en el momento preciso. Cada vez que tengo oportunidad, digo: "Muchas gracias, Dennis".

Tom Wolfe

Escritor

Londres, 21 de abril de 1894. El teatro Avenue se encuentra prácticamente al tope, hasta sus molduras estilo manierista, para la noche de estreno de la nueva obra de George Bernard Shaw, *Arms and the Man (Las armas y el hombre)*, y la cortina acaba de caer tras el acto final. Aplauso ininterrumpido, aplauso abrumador; el telón se levanta una y otra vez, los artistas agradecen los aplausos; primero todo el reparto y después uno a uno; después todo el reparto de nuevo y los aplausos siguen, hasta que finalmente comienzan a gritar; "¡El autor, el autor!" y un hombre alto, de hombros angostos, con barba y bigote de lado a lado, un Shaw de treinta y siete años, crítico, ensayista, provocador en el podio, y ahora un escritor de comedias fabulosamente exitoso, un cometa joven y brillante entre los hombres británicos de letras, sale del costado hacia el centro del escenario para recibir un aplauso aún más intenso, aplausos y vitoreos, y comienza a agradecer al público, cuando de repente:

—¡BU! ¡BUU! ¡BUUU!

El público queda en silencio. Todas las cabezas se vuelven hacia la galería y miran atónitos al hombre que tiene esa sorprendente energía pulmonar y se encuentra de pie y con las manos alrededor de la boca, formando un megáfono. Es un crítico de drama poco conocido llamado Reginald Golding Bright, que desde allí lanza esa crítica tan insultante para el gran Shaw:

—¡BU! ¡BUU! ¡BUUU!

Atónitas, incrédulas, todas las miradas se dirigen hacia Bright, y después de regreso al escenario donde Shaw se encuentra de pie y solo, víctima de esa violenta emboscada, ¿qué hará a continuación? ¿Qué dirá?

Shaw era conocido por su ironía, pero el uso de la ironía para afrontar el insulto descarado es una rama muy especializada del arte. La literatura sobre esta especialidad no es muy amplia, pero me atrevo a decir que cualquier tipo de estudio al respecto lo conduciría a la misma conclusión que la mía; para tener éxito, la ironía que se emplee con ese fin debe ser similar al arte marcial japonés del jujitsu, en el cual la persona que es atacada emplea la propia energía del atacante en su contra. Ante cualquier asalto violento y repentino, el atacante probablemente tendrá una ventaja abrumadora en términos de energía e impulso. Casi no hay ningún método para que la víctima se mueva y adopte una posición con la suficiente rapidez como para resistir un ataque de frente. De modo que si, por ejemplo, un hombre con un cuchillo en la mano se lanza contra un practicante de jujitsu, este último no luchará contra él, ni huirá. Por el contrario, en el último instante posible se tirará de espaldas al piso, lanzando ambos pies al aire, hacia la cintura de su atacante, cuyo propio impulso, su propia energía en movimiento y su propia agresividad violenta lo mandarán volando hacia la pared trasera, sobre la cual, si el estudiante de jujitsu es diestro, logrará romperle el cuello.

Los ingleses han sido tradicionalmente maestros en las artes del jujitsu, como en el famoso caso en que Oscar Wilde, usando una chaqueta de terciopelo color lila y pantalones hasta la rodilla, medias blancas de seda y zapatos con hebilla de plata, una camisa con cuello rizado, puños de color lila también rizados y una peluca de paje, se encontraba sentado en una cena de gala en Londres cuando una persona destacada le dijo en una voz que se escuchó por toda la mesa: "Oiga, señor Wilde, usted está vestido como mujer".

Sin parpadear, Wilde le respondió: "Muchas gracias, señora, usted también".

Pero Shaw era irlandés, lo cual comprueba que de hecho las artes del jujitsu no reconocen la nacionalidad. Los ojos de todos quedaron fijos sobre este irlandés, de corta estatura, de pie, solo sobre el escenario esa noche en el teatro Avenue. Apenas había terminado de salir el último y sonoro "bu" de la boca de Reginald Golding Bright, Shaw levantó la mirada hacia su atacante, sonrió, y en voz muy amable le respondió:

—Estimado señor, estoy totalmente de acuerdo con usted; pero ¿quiénes somos usted y yo contra toda esta multitud?

El público se puso de pie, aplaudió y lanzó "vivas", y casi hizo que las molduras manieristas cayeran del techo con sus exclamaciones de aprobación.

Si George Bernard Shaw, el maestro irlandés del ingenio y del jujitsu, hubiera querido, podría haberse quedado allí parado agradeciendo al público más de un millón de veces... en esa memorable noche en Londres, en 1894.

Fue algo memorable para mí, sí que lo fue... para mí. Qué afortunado fui al recordar lo que le ocurrió a Shaw justo en el momento en que lo necesité. Una noche en Montreal, unos ocho años después, yo me encontraba en el centro del escenario después de haber terminado una conferencia. Mi presencia escénica y mi profundidad fueron notables esa noche, o al menos así lo interpreté por el caluroso aplauso que recibí. Me dejaba envolver por el sonido de los aplausos, me regodeaba, me sumergía, me hipnotizaba, cuando...

—¡TONTERÍAS! ¡TONTERÍAS! ¡TONTERÍAS!

Un joven de la penúltima fila del auditorio se puso de pie, un joven muy alto, con las manos en torno a la boca, como un megáfono y los pulmones de Reginald Goldin Bright diciendo a todo volumen:

—¡TONTERÍAS! ¡TONTERÍAS! ¡TONTERÍAS!

Todo el público quedó en silencio. Todas las miradas se posaron en mí, un extranjero solo en medio del escenario. ¿Qué haría a continuación? ¿Qué respondería?

Cuando el último insulto de cloaca salió de los labios de mi atacante, yo lo miré, le sonreí y en la más amable de las voces le dije:

—Estimado señor, estoy totalmente de acuerdo con usted; pero ¿quiénes somos usted y yo contra toda esta multitud?

El público se puso de pie, aplaudió, lanzó "bravos", y sacudió el techo del local con miles de exclamaciones. Si hubiera querido, podría haberme quedado en ese escenario agradeciendo al público toda la noche; había logrado responder oportunamente a esa emboscada sorpresiva.

El protocolo académico exigía que informara a mis nuevos adeptos canadienses acerca del origen de esta ejemplar maniobra de jujitsu; pero después de todo, ¿quién era yo para jugar al aguafiestas y destruir ese momento de clímax con una nota de pie de página?

EL DALAI LAMA

La siguiente estrofa, tomada de la *Guide to the Bodhisattava's Way of Life (Guía para el estilo de vida Bodhisattava)* ha sido una de las plegarias que más me han inspirado:

> Mientras exista el espacio
> y mientras perduren todos los seres vivos,
> yo también hasta entonces estaré
> para desaparecer la miseria del mundo.

2 de marzo de 2002

Niños del Hospital de Investigación
Infantil St. Jude

Memphis, Tennessee
25 de febrero de 2002

(Fotografía: Jere Parobek)

¡GRACIAS!

ESTA EDICIÓN SE TERMINÓ DE IMPRIMIR
EL 26 DE DICIEMBRE DE 2005
EN IMPRESORA ROMA, S.A.
TOMÁS VÁZQUEZ NO. 152,
COL. AMPLIACIÓN MODERNA
08220, MÉXICO, D.F.